戦国時代の自力と秩序

神田千里著

吉川弘文館

目次

はじめに

本書は一九八〇年以降、折にふれて発表してきた旧稿を集めたものである。研究対象は十五世紀半ばから十七世紀半ばまでのいわゆる戦国時代、現在の学界で主流となっている時期区分でいえば戦国期（または中・近世移行期）[1]に存在した独自の政治的・社会的秩序についてのものである。

「政治的・社会的秩序」について簡単に説明しておきたい。中世は分権的な社会の在り方を特徴としており、絶対的な優位性をもつ支配者が存在しないとされるものの、広域にわたり社会を規定するような政治的・社会的秩序のあったことは、早くから注目されていた。たとえば笠松宏至氏によれば、自力救済による紛争の解決を原則とする中世においても、一方で日常的な裁判は存在し、「公方」ないし「時の公方」と呼ばれる、紛争の裁定にふさわしい主体と想定された存在があり[2]、また勝俣鎮夫氏の指摘されるように、紛争に際して両当事者に和解を促す「中人（仲人）」と呼ばれる存在が、常に想定されていた[3]。

また自力救済の時代という言葉から連想されがちな、武力こそが決定的な役割を果たす無秩序ともいうべき社会の姿とは異なる一面を中世社会はもっていたから、そこでの対立は交渉や妥協をともなわない武力の応酬のみに終始したわけではなかった。たとえば二つの集団間の抗争において、一方が降参の表明として自らのメンバーの一人を相手方の集団へ引き渡す「解死人」という行為がある。「解死人」を受け取った側は、復讐のために殺害する場合もあるが、顔をみるという儀礼のみですませる場合が普通で、これにより「血の復讐」が絶たれることが期待されたという[4]。

この場合、武力の応酬は相手の降参表明を含む応答を引き出す目的でなされ、その応答如何によっては停止されるべきものであった。言い換えれば武力行使自体が言葉を含んでいたのである。このように、表面上武力に訴えた行為とみられる自力救済の行為に含まれる言葉を探ることにより、中世社会を社会として成り立たせていた枠組みを展望するという観点が中世を考える上で有力な一手段であると思われるのである。

特にアナーキーな実力抗争とみられやすい戦国期の紛争についても、独自の論理・価値秩序によって人々の行動は規定され、価値意識や社会観が共有されていたことは十分想定できよう。一九七〇年代末、中世独特の慣例、不文律、秩序観念に関して、網野善彦氏、笠松宏至氏、勝俣鎮夫氏らの研究が次々と発表された(5)。また八〇年代に、戦国の争乱を、戦国びと独特の行動様式に照明をあてつつ考察し、その終息までを見通すという藤木久志氏の研究も発表された(6)。このような視角のさらなる深化は、現在の研究状況にも依然求められていると思われる。本書第一部に収録した諸論稿は、こうした意図のもとに作成されたものである。

さらにそうした秩序意識を探る上で、特に戦国期に対象とすべきものとして、中世後期に一般化するとされる自治的な村があり、その自律的行動を端的に示すものとされてきた土一揆がある。土一揆は村民の重要な財産である土地に対する権利を守るための、村による主体的な行動であるとされてきた(7)。その反面、土一揆の実態を考察する作業は比較的等閑視され、土一揆を村民の自律的活動とみる見解は、ともすれば自明なものとして検証が怠けられがちであったと思われる。しかしたとえば一向一揆が、反権力的宗教一揆という一言で表現するには余りにも複雑な内容をもっているように、土一揆についても多様な実態の具体的検討を踏まえてこそ、その意義を考えることが可能になるであろう。

また、時の権力者・支配層に対する武力行使という土一揆の行動様式から変革を求める民衆の運動であることは自明なこととされがちであった。だが前述のように、中世の武力行使があるメッセージを含むことがしばしばであるとすれば、土一揆もまたメッセージを含んだ行為であることが予想され、そのメッセージこそが、一揆集団の行為に即した内在的な検討から探り当てられる必要があろう。権力者・支配者に対する武力行使だからといって、権力や権威を否定した行為と即断することはできないのではないか。

ただちに想起されるのは「御所巻」という行為である。これは大名らが主君である将軍の御所を、軍勢を率いて包囲する文字通りの武力行使であるが、だからといって将軍の権力や権威を否定するものではなく、その権力・権威に嘆願・訴訟するものである。(8) 当然ながら土一揆もまた、幕府軍に対して武力行使をするという側面だけから変革を求める行為と即断することはできないだろう。以上のような問題関心に沿って、第二部には土一揆の実態に関する諸論稿を収録した。

以下第一部、第二部それぞれに収録した論稿の内容を簡単に紹介したい。

第一部　自力の秩序観念

第一章「鐘と中世の人びと」は、中世に連絡、警告、神仏へのメッセージなど様々なコミュニケーションのために用いられた鐘についてのものである。中世の村や町における鐘によるコミュニケーションとしては、著名な京都の、上京の革堂の鐘と、下京の六角堂の鐘が町人を集会に招集していたこと（『二水記』天文元年九月二十六日条）を始めいくつかの事例がよく知られているが、こうした鐘と、それを使用する人々との関わりを考察した。

第二章「国質・郷質と領主間交渉」は勝俣鎮夫氏の研究によって広く知られるようになった、国質・郷質についての検討である。国質・郷質には領主が紛争に介入し、解決のために対処することを促す手段として用いる場面のあることに注目し、中世の「相当」という等量報復の論理の中に、解決への方向性が含まれていた可能性を展望した。(9)

第三章「中世の宗論」は、もっぱら宗教上の行為とみなされていた宗論に中世の裁判と同様の側面があることに注目したものである。しかも裁判でありながら、部分的には実力行使の要素も含まれ、中世の自力救済の習慣に密接に関連するものであったことを、イエズス会関係史料も援用しながら論じた。

第四章「『天文日記』と寺内の法」は、大坂本願寺における紛争の解決を素材として、その法的支配の実態を検討したものである。領主独特の支配が行われていた印象の強い中世の領域、特に寺院の支配する寺内町における法の適用の実態に注目し、幕府法の影響に言及している。

補論一「寺内町の相続訴訟」は、大坂本願寺寺内町における紛争解決のあり方を、訴訟者側の事情、裁定者と訴訟者との関係、及び典拠とされた法からとりあげたものである。

第五章「織田政権の支配の論理」は、足利義昭を擁して京都・畿内を支配するに至った織田政権が、どのような論理を梃子として支配の正当性を主張したかを考察したものである。従来織田政権といえば、同時代に先んじた革命性、他大名に比較して卓越した軍事力を強調する傾向が強く、信長自身の発給文書などから、その支配の論理を内在的に検討したものはさほど多くはなかった。本章ではまず信長の用いる「天下」の語義に注目し、その支配の源として将軍の京都・畿内支配権、及び大名への和平勧告があることを論じた。

織田政権の特質を内在的に検討しようとする試みは近年では当然のように行われている。検討対象とする史料も、信長の発給文書から家臣たちのそれにまで拡大しており、戦国史研究会編『織田権力の領域支配』（岩田書院、二〇一一年）のような成果を生むに至っていることを付記しておきたい。

補論二「中世末の「天下」について」は、「天下」の語義について近世までを視野に入れて、イエズス会史料などをも援用しながら論じたもの。「天下」とは五畿内を指す語であることを史料によって跡付けた。

補論三「戦国期の「国」観念」は、「天下」と対峙する戦国大名の領国「国」(「国家」)についての、若干の検討である。戦国大名権力がなぜ、領民の一定の支持を得ることができたのかを探ろうとした。

第二部　土一揆の実像

第一章「土一揆像の再検討」では、土一揆が必ずしも惣村を基礎に成立したものではなく、その主体が下級武士、流民であったことを論じたものである。さらにそれがしばしば有力な武将も含めた武士により組織され、一定の政治的動向に基づいた軍勢となり、また足軽との類似性をもっていたことを述べた。既に本章発表前に藤木久志氏が流民の京都流入に注目され、同様の土一揆像を提示しておられる(10)が、本章で力点をおいたのは、惣村との関係についてである。

第二章「訴訟としての土一揆」は、前章での成果に基づき、このように組織された土一揆が、しばしば訴訟のために形成されたことを述べたものである。第一部第三章でも触れたように中世の訴訟は、単に法廷内に限られるものではなく武力行使をともなうものであった。冒頭で言及した「御所巻」もその一つといえよう。そして徳政を求める土一揆は、まさにそうしたものとみられる。このような訴訟でもあり実力行使でもある一揆蜂起に、言葉を含む実力行使をみようとした。

第三章「一向一揆と土一揆」は、土一揆とならび人民闘争とされてきた一向一揆が、土一揆ときわめてよく似た性格をもつことを論じたものである。

第四章「土一揆としての島原の乱」はこのような土一揆が、中世末・近世初頭の「一揆」の中に、さらに島原の乱の中に存続していることを論じたものである。こうした「一揆」は近世には厳禁される一方、「徒党」「強訴」「逃散」などと呼ばれた、近世のいわゆる「百姓一揆」は、土一揆とは別の性格をもつ訴訟の側面の強いものとして、支配者から一定程度の容認をうけるに至った。(11) 土一揆の中にあった訴訟と武装蜂起の二つの側面が分裂することによって、自力救済の社会は一つの終点を迎えたと考えられる。

旧稿を再録するにあたっては表記法の統一をはかり、また誤植など、明確な記述の誤りを訂正し、明確な贅語を削除した以外、ほぼ旧稿のままにした。

註

(1) 近年はいわゆる戦国時代を、統一政権の出現により消滅すると考えずに、十五世紀から十七世紀なかばまでの時期とみなす見解が行われている（たとえば勝俣鎮夫『戦国時代論』岩波書店、二〇〇六年、二頁）。本書の「戦国期」の表現はこうした把握をふまえたものである。
(2) 笠松宏至「中世在地裁判権の一考察」（『日本中世法史論』東京大学出版会、一九七九年、一三八～一四七頁、初出一九六七年）。
(3) 勝俣鎮夫「戦国法」（『戦国法成立史論』東京大学出版会、一九七九年、二三五頁、初出一九七六年）。
(4) 前掲「戦国法」（註（3）二四九～二五〇頁参照）。
(5) 網野『無縁・公界・楽』（平凡社、一九七八年、増補一九八七年）。註（2）笠松前掲書、註（3）勝俣前掲書参照。近年こうした視点からのものとして、清水克行『室町社会の騒擾と秩序』（吉川弘文館、二〇〇四年）がある。
(6) 藤木久志『豊臣平和令と戦国社会』（東京大学出版会、一九八五年）。
(7) 村田修三「惣と土一揆」『岩波講座日本歴史』（中世三、一九七六年）。勝俣鎮夫「地発と徳政一揆」（註（3）前掲書）。
(8) 桜井英治『室町人の精神』（講談社、二〇〇二年、一五九頁）。清水克行「『御所巻』考」（註（5）前掲書）。
(9) 本論以後に国質・郷質を考察したものについては、田中克行「全国「郷質」「所質」分布考―中世の質取と地域・集団概念―」（同『中世の惣村と文書』山川出版社、一九九八年）に詳しい。なおここにあげられたもの以外では、峰岸純夫「国質・郷質ノート」（同『中世社会の一揆と宗教』東京大学出版会、二〇〇八年、初出一九九七年）がある。
(10) 藤木久志「応仁の乱の底流に生きる―飢餓難民・徳政一揆・足軽たち―」『飢餓と戦争の戦国を行く』（朝日新聞社、二〇〇一年、初出二〇〇〇年)。
(11) 拙著『土一揆の時代』(吉川弘文館、二〇〇四年、二〇一〜二〇八頁)。

第一部　自力の秩序観念

第一章　鐘と中世の人びと

はじめに

中世ヨーロッパの都市や農村で鳴らされる鐘の音は、住民の行動を法的に規制するものであった。たとえば、朝に鳴る鐘は都市の市門を開く合図であると共に、公的生活と法行為の始まりを告げるものであったし、夕方の鐘と共に市民の夜警義務が生じ、裁判などの法行為や売買などの商行為も停止させられ、公務以外の外出が禁じられた。この他住民集会や裁判の際の招集の鐘を聞いた者は出席を義務づけられ、外敵の来襲や一揆を知らせる「警鐘」に応じなかった者は罪に問われたなどなど。——阿部謹也氏は以上のように論じておられる(1)。

中世ヨーロッパの事情について、もとより筆者は全く無知であるが、この興味深い論稿に接して想起するのは次のような日本の鐘の事例である。中世の奈良に観禅院という興福寺の塔頭があった。おおかたの寺院の鐘と等しくこの寺院の鐘も、宗教上の勤行（たとえば慈恩会の後夜の勤行）の際に鳴らされた。また一方で、奈良に外敵が来襲したとか、奈良で闘諍があったとかの際に撞き鳴らされた早鐘も、この観禅院の鐘であった。観禅院の鐘は、日本中世における鐘とその音を聞く者との、ある慣習的な関係——それが法的な規制力をもつか否かは別として——を暗示するかのように思われる。

そこで、この観禅院の鐘を中心に、鐘とその音を聞く者との関係を示すと思われる管見の限りの事例について、以下に考察したい。

1　観禅院の鐘

(1)　いつ鳴らされるか

観禅院の鐘が鳴らされる場合は、大まかにいって次の四つの場合である。すなわち外敵の来襲、奈良における闘諍、奈良内部の検断、火事である。

まず外敵の来襲であるが、次の事例があげられる。

A『大乗院寺社雑事記』文明十七年（一四八五）九月十五日条

土民寄来、在々所々放火、東大寺北門辺・十三重門前以下奈良中軍勢共召上、凡希代事也、観禅院早鐘等槌之、

文明十七年九月には、京都の徳政一揆の余勢をかった「土民」が数回にわたって奈良を襲撃した。その事件の一コマである。

またいわゆる外敵ではないが、奈良に対する敵対者とみなされた者が奈良に入った場合にも、観禅院の鐘が撞き鳴らされた。

B『大乗院寺社雑事記』明応八年（一四九九）二月二十日条

観禅院早鐘槌之、奈良中罷出、高田・曾我昨日社参、在西林院云々、此両人ハ被籠名字輩也、為打止之云々、押寄西林院了、……

「名字を籠められ」た、すなわち奈良全体から呪詛される対象となった高田・曾我の両名が奈良に入った時、彼らを

「打止」めんがために観禅院の早鐘が鳴らされて、「奈良中」が決起したのである。

次は奈良における闘諍があった場合の事例である。

C『大乗院寺社雑事記』長禄元年（一四五七）十一月十六日条

山内ノ丹後《仁興》率人勢令乱入尊教院云々、坊相論事也、希代珍事、又槌観禅院早鐘了、以外ノ次第也、

東山内（山辺郡都介郷）の国人仁興が、坊相論につき人数を率いて尊教院に乱入した。そこで観禅院の鐘が鳴らされた。

第三の場合は奈良で検断が行われた場合である。

D『大乗院寺社雑事記』文明六年十二月十六日条

自巳剋至申剋観禅院早鐘槌之、以外物忩、成懐長願房権少僧都聖得院本願此間長病之処、弟子定順房宴経箸尾金剛寺舎弟、自夜前令乱入聖徳院（マヽ）、成懐僧都ヲ殺害、則才（財）宝共取之畢、窪城彼弟子与縁者故、乱入殺害帳本ナリ、仍学侶・六方・衆中以下、彼聖得院之悪行人等責之、……

定順房宴経が師匠の聖得院成懐僧都を殺害して財宝を奪いとった。この時宴経の縁者であった窪城がこれに合力した。そこで学侶・六方・衆中が彼らを攻めたのである。戦闘は数刻に及び結着がつかなかったが、とうとう窪城以下は退却し、翌日窪城は「深重之寺敵」として「五社・七堂」で呪詛されることとなった（『大乗院寺社雑事記』文明六年十二月十七日条）。その際、巳刻から申刻に及び、ほぼ戦闘の継続時間に匹敵すると思われる六時間の間、観禅院の早鐘が鳴らされつづけたのである。

奈良での検断の際、観禅院の鐘が鳴らされた事例としては他に「沙汰衆侍従公」の在所を検断するために六方が蜂起した時のもの（『大乗院寺社雑事記』文明三年七月十二日条）がある。

第四の場合は奈良の火事の場合である。

E『大乗院寺社雑事記』文亀元年（一五〇一）五月三日条

今日夕方大雨・雷電光、四恩院之南頬大松木雷落、焼了、則早鐘槌之、観禅院鐘同槌之、奈良（中脱カ）罷出、希有事也、

落雷による四恩院の火事に際して、観禅院の鐘が鳴らされ、奈良中の者が「罷り出」たのである。

(2) 奈良中決起

観禅院の鐘が、宗教上の行事以外の部面で鳴らされる事例は管見の限りほぼ以上のようなものである。ところで第(1)項にあげた五例のうち、Aの「奈良中軍勢共召上げ」、Bの「奈良中罷り出」、Eの「奈良（中脱カ）罷り出」の文言に注目したい。これに、文明十二年の講衆の集会の際、観禅院の早鐘を鳴らして「奈良中郷民等これを召し置く」（『大乗院寺社雑事記』文明十二年六月二日条）をつけ加えることができよう。つまり観禅院の鐘は奈良中の決起を促す鐘であったと考えられる。奈良とは、能登・岩井川以北の、「田舎」と区別される大和の政治的中枢地域である。この地域の住民に対する決起要請が、観禅院の鐘であったと考えられよう。

もっとも奈良中に対する決起要請の鐘は、観禅院の鐘一つではなく、後に述べる「青鐘」（実体不明）と共に「大仏早鐘」（奈良時代、大仏開眼の時鋳造されたという東大寺の鐘と推定される）も奈良中の決起を促すものであった。

F『大乗院寺社雑事記』文正元年（一四六六）三月九日条

深井坊与小山戸相論事出来、今朝自小山戸押寄深井坊、小勢云々、大仏早鐘等槌之、奈良中蜂起、打止小山戸代官了、

小山戸と深井坊との相論の際に鳴らされた「大仏の早鐘」もまた、「奈良中蜂起」を促す鐘であったと考えられる。

以上、観禅院の鐘（そしてまた大仏の鐘など）が、大和の政治的中枢地域である奈良にいる住民に決起を促すものであったことを述べた。

さて観禅院の鐘が奈良中の決起を促すものであったとして、果たして奈良住民が決起要請に応じたのだろうか。また決起要請を行うのは誰の任務であったのだろうか。次に右の問題を考えてみたい。

(3)　鐘を鳴らす者と鐘の力

第(2)項の末尾で述べた問題を考える上で、管見の限り唯一であるが恰好の素材がある。

G『大乗院寺社雑事記』寛正二年（一四六一）十一月十九日条

奥発志院坊務俊算与泰尊相論事、仲人沙汰悉以破了、仍去十六日朝日多田手者共罷向寺中、可搦取計略之処、俊算得其意、観禅院早鐘槌之、依之奈良中出合追散了、多田披官共失面目了、泰尊合力者也、……

俊算と泰尊との相論は中人のあっせんが悉くうまくゆかず、このため泰尊側は朝日・多田を語らい、俊算をとらえようとしたところ、これを察知した俊算は観禅院の早鐘を鳴らした。そして「奈良中」が決起し、朝日・多田の手の者を追い散らしたのである。この事例について次の二点が考えられる。第一に、俊算が自分自身の危機を感じて観禅院の早鐘を撞き鳴らしたとすれば、観禅院の鐘は特定の者でなくても鳴らすことができたのではないかと考えられる点。第二に、俊算が危機を逃れる手段として観禅院の鐘を鳴らしたのであれば、観禅院の早鐘によって「奈良中」が決起するという事態は、ある程度確実に予想される事態であったと思われる点、換言すれば、観禅院の鐘による奈良住民への決起要請は、法的規制力を伴うか否かは不明としても、事実上奈良住民を動かし得たと考えられる点である。以上の二点をやや詳しく考えることにする。

第一の点について。観禅院の鐘を特定の者でなくても鳴らせたと考えられることについては次のような傍証がある。

H『大乗院寺社雑事記』文明四年六月二十七日条

観禅院鐘一槌之、不吉事也、道者之所行云々、

「道者の所行と云々」と記主尋尊は、鐘を鳴らした者を伝聞で記している。つまり鐘が鳴った時点では、誰が鳴らしたか尋尊にはわからなかったのである。もし鐘を鳴らす役割の者が特定の者にきめられていたら、こんなことはないだろう。この点から、特定の者でなくても、観禅院の鐘を鳴らすことができたということが推定できよう。のみならず奈良住民に決起要請を行うような鐘に、「道者」(巡礼者)という所属不明の者としか認識されない者が手を触れ得たのである。だからGの事例にたちかえれば、俊算は鐘を鳴らしうる特定の地位や身分にあったからというわけではなく、己の危機に際して、特定の者でなくとも慣習的に保持し得ていた権利を行使したと考えられるのである。誰でも、いつでも鳴らし得たと考えるのは飛躍であるとしても、観禅院の鐘は特定の地位にない者にも開かれていたと考えられる。

第二の点について。観禅院の鐘が、事実上奈良住民の行動を規定したと考えられる点については次のような傍証がある。

I『大乗院寺社雑事記』文明十七年九月十六日条

土民寄来、無殊儀、為用害観禅院鐘槌之云々、陵遅事也、

観禅院の鐘を鳴らすことが「用害(要害)のため」であり得るために、鐘を鳴らすことが防衛に役立つことであるという観念が存在していなければならない。従ってこの事例についてもまた、観禅院の鐘による決起要請は、法的規制力を伴うか否かは不明としても、事実上奈良住民を動かす力をもっていたと考えられるのである。もっとも、いつい

かなる時も必ず奈良中が決起したわけではない。水屋社の橋をかけるか否かをめぐり講衆と衆徒が対立した際、講衆が加勢を求めて十三重へ行って早鐘を鳴らし、観禅院・菩提院・龍花院などの早鐘も鳴らしたが、この時は「罷り寄る軍勢」はなかった（『大乗院寺社雑事記』長享元年〈一四八七〉十二月十九日条）。しかし、講衆が加勢を求めて観禅院などの鐘を鳴らしたこと自体が、通常は奈良中が決起するはずであると考えられたことを示していると考えられよう。従って、この場合も右の推定と抵触するものではない。

以上、Gの事例について、観禅院の鐘は特定の地位にない者でも奈良中に対する決起要請として鳴らすことができたこと、及び観禅院の鐘による奈良中への決起要請は、事実上奈良住民を動かす力をもっていたことの二点が指摘できると考えられる。

(4)　南都に鐘が鳴る

第(3)項で得た結論を繰り返すと次のようになる。観禅院の鐘は特定の地位にない者でも鳴らすことができた。従ってGの事例の俊算のように私的な危機を切り抜けるためにこの鐘を早鐘に撞くことがあり得た。また観禅院の鐘を鳴らすことによって、特定の地位にない者が私的な理由から、奈良中の蜂起を期待することができた。なぜならこの鐘による決起要請は、奈良住民を事実上動かす力をもっていたからである。この二点が肯なわれるとするとどうなるだろうか。奈良住民は、誰が如何なる理由から鳴らそうと、観禅院の鐘さえ鳴れば、時計じかけの如く決起するよう習慣づけられていたことになる。しかも観禅院の鐘が特定の地位にいない者でも鳴らせることになっていたとすれば、鐘を聞く方も、誰かが私的な理由で鳴らしているのかも知れないぐらい想像し得たはずだが、にもかかわらず決起するよう習慣づけられていたとしたら、これは一体どうしたことだろうか。

現代の我々が想像もできないほど、鐘それ自体の呪術的力が強かったとか、あるいは鐘の音と決起という行動とが我々の想像を絶して強力に密着して考えられていたとか、一応仮定することはできるかも知れない。しかしながらこう仮定することは、Gの事例に即していうならば、俊算一人が鐘の呪縛から自由で狡智にたけ、奈良の僧侶や衆徒は全く呪縛されていて愚直であったと考えることに他ならない。これではあまりに不自然すぎるであろう。

確かに奈良住民は俊算にのせられた。しかし、のせられるにはそれなりの理由があり、奈良住民の一人一人がこの理由ゆえにのせられたのだと考える方が自然である。それなりの理由を推定してみよう。観禅院の鐘が鳴らされるのは、第(1)項で述べたように奈良への外敵の来襲、奈良内部での闘諍、奈良での検断、火事と、奈良全体に影響の及びうるような凶事の発生の場合であった。ここから推測すると、奈良における日常的秩序を脅かすような非常事態の発生を告げるという意味を観禅院の早鐘はもっていたのではないか。だからこそ、この鐘は奈良中への決起要請ともなり、また奈良住民も決起せざるを得なかったのではないか、と思われるのである。観禅院の鐘が非常事態発生を告げるものであれば、滅多やたらに鳴らしたならば「狼が来た」と叫んだ少年と同じ憂き目をみることになるだろう。こうした了解または規制のもとで、この鐘は特定の地位にない者にも鳴らすことができ、また奈良住民は鐘に応じて決起することになっていたと思われるのである。

右の仮定を積極的にうらづける史料は、筆者はみつけていないが、次のような史料が注目される。

J『大乗院寺社雑事記』明応七年七月十一日条

東南院殿之内松、為今在家橋切用、引手人夫事雖相催、不罷出之間、青鐘ヲ早鐘ニ槌之、仍奈良中走向、或成身院衆以下帯弓矢、以外次第仰天了、……

今在家橋に用いる松の「引手人夫」を徴発したところ、一向に誰も応じない。そこで尋尊は一計を案じ、「青鐘」を早鐘に撞き鳴らした。すると「奈良中」の者が馳せ参じ、あまつさえ成身院衆は武装してかけつけたのである。「青鐘」の実態は不明であるが、やはり「奈良中」に決起を要請する鐘であることはまちがいなかろう。だから尋尊がいくら冗談のつもりでも、この「青鐘」は武装を必要とするような事態の発生を知らせるものであり、奈良中の者を動かしうる鐘であった（そうでなくては人夫徴発のためにこんな手段はとれない）と考えられるのである。そしてもし類推が許されるとすれば、観禅院の鐘が奈良全体に及びうる凶事の発生を告げる鐘であったと考えても、鐘の鳴る状況をみれば、大きな錯誤はないように思われるのである。

奈良に観禅院の早鐘が鳴りひびく時、それは奈良を揺るがすような非常事態の発生を告げるものであり、奈良住民はこの鐘によって決起すべき非常時の到来を知り、事実決起したのだと推定しておくことにしたい。また、この鐘は特定の地位にない者でも鳴らすことができ、そして彼は奈良中の者の決起を期待し得たのである。

このことは、奈良の支配層の統制を超えて、奈良に縁ある人びとが状況認識を共有することが、観禅院の鐘を通じて可能であったことを示すと思われる。もしかしたら非常時の到来をいち早く知り、身を処してゆかなければならない奈良住民の要求によって支えられてきた鐘の在り方であったのかも知れない。観禅院が退転した後も、中世に鳴りひびいた鐘そのものか否かは定かでないが、観禅院鐘と伝えられる、神亀四年（七二七）の鐘銘をもつ古鐘が興福寺本坊に伝存していたという(2)。

2　徳政の鐘

前節で観禅院の鐘が、奈良における非常事態の到来を告げるものであり、この鐘を通じて人々は、奈良の支配層の統制を超えて非常事態という認識を共有することができたことを述べた。ところで他に類似の機能をもつ鐘がなかっただろうか。ここでは、このことを考えてみたい。

まず史料を提示する。

K『応仁略記』上

……伊勢の守貞親たいらぐ以後、河州よりゑもんのすけよしなり洛をいで、はたけ山がたの乱逆しきりにおこつて、京中さはぎあへり。かのらんすいに便風を得て、山崎、にしの岡、ふしみ、ふか草、淀、鳥羽いげの土一揆等、夜な〳〵に京中にあつまつて、徳政のかねをならす。酒尾(屋)・土倉の譴責、昼夜の不同なし、王城に徳政さかんなれば、ゐなかは申にをよばず。都鄙の闘諍月迫にいたるまで天下やすきこゝろなし、

山崎・西岡など京郊の土一揆が下京に夜な夜な集まっては「徳政の鐘」を鳴らし、酒屋・土倉を譴責した、つまり徳政一揆を起こしたというものである。徳政一揆の際に鐘が鳴らされたことは、『碧山日録』の「群民城西において会聚し、鐘を鳴らし皷を考ち、徳政の令あるを求む」（長禄三年〈一四五九〉十一月九日条）という記事によって確認できる。ここではKの「徳政の鐘」という表現に注目したい。『塵塚物語』には「公儀よりの触れなりとて、貝を吹きたて鐘を鳴らして辻々に徳政の御法度ありと罵りける」（巻四・徳政之事）とあり、幕府の徳政令は鐘によって京都住民に伝えられたと考えられる。そして「徳政の鐘」という一種奇妙な表現は、この徳政令発布の鐘を前提としてはじめて納得のいくものと考えられよう。徳政令発布を告げる鐘を土一揆自らが鳴らすということほど、「徳政状況」(3)の創出にぴったりするものはないのではないか。こう考えられるならば「徳政の鐘」とは、他でもない、徳政の時の到来という非常事態を告げるものであったということができよう。

さてKによれば「徳政の鐘」を鳴らす主体は土一揆であり、鳴った鐘は下京にある鐘である。当然ながら下京住民

に徳政の時を告げるものであり、たとえ伏見や深草には聞こえたとしてもその住民に直接徳政の時の到来を告げるものではない。とするならば、京郊の土一揆は、下京住民にとっていわばよそ者でありながら、下京住民に向けて徳政の時が到来したことを告げているのである。いいかえれば、下京住民に徳政の時を告げる「徳政の鐘」は、よそ者にも鳴らすことができたのである。このことは、特定の地位にない者にも鳴らすことのできる徳政の鐘の存在を想定させるに充分であろう。

もちろん時代的な特徴が考慮されるべきであろう。Kの描く十五世紀中葉の時代は徳政一揆の盛行した時代であり、その背景には既に指摘されてきたような、慢性的な徳政待望状況があった。こうした時代だからこそ、あるいはよそ者の土一揆が大手をふって下京の「徳政の鐘」を鳴らすことがあり得たのかも知れない。

しかしながら、下京にも富裕な商人はいただろう。彼らはアンチ徳政派であったはずだから、こういう時代にも下京が徳政派一色になっていたとは思われないのである。従って、よそ者の土一揆が「徳政の鐘」を鳴らせたことの背景には、この鐘が多くの人に開放的なものであったという事情があるように思われる。

右に想定したような開放的な鐘の類例は次のようなものである。

L『実隆公記』延徳元年（一四八九）十月四日条

抑相国寺鐘数声、沙喝蜂起歟之由風聞之処、狂人撞之云々、言語道断事也、

相国寺の鐘が鳴り、喝食が蜂起したらしいとの風聞が立ったが、実はあろうことか鐘の主は「狂人」だった。この例は次の二点、すなわち相国寺の鐘が喝食らの蜂起の合図とうけとられたこと、及びそのような鐘に「狂人」が手を触れ得たことを示していよう。このことをみれば、非常時を告げるための開放的な鐘の存在は、中世日本にあってさほど特殊なものではなかったと考えられるのである。

日常性を破壊するような非常事態の到来を告げる、しかも特定の地位にない者でも鳴らすことのできる鐘の存在は、人々が非常時に関する情報を、支配者の統制をこえて共有し得るような慣習の存在を示すものと思われる。もちろんこうした情報が、流言蜚語の類の雑音が混じったものであったことは否めないが、少なくとも、支配者の任命した鐘つきが鐘を鳴らすといった、支配者の統制をうけたものではなかったといえよう。

もし右のように考えることが許されるならば、中世にあっていくつかの鐘は、民衆の自主的なコミュニケーションと政治状況の認識の共有とを維持する手段であったと思われる。共有といっても、誰でもいつでも鐘を鳴らせたと考えるのは飛躍に過ぎるであろう。しかし、鐘は読み書きのできない者にも鳴らすことができたのだし、なによりも奈良とか、下京とかの住民の決起に支えられた発言力をもっていたかに思われるのである。

註

(1) 阿部謹也「鐘の音に結ばれた世界」(『月刊百科』二〇七、一九七九年)。
(2) 奈良県編『大和志料』上(奈良県教育会、一九一四年、三七六〜七頁)。
(3) 村田修三「惣と土一揆」(『岩波講座日本歴史』中世三、一九七六年)。

第二章　国質・郷質と領主間交渉

はじめに

室町後期になって、市場禁制などを中心に頻出する国質・郷質・所質などについては既に勝俣鎮夫氏の論稿(1)があり、現在ほぼ定説的位置を占めている。国質（郷質）についての氏の規定を要約すれば、債務者が債務履行を怠った場合、直接には債権債務関係にはない者が、債務者と同国人（同郷の者）というだけの理由で、損害賠償のために、債権者によって人質にされたり動産を差押えられたりすること、となろう。こうしたことは当時広範にあり得た。なぜなら彼は、債務者と同国人（同郷の者）であるというだけの理由で、債務者の不始末に共同責任を負うべきであるとみなされるような慣行があった、氏の言葉に従えば、「郷においてはもちろんのこと国においてもその報復の対象としての集団は一種の運命共同体的なものと意識され、その構成員たる個々の人間は、その全存在（生命をも含む）が、その有機体の一部として意識されていた」からである。

勝俣氏は、債権債務関係は当事者たる個人対個人の関係にとどまる、という常識的理解を白紙に戻すことによって国質・郷質の実態を見事に解明された。こうした質取行為が盗難、利権侵害に対する報復手段としても行われたという点をつけ加えれば(2)、氏の規定にこれ以上つけ加うべき点はないかに思われよう。しかしながら、やはりいくつかの素朴な疑問が浮かんでくる。第一に、債務者の同国人（同郷の者）というだけの理由で彼の不始末に共同責任をとらされるのはいやだ、と考える中世人はいなかったのだろうか。いたとしても自己主張できないほど少数だったのだろうか。たとえば著名な近江菅浦の住民は、同国人であるというだけの理由で、長年の怨敵である大浦の者の債務に共同責任をとるべきであると考えただろうか。どうしてもそうは思えないのである。国に比して郷については、勝俣氏の説かれる郷とそのメンバーとの共生共死の関係は比較的理解しやすいかに思われる。しかしこれは、惣村・惣郷の結束の堅さについては多くの研究成果があり、その内紛についての研究成果は少ないという現在の研究段階に規定された感覚からのもののように思われる。我々の知る惣村・惣郷での強烈な内部規制は、たとえば境相論にみられる強い結束がむしろ非常時の姿だったことを物語るものではあるまいか。第二。国質（郷質）という手段は両国（郷）間に際限のない報復の応酬をもたらしやすいように思われる。いかに戦国の世とはいえ、両国（郷）間の果てしない応酬が、たとえば債権債務関係のような日常的トラブルから頻発したとは思えない。一例をあげると、伊勢一志郡小倭郷の一揆契状には次のような規定がある。

一雖有可取当質事、就国質無謂方不可取之、本主不然者、可取其在所事(3)

「謂はれな」き「国質」ではなく、「その在所」よりとるべしとの規定は、いわれなき質取と道理に適った質取の二つがあったことを示し、質取行為が何らかの解決を意図したものであることを感じさせるのである。何らかの解決を求めての質取行為については勝俣氏自身、得珍保の事例について言及されている(4)。国質・郷質を単に報復手段としてではなく、ある解決手段として考えることはできないであろうか。

以下、右の二点の疑問を検討し、あわせて中世後期の在地状況の一端にせまっていきたい。

1　内からと外からと

国質・郷質などの質取の対象となる国・郷はその構成メンバーの行為に共同責任をとり、またその構成メンバーに加えられた攻撃にうって一丸となって対処するような「政治的社会的結合体」だったのであろうか。常識的には、ある状況においてはそうであったし、別の状況ではそうはならなかったと想定するのが一番自然なように思われる。しかしながら勝俣氏は、債権債務関係のような個人の日常的活動のあらゆる部面で、国・郷のような運命共同体の論理が規定力をもち、顕現しており、その端的な事例が国質・郷質である、とされるのである。

国・郷のもつ運命共同体的な側面の顕われる事例として、つまりその郷（庄）に属する者であるというだけで、彼が質取の対象となるような両郷（庄）の関係を示すものとして、勝俣氏が示された事例は近江菅浦と大浦との対立、和泉九条家領入山田四ヶ村と同国守護領佐野郷との対立の二例である。しかしたとえば菅浦と大浦との間では、日差・諸川の帰属をめぐって、すなわち菅浦全体、大浦全体に係わるような問題をめぐって、互いに全村をあげて対立するような日常的対立状況があった。このことは九条家領入山田四ヶ村と守護との対立についてもあてはまる。こうした状況下では、一方の集団に属する個人と他方に属する個人との対立が集団対集団の対立に発展することはきわめて容易に起こるであろう。ただしこのことは、集団双方の対立要因が双方の集団の命運を左右するような大問題であることは示していても、互いに対立する個人が運命共同体の一部であることを示すものではない。事実、郷質は債権債務関係の如くさしあたり個人的な問題についても登場するものであるから、郷質の背景に郷という運命共同体の作用を考えるのは論理の飛躍である。

それどころか、国・郷が一丸となって行動すべき状況下でも、その構成メンバーが必ずしも一丸となって行動するとは限らないのである。

勝俣氏が引用される和泉九条家領入山田四ヶ村と同国守護領佐野郷の場合においても然りである。文亀元年（一五〇一）六月十七日、入山田四ヶ村の一、大木村の者が、佐野市で守護方に捕えられた。そこで四ヶ村の評議が行われ、「佐野に放火すべきや、又守護領の者を人質に取返すべき」かが問題となった。[5] ここで入山田は守護領全体に対してことを構えようとしているのである。問題は守護領の側であるが、九条家領入山田から人質をとった以上、国が運命共同体として動かざるを得ないなら、守護領の側もやはり全体として対立関係に入らざるを得ない。然るに「佐野の乙名」は「今日の儀両人搦めて守護両方より引かれ候。……佐野においては存ぜず候の間、その外市立の人々地下より隠して各返し申して候」旨、入山田に申送ってきた。[6] 佐野が守護領であるにもかかわらず、佐野の「乙名」は、入山田への質取は守護の所行であって当方に関係なしと主張し、佐野郷の質取への関与を否定しているのである。既に長い間対立している守護側と九条家側にして、国という一方の集団は一枚岩ではない。

こうした例は庄（郷）のような集団にもみられる。応仁二年（一四六八）、近江堅田庄は湖上関の特権を主張して「湖上海賊」を行い「公方様の御蔵奉行」籾井氏の財物を差押えた咎で、山門に責められることとなった。[7] 堅田側は「堅田惣庄の旗」をおし立て、沖之島に退却して後も「堅田の祭礼」を行い、全庄一丸となって抵抗した。[8] 文明二年、和談が日程に上り「過分の礼銭・礼物」を山門に支払って還住することとなった。この礼銭は「人の下人・下部・諸代の者」を除き、庄民全体に割り当てられた。当然払う財力のない者が出てくる。そして「地下住人の枠《（倅）》とはいへども、配当の礼銭なき人は、その砌地下の別れをなす」と『本福寺跡書』は伝えている。[9] 惣庄一丸となっての抵抗を支えた結合は、金の問題でずたずたになったのである。

以上二例にすぎないが国といい、郷（庄）といい、全体として他との対立関係に入った場合でさえ、内部の結束は決して一枚岩とはいえないと考えられる。況んや債権債務関係のような、日常的でさしあたり個人的なトラブルについて、国や郷がそう易々と一蓮托生の運命共同体として動くとはまず考えられない。勿論、国・郷があたかも運命共同体の如く結束した場合も少なからずあろう。だがそれも時と場合によると思われる。

さて、もしそうであるならば国質・郷質の実態、すなわち債務者と同国人（同郷の者）だというだけの理由で、直接関係のない者が質取の対象になる、という点はどのように考えるべきであろうか。今までの議論は、国・郷を内部からみていた。翻って国・郷を外からみた場合どのようにみえるだろうか。この点に関して次の史料がある。

ソレ国ニアラバ守護方、トコロニアラバ地頭方ニヲヒテ、ワレハ仏法ヲアガメ信心ヲエタル身ナリトイヒテ、疎略ノ義ユメ〳〵アルベカラズ……(10)

これは本願寺宗主蓮如が門徒に対して俗的支配者への恭順を説いたものである。これによれば「国」の支配者は守護、「所」の支配者は「地頭」であると考えられる。ただしこの場合の「国」は「国にあらば……、所にあらば……」という表現からして「近江国」というような「国」ではなく、「国中」といえば守護の直接的支配領域をさす(11)、というような場合の「国」であろう。ともかくこの史料に関する限り、「国」「所」は特定の領主の支配領域なのである。

そこで次のように考えられる。国・所は外部からみた場合、国・所を代表する者として、いわば国・所の顔として領主がみえる。双方とも領主に代表される領域なのである。国質・郷質を国・郷全体に対決するのではなく、これを代表する領主に向けられた行為と考えた場合にも、同国人（同郷の者）というだけで質取の対象にすることは充分意味のあることであろう。

こう考えると次のことが関連してこよう。和泉九条家領入山田の者が佐野市で捕えられた際、九条家側は守護側に抗議して次のようにいう。

然其後号国方御成敗、動御百性を被戒置、於道路商売物を被奪取、御家門様祇候人之往反刀を被抜取、荷物を落取候へ共、国方披官人若輩之族所行哉之間、毎度被打置候処……[12]

「御百性」はともかく、「御家門様祇候人」が守護方の質取の対象となるのはなぜか。九条家領と守護方とが既に長年にわたって対立している時でさえ、守護方の質取は、日根野庄・入山田が守護不入であることの最大の合法的根拠である、領主九条政基その人に向けられたものであると考えられるのである。

以上のことから、国質・郷質が国・郷の領主に向けてなされる行為であることが推定されよう。果たしてそうなのか。またそうだとすれば質取の目的は何なのか。次にこの点を事例に即して考えてゆくことにする。

2　誰に向けて、何のために

まず最初に史料を提示する。

返々さわ殿さまよりをうせ出され候事御座候間、ぬす人の人数其方より御せいはい候て可給候、其儀なく候ハヽ、明日うたの市にて、其方の人数へかゝり可申候、

折かミい細はい見申候、仍わしか殿よりかい申候よし承候、かくこにをよはす候、たふい山の儀さくらの山にて候間、其方の人数ぬす人にて御座候を、わしか殿へとつけ候へと承候、いんかう(一向)かくこにをよはす候、子細を此物(者)懇ニ可申候、恐々謹言、

十二月八日　　地下《サクラ》より

井ナト
コマカリ

谷シリ
惣庄へ
まいる(13)

これは「たふい山」の所有をめぐる「さくら」と「谷シリ惣庄」との相論についてのものである。「さくら」側の主張は「たふい山」は我々の山であり、これを「わしか殿」より買いとったという「谷シリ惣庄」のいい分はいわれないことである。だから山を違乱した「其方人数」は盗人であり、彼らを「其方より御成敗」されたし、というものである。更にもしそれが叶わなければ「うたの市」で質取を行うと予告している。

これは「さくら」に被害を与えた「盗人」を、「谷シリ惣庄」に成敗させることを要求する手段として質取が行われうることを示していよう。さて「盗人」の成敗は誰が行うのか。惣庄の構成員に成敗を加えられるのは、惣庄の限られた代表者、つまり乙名、沙汰人のような上部の支配層であろう。従ってここでは質取行為が「谷シリ惣庄」の支配層に向けて、その成敗権を発動させるためのものとされている。他領の領主に向けられた、その成敗権を自己の利益確保のために発動させるために行われる国質・郷質を考えることができよう。

ところで、こうした手段は現実に有効性をもち得たであろうか。この点については次の史料がある。

松井十兵衛・水尾源介・小河左橘兵衛此人へ令音信也、其子細者去六月下旬、於河縁三好神五郎衆与寺内衆喧嘩有之、其時神五郎衆を三人打取之、此方衆不死候、其相当之儀可申付之神五郎申之間、彼三人以種々扱、此方囚人是ハ河ヲ越、向ヘ行候者ヲ召執置候也、本人者其夜逐電候之間、如此可助之神五郎得其意由申来候間、彼逐電人家壊出之、於河縁揚煙也、仍彼相当相調候、其礼儀也(14)、

三好神五郎の被官と石山本願寺々内住民とが喧嘩して、三好の被官が三人殺された。この「相当」を要求して三好側

は、河を越えて寺内の外に出た住民を捕らえた。そこで松井十兵衛以下三名が口入人となり、本願寺が張本人の住居を破却し、焼却することで折合いがついた。三好側は住居焼却の煙を確認して「相当」は「相調」い、捕らえた者を釈放したのである。

この場合も三好神五郎が質をとった目的は、自分の被官を殺した寺内の犯人を、領主である本願寺に成敗させることである。そしてこの例による限り、三好は目的を達したのであるから、こうした目的に関して質取行為は充分現実的な手段であったといえよう。

以上わずか二例からではあるが、一定の領域の領主・支配層に向けて、自己の主張を通すべく彼らの領主権を発動させることを目的とした質取行為が実在したことを確かめ得た。次に右にみた石山本願寺の事例は、ごく特殊なものか、あるいは少なからざる一般性をもつものかどうかが問題となろう。この点について『塵芥集』の次の規定を検討する。

一、人にきられ、ころされ候返報として、たこくのもの、りをつくさすうつ事、これ有へからす、かくのことくのさたあるのときハ、てきのくにの人をかゝへをき、しゆこ所へひろういたすへし、然におかし候つミのともからを、てきの国にて成敗のしせうまきれなくハ、かのかゝへをき候人を、いそきもとの国へあひかへすへきなり、(15)

これは国質についての規定であるが、前述の石山本願寺の事例において、実際にとられた手続きと酷似していることは容易に首肯されよう。従ってこの条文は、現実に当時の社会で行われた質取行為の手続きを単に成文化したものにすぎないといえる。国質などの質取行為の手続きが一般性をもって成文化されるとすれば、それは石山本願寺の例にみえるような質取行為が、当時の社会で広範に行われていたことの例証であろう。

以上の検証から、国質・郷質・所質をさしあたり規定すれば次のようになろう。

国質・郷質・所質は、自分に被害を与えた他領の者におとしまえをつけさせるべく、その領主・支配者の支配権発動を要請する手段であり、その領主・支配者の領内の住民又はその所有物を質にとることである。

以上が前節で想定したような、国・郷の支配者に向けられた国質・郷質の内容であると考える。

ところでここで一定の疑問が残る。領内の住民またはその所有物が質にとられると、なぜ領主は質をとった者の要求に応じなければならないのか、である。残念ながら今のところ明確な答えは出せない。ただ質取の対象となる者の社会的性格を考えつつ、若干の推測を試みることにする。

和泉九条家領入山田の三昧聖と番頭の下人が守護方の者に捕らえられた時、三昧聖の叔父が捕り手を説得して解放させることに成功した[16]。彼は捕り手を次のように説得した。三昧聖は「敵御（味）方の沙汰に及ばず」、「田の一反も作らざ」る者であるし、下人は全くの小者であるから、こういう者を捕えても「公事の落居」の役に立たないのだ[17]、と。三昧聖と下人との共通する点は、彼が敵となったり味方となったりしない、またはなりえないということであり、それは入山田に影響を与えるほどの政治的人格をもち得ない、ということである。彼らは領主である九条家にとっていわば、《棄民》であり、彼らの生死に、領主の責任はないといえよう。逆にいえば、入山田の一人前の構成メンバーの安全については領主の責任があったと推測できる。確かに、九条家はいつもいつも人質の生命を尊重したわけではない。「上々の御内存にも……五人十人百姓等失せ候共、不便には思しめし候へ共、不運と存じ候へと仰せ出され候[18]」といい放つこともある。しかしこれは、日根野光盛に捕らえられた人質が、自分らの命が助かるよう、領家分を九条家が日根野氏に渡すべく折衝してほしいと入山田に申入れてきたことに対する入山田側の返事である[19]。人質がこのようなことを申し入れること自体、通常はこういう場合に際して領主は、人質の生命をおもんぱかって何らかの手をうつことが予想されたということを示しており、それはまた人質にこのような手紙を書かせた日根野光盛の狙いとするところであったろう。当時の社会で、領主たる者、一人前の領民の安全には一定の責任あり、と考えられていたことが、国質・郷質・所質の、手段としての有効性を保証していたのだ、と一応考えておくことにしたい。

3 領主の登場

前節で述べたことは、国質などの質取行為が他領の領主に、領主権の発動を要求する行為であるということであった。この節ではこうした質取行為が当時の社会生活でどのような役割を、いかにして果たし得たかを若干の事例をもとにして検討する。

寺内新屋敷北土井之用ニ、其辺之畠田等土取之間、地荒畢、其年貢為領主催促之間、為彼町此方へ申事ニハ、……以前ニ無其理候、殊他町なとにも堀縁をかき候へ共不及其儀条、無覚悟之通申出之処、……無謂之旨仰出訖、然当年自山中蔵人申入趣者、雖無等閑かやうの儀さへ難渋候、無曲候、然者於大沢橋所質可取之候由申候通、自町人申候間、米五石七斗壱升八合壱勺代壱貫参百文申付遣候、使者左衛門大夫也、(20)

石山本願寺々内の田畠に「領主」として「年貢」収取権をもつ山中蔵人に対し、納入の例以前よりなしとする寺内町民の主張をうけて本願寺が納入を断ったところ、山中蔵人は大沢橋で所質をとると宣言して本願寺に圧力をかけた。その結果、本願寺は「年貢」納入を承諾したのである。この例は、山中蔵人が本願寺領にもつ経済的権益を確保するために所質という手段に訴えたものである。他領にもつ経済的権益を確保する手段としての所質が存在していたことが推定される。

ところでこうした質取行為において、質取を行って領主に圧力を加えることは、誰にでもできたのだろうか。右の例にみえる山中蔵人は細川晴元の武将であり、摂津欠郡に半済を行った山中藤左衛門の同名衆である。[21] 少なくとも一介の領民が質をとり、領主に圧力を加えたと考えることには少なからぬ無理があるように思われる。和泉入山田の領主九条政基に対する質取は、守護または守護方の武将によって、「谷シリ惣庄」に対する「さくら地下」の質取予告は「さわ殿さま」のバック・アップの下で、本願寺に対する質取は細川晴元の武将三好神五郎[22]によって、それぞれ行われ、『塵芥集』における国質の規定は、「守護所」の承認のもとに行うべしと規定していることは既にみた通りである。どの例においても一介の領民は当事者の一方とはなっていない。すなわち一介の領民による質取行為の事例は、理屈の上で考えにくいばかりでなく、管見の限りでもみいだせない。

一方では、借銭、借米証文に、担保文言として「市・町・路次・所を嫌はず見相の郷質を召され候はんに、其所の地頭・政所以下の沙汰人、親類・他人、一言も違乱・妨げあるまじく候[23]」「若無沙汰仕候はゞ、質物は、権門勢家を嫌はず、見合の郷質を、利分相当の程押へ召され候べく候[24]」などの文言が散見することを考えれば、国質・郷質などの質取行為が、まさに一介の領民にとっても債権確保の手段として現実的意味をもったと考えられる。

すなわち一方では領主・支配者の行為としての、半ば公的ともいえる質取行為の事例が大きく目立っており、一方では一介の領民の権益保障の手段としてこうした質取行為が意味をもったことが推定される。この双方はどのような現実的過程で結ばれているのであろうか。この点について、次の事例を検討する。

朽木殿領中山木盗捕之輩、今度被対御同名中、被成御下知堅被相触之処、御領内之輩号萱苅、至山中押入、即以奉書之旨、被追払、一人被搦置候処、為相当朽木商買人被召籠云々、無是非次第也、雑物并代物以下被返付、種々御申条、只今事者被落居訖、於向後朽木殿無合点、萱苅於被入者、為御違背条一段可被成其御心得間、可有

御存知由、被仰出候也、仍執達如件、

天文拾弐年十月十六日

忠行

高雄

田中四郎兵衛尉殿雑掌(25)

この六角氏奉行人奉書には、関連史料として同年同月同日付の六角定頼書状(26)がある。朽木民部少輔領内の山に、山木盗伐の者を入れないよう近隣の領主に対して以前から下知していたところ(27)、田中四郎兵衛尉領内の者が萱苅と号して山中に押入った。そのため朽木側で追払い、一人を捕えたところ、その「相当」として「朽木商買人」(これは先述の六角定頼書状では「其方領内商人」とある。要するに朽木領内の商人である)を領主田中の処置として捕らえた。ここで「種々御申」によって、今後朽木側の許可なく山に入らない、ということで事件は落着した。その後、朽木側から領主田中四郎兵衛尉が山札をもらいうけ、これを渡された者が朽木領内の山に入ることができた(28)。一定の限定付ではあれ、田中領内の領民は朽木領内の山に入ることの権利を維持したのである。ここで注目すべきは、被害をうけた領民の報復として質取が領主の手によって行われたこと、この質取行為によって領主間交渉の場が創り出されたこと、そこで成立した領主間協約によって領民の経済的権益が確保されたことである。質取行為において、質をとって権益保持を行うべき者の側に彼の領主が立ち、そのことによって領主間交渉の場が創り出される、という点で、経済的権益確保の手段として質取行為は現実的意味をもち得たのである。

同じころ、戦国大名の分国法においては、質取行為が領主間交渉の手段として位置づけられている。

一、おなしくにの内にて、たかうのしちにをよふ事、そのちとう、しうにんへ二度三度たんかうせしめ、これをとるへし、しかるにしうにん、ちとうふさたにより、たかうのちとうへ申とゝけすハ、とりてならひにちとう、ともにもつて越度たるへきなり、(29)

「他郷の質に及ぶ」際には、自分の郷の「地頭」に談合し、「地頭」が了解して質取の対象となる「他郷」の「地頭」に申届けるという条件の下で、質取を行うことが規定されている。ここでは先の朽木領と田中領との例でみたように、質取行為は、領主間交渉の全過程の一部をなし、交渉の場を創り出す手段と化しているのである。そしてまたこうした法文が存在すること自体、領主間交渉の場を創出する手段として、質取行為が少なからぬ一般性を有していたことを物語ると思われる。

以上を要約すると、国質などの質取行為は他領にある経済的権益を確保する手段であり、この手段が現実性をもつのは、質取行為が他領の領主と自分の領主との領主間交渉の場を創り出し得たからである、ということになろう。このことはまた、領民が他領にある自らの権益を守るためには良かれ悪しかれ領主の力が必要であったということをも示しているだろう。村落で自治が行われ、村民が一揆をも起こすような時勢に、村民からの搾取をこととする領主がいかなる存在理由をもったか、という理由の一端が、ここにあるかに思われるのである。勿論、惣村・惣郷の乙名衆がこうした領主的機能を事実上奪権しえていた場合も当然あろうが、少なからぬ場合、典型的領主がこうした機能を果たしていたと考えられるのである。それはともかく、以上みてきたように領主間交渉の場を創り出す質取行為は、『塵芥集』にみえるように世間的慣例として中世の在地社会に通用していたのである。

そもそも国質・郷質・所質は、他国・他郷・他所にわざわざ出かけていって取ったのではあるまい。自国・自郷・自所にいる他国・他郷・他所の者をその対象としたのであろう。そうした質取行為が広範に行われていたということは、当時の人々の社会的・経済的生活の場が国を股にかけ、郷を股にかけ、所を股にかけるといったものであったことを物語っている。ところで、それぞれの国・郷・所にはそれぞれの領主・支配者がいる。個人の社会的・経済的生活の場は複数の領主に分割されている。こうした生活の場が確保されるためには領主間相互の安定した外交ルートが存在しなければならないが、中世ことに戦国時代にこんなことはまず望み得ないであろう。従って何らかの手段に訴えて、自分の本拠とは異なる領域を支配する領主との交渉の場をもつことが必要となろう。日常的な交渉なく、尋常には交渉に応じるはずもない他領の領主を一時的にしろ交渉の場にひき出すために、如何にすればよいだろうか。かかる場合に国質・郷質・所質は少なからず有力な手段であったと思われる。市民道徳上、倫理上さまざまな評価があり得るにしろハイジャックが、事実としては疑いもなく、一国の政府と「過激派」との交渉の場を創り出すように、国質・郷質・所質は、他国・他郷・他所の領主に対して、自分を支配する領主を通じてではあれ、交渉の場を創り出す手段となっているのである。質をとるという表現に由来する何やら物騒なイメージとは裏腹に、狭い国土にいくつもの自治的権力――それが守護であれ、地域的領主であれ、はたまた惣の乙名衆が支配する惣村・惣郷であれ――の簇生していたわが中世後期にあっては、国質・郷質・所質は他領と交渉し、そこに活動の場を維持する手段であり、この手段は世間の慣習として通用していたと考える。

　ところで、こうした質取行為が原則的に禁止されている場が中世にもあった。たとえば市場である。これは次の史料から明白なように、市場の繁栄が質取行為の頻発によって損なわれることへの危惧からである。

　一、其所之さかりを何方モ願義にて候、当地の神事・祭礼・市・町之日、たとへいかやう之義共、何方□□□(もしち)取
　　不可然候、取候ハヽ、理非なしニさたやふるへ□(く候)(30)

こうした市場における原則的な質取行為の禁止は、国質・郷質の有効性をやや減殺するものであることは間違いない。借銭証文の担保文言にはこのような事態に備えてか、「市・町・路次の嫌ひなく、見合ひに郷質を召めされ候はんに、

たとへ其所の地頭・政所・親類・兄弟・他人異議あるまじく候」[31]との文言がみられる。[32]市場での質取禁止を無制限に拡大適用させないための予防線であろうか、ともあれ、国質・郷質という質取行為の慣習は、このようにして貫徹されていたと考えられる。

最初に話を戻すと、本章は勝俣氏の論稿に対する二つの疑問から出発した。

第一は国・郷という集団は、そのメンバーの私的な債務不履行についても全体が一丸となって、運命共同体として動くものであるかという疑問であった。国については勝俣氏の所説は一見して無理があると思われる。国が一定の統合性をもち得るには、中世後期にあっては守護という支配者の存在が決定的な役割を果たす、ということが比較的に自明のことに属するからであり、国が全体として一丸となって動く場合にも内部矛盾が噴出する事例はさほど珍しくないからである。これに比して、中世後期の郷的集団については強固な内部結合のあることを示す事例は多く、郷的集団が個人の債権債務関係においても運命共同体として作用するという氏の所説は少なからぬ説得力をもつかも知れない。しかしながら、現在知られている事例が僅少であれ、理屈の上では当然予想される郷的集団の内部矛盾を考えた場合、勝俣氏の所説はやはり国についてと同質の困難に直面すると考えられるのである。勝俣氏が運命共同体的結合についてある程度の実態的イメージをもつ郷的集団から出発され、これを国的集団に、国質の実態把握を媒介として拡張されたのに対し、筆者は国的集団についての常識的理解、つまりその統合性が守護という支配者の存在に決定的に依存するという点を出発点とし、これを郷的集団にも応用しようと考えた。そして国・郷・所の領主・支配者に向けられた質取行為が、少なからぬ一般性をもって存在したことを確かめ得たと考える。もちろん勝俣氏が解明された国質・郷質の実態は大筋において動かないが、債務者の同国人（同郷の者）であるというだけで質取行為の対象とされるということは、先に述べたような困難をもつと思われる運命共同体的紐帯を前提せずとも充分理解できよう。

第二の疑問は、国質・郷質の主たる面は報復であるのか否かという点であった。国質・郷質をとる必要性は、他国人（他郷の者）に債権をふみ倒された者といったような私的な個人から生ずるという点で、筆者は勝俣氏と出発点を同じくする。しかし、いくら債権確保のためとはいえ、私的な個人が他郷・他国の者全体を敵にまわしかねないような質取行為を敢行するであろうか。おそらく氏はこの点を運命共同体としての国、郷という概念で説明されるのであろうが、この場合にも、動産を差押える時はともかく、人質をとる際に如何なる解決が予想されようか。果てしない報復の応酬は当然予想されるところであり、集団の一メンバーの債権を守るために集団全体が心中することになりかねない。氏の説かれる国質・郷質は借銭、借米証文の担保文言としてふさわしくない。(33) 筆者はこの点を領主間交渉の場の創出ということで説明しようとした。このことによって借銭・借米証文の担保文言として、国質・郷質はより現実的な意味をもちうると考える。この点については勝俣氏の国質・郷質の規定は、若干であるが修正が必要であろうと考えられるのである。

おわりに

さてこれまで述べてきたことは次のように要約できよう。国質・郷質・所質は、他領の領民または彼の動産を質にとって、自分を庇護する領主と質取の対象となった他領の領主との領主間交渉の場を創り出し、そこでの結着によって、他領における自己の名誉、権益などを維持することを目的とした行為であること。そしてさらに重要なことには、こうした質取行為が中世後期にあっては世間的慣習として通用していたということである。

しかしながら、国質・郷質などは統一政権のもとで非合法化されるのである。

定

……

一、公事篇ニ不限、喧嘩・口論・盗人以下於難決は、片切・伊木・那波・古江双方罷出、可相決、其上ニも不道行ハ、訴人論人召連、大坂へ罷登可請訛（批）判事、

一、双方如此相定上、村質・郷質一切停止事、

右条々無相違様堅可被制止者也、仍如件、

羽柴筑前守

秀吉（花押）

天正拾一年十一月十三日

稲葉伊予入道殿[34]

これは池田・稲葉両氏の所領相論を羽柴秀吉が裁定した裁定状の一部である。これによると今後訴訟以外にも喧嘩、口論、盗人などの事件で問題がおきたなら双方から裁定者が出て解決すべきであり、それで解決しないなら大坂へ出てきて「訛（批）判」を請うべしという、「大坂」を最終的判定者とする訴訟以下の裁定ルートがきめられている。そしてこのように定まった以上、「村質・郷質一切停止」ということになるのである。

ここでは「大坂」を頂点とする統一権力が前提されており、村・郷レベルの相論で領主に働きかけ、独自の最終決定を出すことは否定されている。「大坂」がニラミをきかす場での解決以外は許されておらず、国質・郷質などについては、とる側の領主もとられる側の領主もそこでは独自の解決能力をもたないのである。領主は原則上「大坂」の尖兵であって、独力で領内・領民の問題に最終責任をもつ責任から解放されている。従って質取行為に及んで、領主に最終判定をせまることは、「大坂」の解決を拒否することとなり、これは叛乱罪の対象となろう。「大坂」を頂点と

する統一政権の登場によって、国質・郷質などははっきりと非合法性を刻印されることになるのである。(35)

中世後期にあって広範にみられ、世間の慣習として通用していた国質・郷質・所質が非合法化されるためには、一切の相対的独自性をもつ自治権力の存在を許さない強大な中央集権国家の出現が不可欠な一要素であったと考えられる。

ところでかかる統一政権が出現するためには、在地秩序の一定の変動もあったはずである。すなわち質取行為自体が行われにくくなるような状況が在地にも生じたはずである。次にこの点が考察されなくてはならないが、それについて今述べる力量を筆者はもたない。

ここでは統一政権の登場による、世間的慣習としての国質・郷質の消滅という点を指摘するにとどめ他日を期したい。

註

(1) 勝俣鎮夫「国質・郷質についての考察」(同『戦国法成立史論』東京大学出版会、一九七九年、初出一九六九年)。
(2) 山中恭子「『政基公旅引付』よりエチュード二題」(『遙かなる中世』二)。
(3) 「成願寺文書」明応三年九月二十一日小倭衆連署起請文案(佐藤進一・百瀬今朝雄編『中世法制史料集』第四巻、岩波書店、一九九八年、一五八頁)。
(4) 註(1)前掲書、四七頁。
(5) 『政基公旅引付』文亀元年六月十七日条。
(6) 註(5)前掲書。
(7) 『本福寺跡書』(『岩波日本思想大系』「蓮如・一向一揆」、二〇四〜二〇五頁)。
(8) 註(7)前掲書、二〇五頁。
(9) 註(7)前掲書、二〇五頁。

(10)「御文」(前掲「蓮如・一向一揆」、五六頁)。
(11) たとえば『政基公旅引付』文亀元年六月二十一日条。
(12)『政基公旅引付』文亀三年七月十九日条。
(13)「沢氏古文書」(東大史料編纂所架蔵影写本)。
(14)「天文日記」(上松寅三編『石山本願寺日記』上) 十二年八月五日条。
(15)「塵芥集」一三一条 (佐藤進一・池内義資・百瀬今朝雄編『中世法制史料集』第三巻〈岩波書店、一九六五年、一七五頁〉)。
(16)『政基公旅引付』文亀元年七月十一日条。
(17) 註(16)前掲書。
(18)『政基公旅引付』文亀三年七月二十三日条。
(19) 註(18)前掲書。
(20)「天文日記」(前掲) 八年四月二十九日条。
(21)「天文日記」(前掲) 五年六月十二日条。
(22)『細川両家記』。
(23)『香取文書纂』巻之一一、応永十八年八月十四日乗あみ借銭状。
(24)『朽木家古文書』(内閣文庫影印叢刊) 下、六〇九号文書 (四五八頁)。
(25)『朽木家古文書』(前掲) 上、一七九号文書 (一〇七頁)。
(26)『朽木家古文書』(前掲) 上、三九〇号文書 (二四二頁)。
(27) 天文九年三月十日 (『朽木家古文書』〈前掲〉下、六八三号文書〈五〇六頁〉)、同十二年七月十日 (『朽木家古文書』〈前掲〉下、六八四号文書〈五〇六頁〉) に、越中大蔵大輔、田中四郎兵衛尉をはじめ、近隣の領主に宛てて、朽木領内の山の違乱を禁止する旨の六角氏奉行人奉書が出されている。
(28)『朽木家古文書』上、(天文十八年) 十二月二十五日田中頼長書状 (三四一号文書、二一二頁)。ひとまず全文を掲げておく。

態申候、仍従先規被懸御意候山札之儀、取失候、然者到(至ヵ)来春新札を可申請候、殊其方代官相替候由候間、旁以如此候、若古札を持候て山入者候者、見相可有御成敗候、其砌為此方是非之儀不可申候、恐々謹言、

極月廿五日　　　　　　　　　　　頼長（田中四郎兵衛尉）（花押）

朽木民部少輔殿御宿所

(29)「塵芥集」一二八条（『中世法制史料集』第三巻、一七四頁）。

(30)「結城氏新法度」三五条（『中世法制史料集』第三巻、二三六頁）。なお「もしち」の三字の推定は『中世法制史料集』に従う。

(31)『香取文書纂』巻之一二、文安三年二月二十三日弥二郎借銭状。

(32)「その所の地頭……異議あるまじく候」との右の文言から、現実の質取行為においては、質取を行う者の領主、質取の対象となる者の領主の他に、質取が行われた場所の領主が介入してくる可能性が考えられる。そこで問題となるのが、同じく『香取文書纂』巻之七にある文保元年十二月六日僧慶祐の土地売券にみられる担保文言であろう。

此上相違候はゞ、いかなるくゐんもんせいけ、神社、仏寺の御領に候とも、このわきまへをいたし、いくたびも見合のかうしちをとられ候はんに、他のさまたげあるへからす候……

右の文言から、権門勢家、神社、仏寺の所領に於ては、質取が行いにくかったことが予想され、質取が行われる場所の領主の性格によって、その質取行為の合法性、正当性が左右されたらしいことが窺える。あるいは質取が行われる場所の領主の身分に由来する現象かとも思われるが、今のところこれ以上は不明である。他日を期したい。

(33)永禄四年壬三月十二日六郎二郎等借銭証文案（『菅浦文書』）には「若無沙汰仕候はゞ、菅浦惣中へ御懸り候て、何様の郷質なりとも御取あるべく候、又下地人を誰々なり共召し籠られ仰せ付けらるべく候」とあり、人質が担保の一部となっているのである。

(34)「稲葉文書」（『大日本史料』一一―五、二四九頁）。

(35)これに対して、伊達氏の場合、国質・郷質それ自体を禁止するような方向性はみられない。今川氏も「当職と当奉行に断はらず私とし」て質取を行うことを禁止しているにすぎない。こうした質取行為に対する、戦国大名と統一権力との対し方は、かなりはっきりと違うように思われる。少々飛躍にすぎるが、統一政権構想に関する戦国大名と織豊政権との意識の違いの一端がこのことに現われているように思われる。

第三章　中世の宗論

はじめに

「宗論」という狂言がある。かたや法華宗で、甲斐身延山に参詣した六条本圀寺の僧、かたや浄土宗で、信濃善光寺に参詣した黒谷の僧とが、参詣の帰途に出会い、互いに宗論を闘わせたあげく、最後に「法華も弥陀も隔てはあらじ」と仲直りする、という話である。仮名草子の「夫婦宗論物語」もまた、浄土宗の夫と法華宗の妻とが宗論を闘わせたあげく、禅寺に喝食として上っていた子供に窘められて仲直りする、というものである。ともに中世末から近世初期の作品であるが、前者が宗論を徹底して揶揄しているのに対して後者はそうでない、という点を除けば、どの宗旨も等しく仏法として優劣はない、教義の如何によらずどの信心も等価である、とする論理はどちらにも共通している。

ところが中世は、逆に仏教者が宗論を盛んに闘わせていた時代であった。「法華択一」の立場に立ち、「是一非諸」「謗法折伏」を標榜した日蓮とその教団はいうまでもないが、その彼らから「念仏無間、禅天魔」と非難された念仏宗や禅宗、さらには天台宗、真言宗もまた同様である。後述するように、どの教団にとっても宗論は身近なものであったと考えられる。一方で『沙石集』のように、一宗に偏することを排除する立場も存在するもの(1)の、中世は宗論の時代であったとみることができる。

こうした中世の状況からみると「宗論」「夫婦宗論物語」の立場は極めて対照的である。そしてこの立場は、宗論が原則的に禁止された江戸時代を経て、「他宗を軽侮すること甚だし」い「耶蘇信心」を「所謂商売敵なるものにして、我店の物を売らんが為に隣店の品を悪様に言做すの工風」と批判する福沢諭吉の論説（「宗旨宣布の方便」）にまでつながると思われる。このようにみれば宗論の盛衰には、中世から近世にかけての、信心の在り様の変遷が投影されているとみることもできよう。

宗論についての研究は、法華宗教団の研究の中に断片的にみられるものの、それ自体をテーマとしたものは管見の限りではみつけることができなかった。そこで、まず宗論について事例を探索することから始めることにしたい。

1　訴訟・裁判としての宗論

辞典類によると、宗論とは「仏教において一宗と他宗との間でなされる宗義上の論争」（『日本史大事典』平凡社）、また「教義をめぐって仏教諸宗派間でなされる論争」（『日本史広辞典』山川出版社）とされる。しかし、中世の宗論は教義をめぐる単なる論争ではなかった。「宗論」という言葉は、もちろん中世を通じてみられるが、これと同義語として用いられることが多いのは「問答」の語である。問答とは、議論、仏教の教義をめぐる論議、教示を乞う設問などの意味と共に、中世では裁判において訴人と論人とが、それぞれの言い分を闘わせる訴状と陳状との交換に用いられることが多い。そして中世仏教教団間で行われた「問答」すなわち宗論は、この中世の裁判の意味で用いられたと考えられる。

このことを如実に示すのは宗論が多くの場合、領主、守護、あるいは天皇など俗的支配者の手で催され、彼らが裁定者となっていたことである。著名な安土宗論の場合、宗論の内容を実質的に判定した僧侶のスタッフをともないながら、裁定者は織田信長であったのと同様に、多くの宗論は右に述べたような俗的支配者により裁定された。

弘安元年（一二七八）に日蓮の弟子で下総の富木常忍が天台僧の了性・思念と宗論を行い勝利した時も、宗論の場に裁定者が存在したと考えられる。常忍の報告に対し、日蓮が与えた返信（『昭和定本日蓮聖人遺文』三一〇、十月一日付消息）には、「但しこの法門御論談は、余は承らず候、彼は広学多聞の者也、はばかり〳〵みた〳〵と候しかば、此方の負けなんども申つけられなば、如何し候べき」とあり、「上級者の面前で問答が交されたことが窺われる。富木常忍の社会的地位からすれば、……守護代の面前において問答が交されたものと考えることができよう(2)」。

暦応元年（一三三八）、本願寺覚如の子存覚も、備後国府において法華衆徒との宗論を守護の前で行った旨を述べている（『常楽台主老衲一期記』）。康永四年（一三四五）、新たに建立された天龍寺で後醍醐天皇の供養が行われることに反対する山門の訴訟を裁くために、天龍寺の禅宗側と山門との宗論を、久我通冬が公卿の僉議の場で提案したと『太平記』は記している。またその発言の中では、村上天皇の前で行われた著名な応和の宗論において天台宗と法相宗との宗論が、結局引分という宣下によって決着がついたという逸話も引き合いに出されている（巻第二四・依山門嗷訴公卿僉議事）。ここで語られている応和の宗論は実態通りのものとは考えられず、『太平記』の成立した時代の伝説であろう。しかし中世の宗論が、天皇などの前で行われる場合もあり得たことは窺える。

文亀元年（一五〇一）に、当時管領であったと考えられる細川政元の前で行われた浄土宗と法華宗の宗論は著名である（『後法興院記』文亀元年五月二十四・二十五日条、『実隆公記』文亀元年五月二十四日条）。この時法華宗側が勝利したため、裁定者の細川政元が法華宗に帰依することになったとも伝えられる（『後法興院記』文亀元年五月二十八日条）。

さらに、天文年中に法華宗が「法華宗」の宗号を名乗ることを不当として山門から訴えがなされ、近江守護六角定頼の前で山門の代表者（妙観院・東陽坊・海岸坊・寂光院・月蔵坊）、と法華宗徒の代表者（妙顕寺・妙覚寺・本国寺・立本寺・本能寺）との宗論が行われ、法華宗側が勝訴したと記される（『龍華秘書』）。

また十六世紀に日本に滞在したイエズス会の宣教師たちも、日本で行われた宗論を記録している。美濃の大名斎藤龍興が帰依していた禅僧は日頃「三十三問を列記し、之に解答を与ふる者あらば其宗派に服従すべし」と公言していたところ、「之と意見を異にせる他の学問ある坊主」が名乗りをあげて龍興の前で宗論が行われ、「三十余問の人負けたれば、王は他の宗派の門弟とな」った。ところが「右第二の人は其後同国王（龍興）及び多数の学者の面前に於て禅宗の他の一派の坊主と議論をなして負けたれば、王は之を捨て第三の人の宗派に入門し、之を己の師となした」という（『耶蘇会士日本通信』上・一五六七年六月十二日付ルイス＝フロイス書翰、三八一頁、松田毅一監訳『十六・七世紀イエズス会日本報告集』第Ⅲ期第三巻、一九七頁、以下『報告集』Ⅲ三・一九七頁の如く略記）。（補註）また阿波の篠原長房の家臣にキリシタンがおり、キリスト教の邪正を判定するために「一方には日本の学者、又一方にはパードレを招きて相会せしめ、疑ふべからざる審判者を得て、パードレ負けたる時は諸国より追放すべく、若し坊主負けたらば之を強制してデウスの事を聴かしめ、悟りてキリシタンとならしむべし」と提案したという（『耶蘇会士日本通信』上・一五六七年七月八日付ルイス＝フロイス書翰、四〇七頁、『報告集』Ⅲ三・二一三頁）。さらにこれらを記録したフロイス自身も織田信長の前で「我等の説く教と日本の宗旨とを比較」するために、叡山や禅宗の学僧、あるいは関東の学僧を集めて「殿下の面前に於て世界の造主の教と其宗旨との討論をなさしめ」キリスト教が負ければ都から追放し、僧侶が負ければキリスト教の教えを聴聞させる、という提案を述べたという（『耶蘇会士日本通信』上・一五六九年六月一日付ルイス＝フロイス書翰、四四八〜九頁、『報告集』Ⅲ三・三〇〇頁）。

いずれの事例も宗論が領主や大名など、しかるべき俗的支配者を裁定者として、その前で行われるものであったことを裏づけるものである。

もちろん当事者のみで行われた宗論の事例もみられるが、この場合はそれを見守る群衆の前で行われることが多かったと推定される。

建治三年（一二七七）六月、鎌倉の説法の場において説法をする龍象房に対して、日蓮の弟子の三位公と頼基とが問答をしかけている（『昭和定本日蓮聖人遺文』二四九、頼基書状）。天文法華の乱にきっかけとなった天文松本問答においても、松本新左衛門が閉口した花王房の袈裟を剝ぎ取ったのは花王房の説法を聴きに来ていた聴衆の面前においてだった。これも宗論の一つの形態だったことが窺える。その他イエズス会の宣教師と叡山僧・禅僧との宗論にこの形態のものがみられ（『耶蘇会士日本通信』上・一五六〇年六月二日付ロレンソ書翰、八〜一三頁、『報告集』Ⅲ一・三一八〜三二〇頁）、また宣教師と日本人僧侶との間ではこれが珍しくなかったとみられる（『イエズス会士日本通信』上・一五五四年ペロ＝ダルカセバ書翰、四九頁、『報告集』Ⅲ一・一一二〜三頁『イエズス会士日本通信』上・一五五六年一月七日ルイス＝フロイス書翰、一一五〜六頁、『報告集』Ⅲ一・一七二〜三頁）。

しかしながら当事者のみでは、判定が困難であることは当然であり、裁定者のいる場での宗論をよりよいものとする考え方はもちろん存在した。正応五年（一二九二）日蓮の弟子日頂が、弟子良実に対して、「私に邪正を決せば、暗中の錦衣その色を見ず、澗底の長松良匠を知らざるがごときか、且は又喧嘩の基なり、……早く上訴を経られ、御尋ねに預からば問牒の不審の条々、これを明答すべし」（『日蓮宗宗学全書』第一巻上聖、日頂書状、四二頁）と上訴しての宗論をすすめている。

以上みてきたように、宗論は然るべき俗的支配者の前で、その裁定により行われるのが通常の形態であったと考えられる。

2　決闘としての宗論

しかし、宗論は単なる裁判ではない。宗論の結果、勝者は敗者から袈裟を剝ぎ取るという、当事者間の実力行使が公認されていた。この点からみると宗論は当事者主義の色彩の濃い、自力救済の手段としての側面を有するものだったと考えられる。

天正七年（一五七九）の著名な安土宗論をみてみよう。法華宗側の日淵が記した『安土問答実録』によると、浄土宗側が「閉口して無言」となったので、法華宗側の一人日淵は「両人共に申詰て候」と奉行に告げ、同じく法華宗側の常光院は「問答の法なれば袈裟を給はらうずる」と言った。一方浄土宗側は突然「高声に勝たり〳〵」と宣言し、周囲の鬨の声と共に「常光院の五条袈娑《（袈裟）》を引き切りて取」った。日淵も「法門には勝たれども、老僧の袈娑《（袈裟）》を浄土宗に取られては上聞如何」と関東長老貞安の袈裟を「相当に取らん」としたという。

「問答の法なれば」袈裟をとる、勝利の宣言を合図に袈裟をとる、といった行為は、宗論の決着において勝者が敗者から袈裟を剝ぎ取ることが宗論の作法として行われていたことを窺わせる。しかも、袈裟を取られては「上聞」にかかわることをみれば、この実力行使が宗論の勝利を証明する、決定的な作法ともされていたことが窺えよう。

『信長公記』も、この宗論については『安土問答実録』とは対蹠的な立場から書かれているが、「貞安亦云はく、捨るか、捨ざるかを、尋ねし処に無言す。その時、判者を始め満座一同にどつと笑つて、袈裟を剝取」（巻一二）と記している。また判定者の一人として臨席した因果居士も、「止めよと云ふ時、貞安云く、法花の妙よ、汝知らざるにやと云ひて、日光上人が袈裟衣裳を剝取るなり」と記している（『安土問答』）。これらもまた袈裟を剝ぎ取る行為が、通常の宗論の作法であったことを裏づけるものといえよう。

天文五年（一五三六）に京都で行われた花王房と松本新左衛門との宗論においても、法華宗側の松本新左衛門が「返答いかに、閉口か〳〵と」責め、相手側が閉口したので、新左衛門は「約束の如くするぞとて、高座より引下して、袈裟衣を剝ぎ取ける」（『天文法乱松本問答記』）と記している。

慶長四年（一五九九）、徳川家康の前で妙顕寺日紹・妙国寺日統と妙覚寺前住日奥とが対決した宗論においても、敗者と判定された日奥に対して「当時御奉行衆の下知、袈裟を剝ぐべしと、これにより則ち袈裟衣を剝ぎ、念珠を取」ったという（『大坂対論記』）。(3)

慶長六年浄土宗の貞安と真言宗の頼慶の間で交された問答において、貞安の出した質問状では、真言宗の即身成仏の教義を批判し、「若し明文ばかりにして、即身成仏の義眼前に出でざれば、法度のごとく三衣を渡さるべきものなり」と宣言している（『宗法問答』、『史籍雑纂』第一）。

宗論の論争の結果、敗者となった僧侶の袈裟を奪うことは降参の意思表示を強要するものと考えられる。文永八年（一二七一）の著名な龍ノ口の法難の結果、佐渡に流された日蓮が守護代本間重連の前で行った塚原問答で、日蓮の論駁に動転した相手方は「或は当座に袈裟・平念珠を捨て念仏申すまじきよし」を誓うものがいたという（『昭和定本日蓮聖人遺文』一七六・種々御振舞御書）。またキリシタン武士ジャンと僧侶との宗論では、相手方の三人の僧侶のうち一人が「負けたることを認むる印としてストラ（法衣）を脱し、三人とも説教を聴きてキリシタンとならんことを請ひたり」という（『イエズス会士日本通信』下・一五七八年九月三十日付ルイス＝フロイス書翰、三七一頁、『報告集』Ⅲ五・四七頁）。いずれも自ら降参の意思表示として袈裟を脱いだ事例である。言い換えれば勝者が敗者の袈裟を剝ぎ取ることは、敗者に降参を強要する私刑であった。宗論は裁定者をもちルールをもつものの、本質的には戦闘だったのである。

このようにみれば、宗論の結果が著しい政治的効果をもつことは当然である。天文十二年鎌倉で行われた浄土宗と法華宗の宗論で浄土宗が勝ったため、「日蓮党の長三人を捕へ、これを放ち流し、その徒五人を殺す」との北条氏康の裁定が行われたという（『続本朝通鑑』巻第一八五、後奈良天皇四）。著名な安土宗論の際に織田信長が、法華宗が敗北した場合「京都ならびに御分国中寺々」を破却するとの条件を提示したこと（『安土問答実録』）、また、宗論の結果如何で追放・改宗などの制裁を行うとの条件を示した、前述のキリシタンらの提案からも、敗者に対する権力者の制裁がなされていたことが窺える。

さらにこの制裁に加え、宗論の勝者を始め群衆の敗者狩りが行われることも通常の戦闘と同様である。天正三年に阿波国で行われた真言宗と法華宗の宗論では、敗北した法華宗に対し「真言宗の三千人、日蓮宗を破却すべきとて、蜂起し」たという（『三好別記』）。安土宗論でも法華宗側に対し織田信長の制裁と群衆の攻撃とが行われた。宗論の原因となった当事者は処刑され、それ以外の「日蓮衆千人ばかり、久遠院と（申す脱カ）所へ追入れられをはんぬ、その外京都地下人同前に追入れられをはんぬ」（『言経卿記』天正七年五月二十八日条）という。また「都には同日中に此事聞えたれば、当地の法華宗の諸寺を警衛して家財を取出すことなからしめんとせしが、結局奪はれり。六条の寺に於ては一朝甚だ早く家財を取り出して他に送りしが、何等の効なく、何人とも知れず途中に於て之を奪ひたり」（『耶蘇会士日本通信』下、一五七九年六月オルガンチノ書翰、四四七〜八頁、『報告集』Ⅲ五・一八六頁）という。

3　宗論と自力救済

以上みてきたように宗論は一方で、判定者の前でルールに従った問答が行われるという裁判の要素をもち、また他方で勝者が敗者に、降参の表明を強要する私刑が公認され、あまつさえ敗者が群衆から攻撃を受ける、という戦闘の要素をもっている。いわば決闘ともいうべきもので、裁判と自力救済との中間に位置するとみることができよう。

その特徴を理解する上で、大きな手がかりとなると思われるのは中世ヨーロッパで行われたという決闘裁判である。決闘裁判とは神判の一種であり、原告と被告とが、決闘によってその正しさを争い、その結果により判決を決定しようというものである。正義は神の加護によって決闘に勝利するはずだという信仰が、その裏づけとなっていた。神判とはいえ自力救済の要素が極めて強いから、訴訟当事者の一方が病人、身障者、老齢、女性などの場合、判定の正当性が疑問視されるところであるが、そのような場合には代理人（多くの場合親族）を立てることができたし、一方の当事者が聖職者の場合なども代闘士を立てることができた。五世紀〜六世紀にゲルマン民族の間には確実にみられ、七世紀以降フランク王国、神聖ローマ帝国でみられるが、十三世紀頃から抑制され始め、フランスでは十六世紀半ばに消滅したが、イギリスでは十九世紀初頭まで続いたという(4)。

山内進氏によれば、決闘裁判の土壌は「中世日本を別にすれば、やはり他の地域にはみられないヨーロッパ独自の」自力救済の精神であり(5)、裁判の主役は原告と被告であり、裁判官はその審判、いわば行事に過ぎないという当事者主義の考え方である(6)。いわば「正しいから勝つというより、勝ったから正しい(7)」という認識である。

自力救済の慣習、当事者主義の裁判というこの二つは、いずれも中世の日本社会に厳然として存在しており、決闘の要素をもつ宗論のありかたの背景にもあると想像される。従って宗論は裁判の一種であると同時に、私闘に勝利する自力救済の手段として、中世には日常的に存在したと考えられる。次の史料をみてみたい。

『破邪顕正抄』

専修念仏ノ行人某等、謹テ言上、

ハヤク山寺聖道ノ諸僧、ナラヒニ山臥・巫女・陰陽師等カ無実非分ノ讒言濫妨ヲ停止セラレテ、カツハ帰仏信法ノ懇志ニ優セラレ、カツハ治国撫民ノ恩憐ヲタレラレテ、モトノコトク本宅ニ還住シテ念仏ヲ勤行スヘキヨシ、裁許ヲカウフラントオモフ子細ノ事、

右専修念仏ノ勝業ハ決定往生ノ正因ナリ、……シカルニ山寺聖道ノ僧徒ヲハシメトシテ、別解・異学・偏執・邪見ノトモカラ、種々ノ無実ヲタクミ、条々ノ悪名ヲカマヘテ、ミタリカハシク上訴ニヲヨヒ、アマサヘ在所ヲ追出セラル丶条、愁吟ノイタリナニコトカコレニシカン、

……

一、一向専修念仏トイフハ仏法ニアラス、外道ノ法ナルニヨリテコレヲ停止セラルヘキ事、

……

以前条々、風聞ノ説ニツイテ子細ヲ勒シテ言上スルコトカクノコトシ。……シカレハ、ハヤク御哀憐ヲタレラレテ、山寺聖道ノ諸僧ナラヒニ山臥・巫女・陰陽師等ノ念仏誹謗ノトモカラト一向専念ノ行者ト両方ヲメシ決セラレテ、称名念仏ノ勝行、外道邪見ノ法ニアラス、西方往生ノ要路、時機相応ノ教タル条、理致ノ淵源ヲキワメラレテノチ、モトノコトク本宅ニ還住シテ専修念仏ヲ勤行スヘキヨシ御成敗ヲカウフラハ、イヨ〳〵憲政ノ無偏ヲアフイテ、マサニ真宗ノ巨益ヲシラントオモフ。ヨテホ丶言上クタンノコトシ。

本願寺覚如の子息存覚の、専修念仏の正当性を主張した著書で、存覚の『浄典目録』には、仏光寺の始祖了源の所望に応じて著したと記されている。専修念仏停止に対する訴願状の形式をとり、一七ヶ条にわたって念仏謗難を弁論している。特に傍線部で、裁定者の処断が請願されていることに注目したい。すなわち本書を形式からみれば、訴訟における宗旨の弁論、つまり宗論の訴状（ないし陳状）なのである。

本書の元亨四年（一三二四）の奥書には「蓋しこれ謗家を防がんがため、真門を立てんがため撰集するところなり。努力々々外見すべからざる而已」とあり、具体的な相論のために作成されたものとは考えにくい。従って宗論の訴状（陳状）の形式に託して書かれていると想定される。教義の解説のために、いわばわかりやすい形式として訴状（陳状）の雛型が利用されたという事実は、宗論が当時の仏教者にとって馴染み深いものであったことを窺わせる。

康永四年（一三四五）天龍寺で後醍醐天皇への勅願供養がなされようとした時、これに反対した山門が訴訟したのに対し、久我通冬が天龍寺側と山門との宗論を提案したという、前述した『太平記』のエピソードはもちろん事実と考えることはできない。しかし、当時宗論が教団間の紛争処理に際して用いられる通常の手段であったことを垣間みせるものとして興味深い。またともすれば強大な山門による新興禅宗への「弾圧」と考えられやすいこの事件は、『太平記』の著者によれば、宗論で決着すべき私闘だったことになる。

山門が、いわゆる「鎌倉新仏教」諸派に対して行った実力行使は、宗論という観点を介在させてみると、従来考えられてきたような「弾圧」とは、また違った様相がみえてくるように思われる。寛正六年（一四六五）一月に、当時本願寺八世蓮如の活動により教線を拡大しつつあった本願寺が山門の衆徒により破却された（『経覚私要鈔』寛正六年正月十二日条、『金森日記秡』）。この事件における本願寺門徒側の動向を記した『本福寺跡書』は、山門の実力行使に対し、「御坊中（折角の）宗論あるべき分にて、一問答、二問答、三問三答の器用の仁を相定」めたところ、山門衆徒の攻撃といっても結局のところ「悪僧等、偏執の悪党等が所行」であり、彼ら自身の側から、本願寺が示談金を払うならそれで済ませようとの提案があったと記している。本願寺は山門の実力行使を、相論の宣戦布告と捉えており、だからこそ宗論という手段で対抗しようとしたと考えられる。とかく「弾圧」とみなされやすい山門の実力行使も『本福寺跡書』によると、自力救済の中世では普通にみられた出入りだった。

京都における法華宗信徒と山門僧との宗論に端を発した天文法華の乱もまた、本来は山門と法華宗徒との私闘であったとみることができる。(8) その裁定者となっていたのは、最後には山門と共に法華宗徒を攻撃することになる六角氏であった。「江州より□使者九里源兵衛上る、叡山と法花堂《(党)》と怨劇、無為の調法」(『鹿苑日録』天文五年五月二十九日条)、「江州より山門と日蓮党扱の儀につき進藤・永原上洛せしむ」(『天文日記』五年七月十日条)、「山徒と日蓮衆、終には和睦たるべきの由、近江の六角その分なり」(『後奈良天皇宸記』天文五年七月二十六日条)などと記される通りである。

それではなぜ、六角氏までが法華宗徒の攻撃に加わったのかという疑問もあり得るが、和睦斡旋に同意しない側については、相論の相手と共に攻撃を加えると中人が宣言することも珍しくない。後年六角定頼が山門の三院執行代に対し「日蓮衆事、先年退治を加へられ、公私の制法厳重の処に、程なく其旨に背くの間、重ねて成敗あらんがため、頻に発向に及ばるべきの由候といへども、……此の砌惣別無為の調談然るべき旨、異見申すによつて御同心、尤もつて祝着に候」(『蜷川家文書』三―六〇五、六月十七日六角定頼書状)と述べていることも、中人としての立場を窺わせるものである。

結局のところ和睦の斡旋が失敗した行きがかり上、六角氏と山門とが合体して法華宗徒を攻撃することになったものの、実態は山門と法華宗との京都における問答をきっかけとする出入りであり、六角氏の斡旋で和睦する可能性もあったと考えられる。

以上、本願寺教団や法華宗徒に対する「弾圧」とされる実力行使は山門の、いわば宣戦布告であり、宗論と対応するような通常の相論手段だったとみることもできる。

そもそも中世にあって実力行使と訴訟とは、相論の手段としてさほど区別がみられない。十五世紀半ばに起こった、著名な近江国菅浦と大浦との、山論の経緯をみてみよう。(9) 文安二年（一四四五）三月頃、大浦から菅浦に対し、大浦の山へ立入り禁止を宣言した。一方菅浦もこれに対抗し、大浦側に日指・諸河の地への立入り禁止を宣言する。六月、菅浦村民は、日指・諸河に立入った大浦側の者から鎌を取り上げた。大浦側も同日に、報復のため大浦にいた菅浦の船を差し押さえた。ここで海津・西浜の乙名が中人に入り、互いの差し押さえた品物を交換する。

これでも相論は治まらない。七月に菅浦方の若衆が山に入ると大浦側は人数を率いて攻撃を加え、さらに近郷の海津東浜・今津・堅田・八木浜の合力を得て菅浦に攻め込み、放火・刃傷を行った。一方菅浦方も八木・河道北南・西野・柳野・塩津・春浦・海津西浜の合力を得て、大浦へ反攻する。ところがこれほどの武力行使が行われたにもかかわらず、その後争いは一転して法廷に持ち込まれる。菅浦・大浦ともに京都に訴訟し、裁判による対決が行われた。しかし裁判の間にも、現地では相互に実力行使が行われていたのである。

ここでは両者の実力抗争と裁判とが相互に入り交じって行われており、双方とも私闘の手段として区別されていない、とみることができる。特に実力行使が、後に裁判に持ち込む可能性を否定したものとはなっていない、という点は特徴的であろう。

山門の実力行使に宗論で対抗しようとする本願寺、宗論をしかけた法華宗徒に六角氏への訴訟と実力行使の両方で対抗しようとする山門も、同様の行動様式に立っているとみられる。以上の視点に立てば、山門のいわゆる「弾圧」

の内実は、自力救済観念に基づく私闘であり、攻撃を被った相手方にも、宗論をも含む同様の手段で対抗する道は開かれていた、とみることもあながち無理ではないのではあるまいか。

4 宗論の衰退

中世に盛んだった宗論も戦国時代には衰退の萌しがみえてくる。真宗高田派からの宗論の挑戦に応じなかった本願寺蓮如の逸話がある。高田派より「即得と即便と同じ位なりと心得候に、本願寺方に別なるよし沙汰候、と申て、こなたへかゝりて申達すべきよし」宗論を挑んだのに対し、本願寺蓮如は「無益の問答なり、なにとしても一人づつもこなたへは参るべし、こなたの人高田へは行くべからず候なり」と自信を示し、「かまへて〳〵問答無益なり」と門徒たちに宗論を禁じたというエピソード(『空善記』第四一条)がある。

また中世には盛んに宗論を行った法華宗教団でさえ、信徒の宗論を抑止し始める。天正三年(一五七五)に京都の諸本山一五ヶ寺により連判の契約状が作成され、そこでは「諸寺僧檀によらず、楚忽の法理の相論停止せしむべく候、但したつて申分あるにおいては、諸寺へ相届られ、対論に及ばるべきの事」を決定した(「龍華秘書」『日蓮宗宗学全書』史伝旧記部二、一七九頁、「本能寺文書」同史伝旧記部三、二九八頁)。法華宗は他宗派との宗論を伝道の重要な一手段としていたが、中世後期には抑制し始めるとみられる。

その原因は多岐にわたるであろうが、とりあえず二つの点が考えられる。一つは宗論が徐々に信仰の追求とは乖離したものとなっていったこと、もう一つは支配者による抑制が行われるようになったこと、である。まず前者からみていこう。

蓮如の書いた「念仏行人申状」と題される訴状がある（西本願寺蔵）。これは「凡そ法相三論の真教タトヒ（ママ）ざるにあらず」「別して大和国はわが大明神利生の上方なり」などの文言から、興福寺に対し、大和における念仏宗の立場を擁護するために起草されたものとみられる。そして念仏についての弁護も「この念仏三昧は攘災招福の神方、長生不死の要術なり、その旨諸典に見えたり、……就中に我朝嵯峨の天皇の御宇、風旱水の諸難流行し、刀疾飢の三災興盛の時、伝教大師の奏聞によて七難消滅のために称名念仏を専らにせられし条、聖代の嘉猷、載せて旧記にあるか」というような、後年「御文」などで門徒に伝道したものとは、およそかけ離れたものである。当然ながら相論の手段である以上、相手方の論理に乗って言説を展開しなくてはならない。その共通の土俵は必ずしも、蓮如の信仰の論理を展開するのに適しているわけではない。

むしろ仏教に触れたことのない、俗人の大衆に伝道する場合には、教理に通じた他宗派の仏教者を論破することよりも、教理に暗い素人を説得することが重要となろう。宗論を「無益の問答」と断じた意図はここにあったように思われる。またこうした事情は本願寺教団のみならず、民衆と接触した多くの教団に起こったものと想像されるのである。

後者の点についていえば、戦国大名によって宗論は抑制されるに至る。『甲州法度之次第』では、「浄土宗と日蓮党との法論の事、分国においてこれを致すべからず、若し取持つ人あらば、師旦共に罪科に処すべし」とあり、『今川仮名目録』に「諸宗の論の事、分国中においてはこれを停止しをはんぬ」とある通りである。戦国大名の支配の特質として、それ以前の時代には当然のこととして定着していた自力救済の慣習を抑制する法を制定したことが知られている。[10] 宗論が抑制されるのは、いわば当然であったともいえよう。

5　安土宗論の意義

さてこのようにみてくると、天正七年（一五七九）に安土城下の浄厳院において織田信長の面前で行われた、浄土宗と法華宗との宗論、著名な安土宗論を問題としないわけにはいかない。これについては辻善之助氏の研究[11]があるので、事件の詳細はこれに譲り、簡単に梗概を述べよう。安土で法談をしていた浄土宗僧に法華宗信者が不審を申しかけたところから、浄土宗僧と京都の法華宗僧とにより宗論が行われた。信長の前で行われたこの宗論では、判定者が予め浄土宗を勝訴と決めるよう信長から指示されていたため、法華宗は一方的に敗北を宣言され、抗争事件の発端をつくった信者らは処刑され、問答に臨んだ僧侶など法華宗寺院が詫証文を信長に提出した。浄土宗と法華宗の抗争事件に介入した信長が、最初から法華宗の敗北をしくんで行ったものとされている。

ところで信長は、なぜわざわざ法華宗の敗北をしくんだのであろうか。辻氏は信長が法華宗に悪感情をもっていたことを指摘するものの、原因は不明としている。これに対して通常いわれているのは、権力に媚びない、自立性の強い法華宗、京都町衆の自治とも密接に結びついた彼らを、かねてから弾圧する機会を狙っていた信長が、好機を捉えて実行にうつした、というものである。

しかしこの見解は難点が多い。なぜなら両者が宗論を始める前に、信長が和解を斡旋したことが知られるからである。『信長公記』は信長が双方に和睦を提示したところ、浄土宗側は和睦を受け入れることを承知したが、法華宗側は和睦を拒否したと記す。日淵の『安土問答実録』では、信長が「問答に負け申すにおいては京都ならびに御分国中寺々破却あるべきよし」連判の証文を提出した上で、「問答仕る」か「それはあまりに迷惑と存ぜば、このままにて罷り帰るべきか」条件を提示し、法華宗側が「如何様にも上意次第」と回答したため、結局宗論に決したという。いずれにしろ、信長が宗論回避の退路を提示したことは動かない。そうなると、信長は自ら望んだ弾圧の好機をみすみす逸するような言動をしたことになるのである。通説は信長が法華宗敗北を画策したことを根拠に、法華宗弾圧との目的を想定している。確かに敗北を画策した事実は動かないとしても、それがただちに法華宗に致命的な打撃を与えるためのもの、とするのはいささか即断であろう。

宗論の自力救済的性格に注目し、戦国大名による抑制を考慮した場合、信長もまたこの時代の趨勢に従い、ともすれば宗論に走りやすい法華宗を抑えようとしたことは当然とも考えられるからである。そして信長の意図がここにあった可能性は高い。

論拠の第一は、安土宗論の結果敗北した法華宗側の連判した起請文である。これは①「今度江州浄厳院において、浄土宗と宗論の儀、法花負申す事」、②「向後他宗に対し、一切法難を致すべからざる事」、③「法花一分の儀立置かるべきの旨、忝く存じたてまつる事」の三ヶ条を内容とする（『言経卿記』天正七年六月二日条）。このうち重要なのは第二条であろう。ここには、他宗との宗論による相論を起こさないことが明白に誓約されているからである。信長が弾圧の対象としたのは、教団自体ではなく、教団の宗論ではないか。

第二に日淵の手で書きとめられている信長自身の言葉である。『安土問答実録』によれば、信長は「其方の宗旨を誉むる者一人もない。なれば何とて悪しく云ふはと思へば人に懸る、我我宗《（我宗）》ばかり弘めて居れば悪く云ふ者は有まじきに、人の事に懸りて云ふ故に、人が悪くむ、それは何故に懸るぞと思へば、欲が深さに余宗の事を云ふならん」と日淵に語ったという。これもまた信長の意図が、ともすれば他宗と相論を構える法華宗の動向を牽制しようとしたものであることを示すものである。

自力救済の抑制という歴史的潮流の中で、宗論は抑圧されていく方向にあり、その一つが信長による安土宗論の企画であったと考えられる。

おわりに

自力救済の抑制という動向が宗教の世界にも及んでいくにつれ、教団同士の争いを非とする考え方も浸透していく。天正十五年（一五八七）に出された豊臣秀吉の伴天連追放令は、次のようにキリシタンを批判する。「伴天連その知恵の法をもつて、志次第に檀那を持候と思召され候へば、右のごとく日域の仏法を相破る事、曲事に候」（『松浦文書』）。秀吉が問題にしたことの一つは、キリシタン勢力の寺院や仏像に対する破壊行為であり、こうした事実は枚挙にいとまがない(12)。ここにみられる、「知恵の法」による「志次第」の伝道と、「神社仏閣を打破」し「日域の仏法を相破る」行為との対照は、そのまま秀吉の方向性を明示している。だから、「仏法の妨げを成さざる輩は……きりしたん国より往還苦しからず」とつけ加えることを忘れない。内実はともかく建前は「仏法」への攻撃、それとの軋轢をこそ非難の対象としているのである。

近世には幕府の法令で浄土宗、法華宗共に「自讃毀他、最もこれ法衰の因、諍論の縁たり」として宗論は禁止されることになる（『御当家令条』巻一一・一二一）。それぞれの宗派は、縄張りを棲み分けて共存を図ることが要請されていたといえよう。冒頭で述べた狂言の「宗論」、また「夫婦宗論物語」にみられる宗論観は、こうした歴史的事情を背景に形成されたものと思われる。もっとも宗論衰退の道程も直線的なものではなかった。宝永四年（一七〇七）頃、江戸で天鏡という浄土宗僧が日蓮を攻撃する説法をしたため、身延山や池上本門寺などがやめさせるよう増上寺に掛け合ったところ、増上寺はこれを拒否して「問答の上にて停止すべき」との回答をしたという（『鸚鵡籠中記』宝永四年三月二十九日条）。さらに法華宗の蓮華寺と天鏡との「論ありて蓮華寺伏す」との事件もあった（同上）。近世にも禁令とは別に、現実には宗論が依然消滅してはいなかったことを窺わせる。

本章ではとりあえず、宗論の自力救済の手段としての側面に注目した。残された課題は山積している。なによりも宗論を指向する中世の宗教者の論理に立ち入るに至っておらず、日蓮とその宗徒が重視した理由の解明も課題として残されている。これらの点は他日を期したい。

註

（1）大隅和雄「弱者の人間洞察—無住一円—」（同『中世思想史への構想』名著刊行会、一九八四年）。
（2）中尾堯『日蓮宗の成立と展開—中山法華経寺を中心として—』（吉川弘文館、一九七三年、七三頁）。
（3）宮崎英修『不受不施派の源流と展開』（平楽寺書店、一九六九年、二四一頁）。
（4）山内進『決闘裁判』（講談社現代新書、二〇〇〇年）。
（5）註（4）前掲書、二二〇〜二二一頁。
（6）註（4）前掲書、二二二〜二二三頁。
（7）註（4）前掲書、二二五頁。
（8）河内将芳「法華教団の変容—『京都十六本山会合用書類』の成立をめぐって—」（同『中世京都の民衆と社会』思文閣出版、二〇〇〇年、二〇〇頁、初出一九九七年）。
（9）以下の記述は、藤木久志『豊臣平和令と戦国社会』（東京大学出版会、一九八五年、一一〇〜一一一頁）による。
（10）勝俣鎮夫『戦国法成立史論』（東京大学出版会、一九七九年）。
（11）辻善之助『日本仏教史』第七巻・近世編之一（岩波書店、一九五二年）。
（12）高瀬弘一郎『キリシタンの世紀』（岩波書店、一九九三年、一五九頁〜一六五頁）。

（補註）発表時においてはイエズス会の『日本通信』を、村上直次郎訳『耶蘇会士日本通信』（雄松堂書店、一九二八年、一九六六年復刻）、及び同訳『イエズス会士日本通信』（雄松堂出版、一九六八・六九年）のテキストに依拠した。しかし一方、松田毅一監訳による『十六・七世紀イエズス会日本報告集』（第Ⅲ期、同朋舎、一九九一〜九八年）が刊行されているので、後者のテキストの該当箇所を付記する。

第四章　『天文日記』と寺内の法

はじめに

『天文日記』（『天文御日記』）は本願寺第十世証如の日記であり、天文五年（一五三六）から逝去直前の天文二十三年八月二日（八月十三日卒）までが西本願寺に現存している。天保十四年（一八四三）西本願寺の西庫で発見され、万延元年（一八六〇）に表装整理された。冊子本四六冊、巻子本八巻からなる。昭和五年（一九三〇）大阪府立図書館長今井貫一氏の在職二五年を記念し、上松寅三氏の編纂により他の中世本願寺関係の記録と共に『石山本願寺日記』として翻刻されて以来、周知されるようになった。(1) 現在東京大学史料編纂所に写真が架蔵されている（架蔵番号六一七三：五五九：一〜二二）他に、写本として東京大学史料編纂所謄写本、京都大学所蔵写本がある。

『天文日記』に記されている本願寺宗主証如の日常は、おおまかにいって、証如の四つの顔に対応するものである。本願寺は当時大坂にあり、「日本一の境地」（『信長公記』）と称される立地条件のもとに、本願寺を中心とした寺内町があった。多くの商人がここを拠点に活動しており、六町を中心とする町民の自治が行われており、京都や近隣の自治都市堺とも密接な交渉があった。この繁栄する商業都市の領主であることが証如の第一の顔である。

第二に本願寺は当時大きな勢力を有していた真宗本願寺教団の本山であり、畿内、北陸、東海を始め諸国に点在する末寺の頂点に立ち、諸国の門徒が参詣する聖地だった。門徒たちはしばしば一向一揆を起こして諸大名を脅かし、巨大な政治勢力として幕府や諸国の守護大名と肩を並べていた。この教団の指導者であることが、証如の第二の顔である。

第三に加賀は本願寺門徒の一揆が支配しており、一揆の代表者・指導者として本願寺は加賀の国主とみなされていた。このため加賀に所領をもつ公家、寺社、幕府、奉公衆などが所領の安堵を求めて本願寺と交流を求めてきた。彼らにとって証如は加賀の大名同然だった。加賀の大名であること、これが証如の第三の顔である。

証如の妻は庭田重親の娘であり、証如自身は九条尚経の猶子となっていた。本願寺の本所は京都の青蓮院であり、山門にも末寺銭を納めていた。さらに天皇家の勅願寺ともなっており、その意味では天皇を頂点とする公家、寺社の社会の一員であった。公家社会の一員であることが証如の第四の顔といえよう。

このような証如の顔に対応して、この日記にはさまざまな人々が登場する。すなわち本願寺一族、本願寺家臣、諸国末寺の僧侶、門徒に始まり、将軍、将軍の御台、奉公衆、奉行人を始めとする幕府関係者、畿内を始め諸国の守護大名とその関係者、公家、本願寺の本所である青蓮院を始め、山門、醍醐寺、五山の寺院など寺社の関係者、特に大坂に近い近隣の領主、寺内住民、堺などの商人、出入りの職人、芸能者に至るまで種々多彩である。本願寺証如のもとに集中するこれらの人脈は、十六世紀の政治史、経済史、社会史、宗教史、さらには文化史を考える上でいずれも無視できない世界を形成している。まさにこの時代の第一級の史料といっても過言ではない。

ここでは、その中でも都市大坂の領主としての顔に注目したい。大坂住民にとって証如は、住民や門徒の番衆の軍事力を背景に寺内町の治安を維持し、住民のトラブルを裁いて秩序を保ち、寺内町と近隣の領主との「外交」を司る存在だった。特に「外交」は、近隣の領主・住民との武力紛争を引き起こすことが多く、こうした場合の外交手腕こそが領主に期待されるものであった。言い換えれば本願寺は、住民との関係であれ、近隣領主との関係であれ、法と不可分の存在だったのである。

本願寺は寺内住民に対して法を発したり、法によって住民の紛争を裁いたりしていた。さらには当時の日本の法慣習に従って、近隣領主との紛争を処理していた。本願寺が領主としてどのような法に依拠しようとしたのか、ここで問題としたいのはこのことである。そこで『天文日記』にみられるこうした関係の記事に注目しながら、本願寺が依拠する法の特質を探ってみたい。

1　寺内の法の提供者

大坂寺内には、加賀、尾張、美濃、伊勢など諸国の門徒が上番して寺内警固にあたっていた。その駐屯所は番屋と呼ばれ、ここにしばしば本願寺が住民に対して発する掟書が掲げられていた。本願寺は適宜寺内に対して法令を発していたことが判るが、本願寺が何かまとまった体系をもつ法をもっていたか否かについては不明である。『天文日記』にみられる断片的な記事から判断すると、むしろそのようなものはなかったと考えられる。というのは、寺内住民の紛争を裁くためであれ、近隣領主との紛争処理のためであれ、本願寺が何らかの法を必要とした場合、それに精通した人物に助言を求めている記事がみいだされるからである。こうした法の、いわば提供者についてまず検討していきたい。

(1)　清原宣賢

法の提供者として、まずは本願寺家臣七里と、同じく家臣寺内との相論の際に、裁許のための助言を行っている清原宣賢（環翠軒）をあげることができる。

A『天文日記』九年五月九日条

一、七里与寺内去年以来申結事、外記之環翠軒（清原宣賢）へ相尋以後、裁許之旨七里理運ニ申付也、其様躰者、七里新五郎養母於寺内所仕たる道具、并寺内男子ニ七里母以一筆譲与候田地、又七里母三貫借之間、為其相当織物・小袖寺内方ニ留置事、此三ヶ条之申事也、

一、母道具事、勿論七里可取之也、

一、田地事縦雖有譲状、其子も又其母モ死去之上者、寺内者他人ノ間不可知行、是も七里可領掌也、

一、小袖事、是も衆証も無之、証跡も無之上者、七里方へ返付へき事、

右如此以光頼所申出也、

清原宣賢は文明七年（一四七五）生まれで天文十九年（一五五〇）七月十二日に没している。吉田兼倶の子として生まれ、清原宗賢の養子となり家督を継承した。儒学と共に公家法制、武家法制にも一家をなし、清家の式目註釈学を継承した。祖父業忠の式目に関する註釈を抄出した『清原宣賢式目抄』（天文三年成立）や、天文五年の講義をもとにした『倭朝論鈔』（題名袖書による）などが式目学関連の著書である。(2)

戦国時代の武将にとって、清原家の式目学は重要な学問であった。祖父業忠が飯尾之種や細川勝元の要請で式目を講義し、父宗賢もまた式目を講じ、孫枝賢は細川幽斎のために『宣賢式目抄』に証明の奥書を加えている。(3) こうした事実を考慮すれば、宣賢子良雄が、本願寺に宣賢奥書の『御成敗式目』を与えている（『天文日記』八年九月十三日条、以下『天文日記』の引用は単に八年九月十三日のごとく記す）のも、本願寺証如の同じ関心によるものとみることができる。従って清原宣賢に対して、本願寺が期待していたものは式目に関する知識であると思われ、七里と寺内との相論

についての裁許もそれに沿ったものである可能性は強い。

事実、証如の御成敗式目への関心は相当強かったことを窺わせる次の記事が目につく。

B『天文日記』二十二年二月二十一日条

松田三郎入道、同若党、同中間、早朝加誅罰候、抑昨日謀書共、又松田書状共みせ候処、令白状、一行調出之也、又若党北森隼人者、最前之謀書於平野令書之（松田案文出之間持行云々）通、一筆出之、既白状之間相果也、

一、式条ニハ可遠流ト有之間、両奉行へ相尋候処、万松院殿御時、紫野力者令謀書、九州下之云々、被聞付、即搦捕之、聽而被加誅罰之由使ニ（中川与一）語之由候、京都之様躰聞合するニ依て、今日迄延引也、

謀書の罪で松田三郎入道の一党を処刑にしたおり、証如は式目には遠流と記してあることを気にかけてわざわざ幕府奉行に問い合わせた。その結果、足利義晴の時に、謀書の罪を犯した大徳寺の力者が処刑されたとの一例を知り、これを根拠に松田の処刑を執行したというものである。この記事に論及した笠松宏至氏は、この一件は「さすがの証如も式目の規定を無視することはできなかった」ことを示す事例、言い換えれば「独立国家の専制君主ともいえる彼（証如）の決断をにぶらせる力が働いていた」ほど、式目が中世法として権威ある著名なものであったことを示す事例としておられる[4]。

式目が中世法として抜群の権威をもっていたことは笠松氏の指摘の通りであろう。だが本願寺に関していうなら、そもそも本願寺が、支配の根拠とする法源について、「独立国家の専制君主」の名に値するような独自の見識をもっていたとはとても思われない。このことは先にみたように、家臣七里と寺内との相論を裁許するに際して、式目学者の清原宣賢に助言を仰いでいることからも窺えよう。むしろ逆に、最初から式目を含む武家法にこそ、正当な支配の根拠を求めていたと考えた方が自然なように思われる。

この場合想起されるのは、この時代少なからぬ戦国大名たちが、式目を基本において分国法を制定したという事実である。本願寺もまた同じように、武家法（とくに式目）を裁許の基本法典としようとしていたのではないか、と推測することができるが、この点は次節で詳しくみることとしたい。ここでは本願寺が寺内支配のための法を武家法に求める傾向があることを指摘し、さらに法の提供者について検討したい。

(2) 飯尾盛就

第二に幕府奉行人の飯尾彦左衛門盛就をあげることができる。本願寺に対し、細川晴元の家臣山中藤左衛門から寺内住民の田辺屋勘解由を成敗するよう要請をうけた本願寺は、飯尾盛就に相談した。飯尾盛就は、本願寺からの相談に対し、勘解由を逐電させた上で、「勘解由は誅伐するつもりであり、山中側がそうしても構わない」と宣言するよう助言した。本願寺はそれに従ったのである。

C『天文日記』六年七月二十五日条

此間山中藤左衛門申候、深江といふ在所ニ、兵衛と云者アリ、即庄官也、此兵衛去年七月廿四五日比に為夜打死候、いつくより申付たると云事を不知候間、山中尋捜処ニ、同在所ニ四郎衛門ト云、生涯之儀申付候条、召籠、及強問、ほたし打て置候、仍寺内田辺屋勘解由申付たるよし、同人白状候、然者又在所ニ即深江と申候者あり、山中方のもの也、是も為同心申付候間、山中方へ召寄、親子共に令生涯候、然者勘解由事合手之儀候条、遂糺明可預成敗由切々、依之又勘解由申儀候、其段京洛奉行飯尾彦左衛門ニ相尋候へハ、かけゆ事難仰分子細候と申候、成敗之様躰任奉行申候旨、山中方へ申事には、かけゆ事具申候、人を相添、其方へ可遣と談合候ヲ、何者やらん告候哉、令逐電候条、不及申候、於後々者見合ニしたかひ、可加誅伐候、其方にも同前し候へと、河野ニ小松原

ニ相添申遣候、此旨六町衆にも申聞候、即宿所之儀令闕所、門口ヲゆひて置候、

飯尾盛就は、「此方の儀取次の奉行」すなわち、幕府の本願寺取次の奉行飯尾大和守尭連の代官である（五年十二月十日条）。幕府と本願寺との日常的交流を支える上で重要な地位にあり、たとえば天文五年十二月、足利義晴の入洛について、挨拶のため音信を送るよう本願寺に指示している。本願寺は挨拶の土産が手元になく、躊躇していたが、飯尾盛就から「京太刀にても苦しからざる」由助言をうけたため、挨拶に踏み切っている（五年十二月十九日条）。

ついでにいえば、飯尾尭連もまた幕府・本願寺関係を仲介する役目を果たしており、天文九年になって「此方寺奉行の事、親父（飯尾近江守貞連）以来存知の由、去秋候や、大和書状をもつて申送」ってきたため、「近年は彦左衛門方へせしむるといへども」改めて飯尾尭連に音信を送っている（九年十二月二十三日条）。

飯尾大和守尭連、同彦左衛門盛就、ともに幕府・本願寺関係を仲介するという重要な役割を果たしていた「此方寺奉行」（同上）である。そしてこの任務は、尭連の父飯尾貞連の代から存在していたものだった。幕府側からみれば本願寺は、寺社勢力の一角として幕府の支配体制の中に位置付けられた存在だったと考えることができる。(5)

さて本願寺は、飯尾盛就の指示によって山中藤左衛門との紛争を処理した。ここでも本願寺が武家法、あるいは武家風の紛争処理の作法に、重大な関心をはらっていたことが窺える。ただし飯尾盛就のこのような助言内容は、武家法固有の方法というにふさわしいものだったか否かは検討の余地がある。というのは、紛争解決のために似たような処置がとられた事例は他にもあるからである。

天文六年に起こった本願寺家臣川那部三郎左衛門と木沢被官矢野内蔵助との、内者同士の喧嘩に発した相論において同様の処置が取られている。遺恨を含んだ矢野は、「当山ならびに往還の輩」の通路を遮断した（七年三月二十四日条）。本願寺側は若井を間にたてて木沢長政と交渉したところ、川那部の対応が悪かったことが原因であるので、川

那部を処断する旨を宣言し、本人を逐電させなくては収まりはつかないとの収拾策が提起された。これを承知した本願寺は川那部本人にも申し聞かせて、このような処理を行って事を収めたのである（七年四月九日条）。ついでにいえば川那部は二年後に、本願寺に召しだされている（九年四月二十七日条）。

藤木久志氏は、「その実質が、中世でよく『相当』といわれた、紛争相手方のとうぜんの報復措置を回避するために、共同体や領主がひそかに執行する」「犯人追放の処分」としておられている。[6] 間に立った若井という武士が提起した、自力救済の慣習に由来する紛争解決の方法は飯尾盛就が提示したものと酷似している。飯尾盛就の提起した処置が、幕府法の精神に極めて忠実な処置と考える余地もなくはないが、むしろ飯尾盛就が当時現実に在地で行われていた法慣習にも通じていたと考える方が、実情にあっているように思われる。

そうなると本願寺が飯尾盛就に助言を求めた理由というのは、必ずしも純然たる幕府法を遵守したいためではなさそうである。むしろ幕府奉行人という、当時の法慣習のエキスパートの権威を帯びた助言が期待されていたとみることができるのではないか。実際幕府関係者が、いわば民間人相互の紛争に際しても助言を行っている事例がないわけではない。

時代は五〇年ほど遡るが文明十七年（一四八五）八月、京都で土一揆が起こった。この土一揆は土一揆側に細川、三好という武家が関与していたために、幕府軍は手の出しようもなく、土倉側も徳政に応じてしまったため、事実上徳政が行われることになった。そこで、どのような基準で質物を取り返したらよいかについて、安富元家が政所執事伊勢貞宗の家老蜷川親元に助言を求めた。親元は「あつかり状」は利子の有無で徳政の対象如何が決まること、「絹布類」は特別に指定された月か一二ヵ月を限って徳政を行うことを始め諸点を回答している（『蜷川家文書』一―二一五、文明十七年八月三十日書状案）。だが親元はこの徳政について、一揆側が勝手にやったことで幕府の徳政令などない、という立場に立っていたのである（同前二三六、八月二十□日書状案）。

とすると、親元が幕府関係者として幕府の徳政についてこのような助言をしたものとは考えられない。そうではなくて、幕府が不関与の建前を通している徳政騒動についても、いわば法のエキスパートとして、その専門能力によって私的に助言しているということになる。幕府の法関係者に対しては、法のエキスパートとして適切な助言が、いわば民間からも期待されていたことが窺えよう。

また天文年間に至っても、本願寺の家老下間光頼が、一族の源二郎とその母親との「田地相論」に関して「御法式目の淵底」を蜷川親俊に尋ねている（『親俊日記』天文十一年九月十七日条）。本願寺の家老にとっても、このような家内の私的な紛争の解決に際して、幕府関係者の法の専門知識が必要だったことがわかる。

私的な貸借や、家内の財産争いのような民事的側面でも、法慣習に通じた幕府奉行人の専門能力が求められていたのである。幕府関係者は幕府法を含めた法全体に通じているものとみなされ、紛争の処理に際してしばしば助言が要請されたのだと考えられる。助言の内容よりも助言者の権威に解決能力があった。この点からすれば、戦国期に目立ってくる在地の法慣習が形成されることについては、幕府司法関係者も幾分かは関与していると予想されよう。さらに想像をたくましくすれば、戦国大名の分国法にも、あるいは彼らの活動の影がさしているかも知れない。

(3)　中　坊

第三には木沢長政の側近中坊をあげることができる。中坊は奈良興福寺の衆中の沙汰衆で、中坊氏は興福寺衆徒の一員として衆中の沙汰衆を勤め(7)、近世には奈良奉行ともなる国人である。中坊も本願寺の紛争処理について助言をしている。ただし木沢長政の滅亡と同時に、本願寺には姿をみせなくなる。

徳政免許の制札

D『天文日記』七年九月一日条

自木沢藤井帰候、中坊被申事にハ下知之文言、山中望之通候、寺内計と聞候ては如何候、早々号成懸可取直之由候、仍中坊被申候文章は、於大坂寺内者仮雖為郡中共以被免除訖と候て、可然之由被申候、いかにも〳〵難分別候、

天文七年、本願寺が細川晴元の発した徳政免許の制札を取得した（七年八月二十七日条）。家臣の藤井を使者に立ててこの制札を木沢長政へ見せたところ、中坊が「大坂寺内、相除くの由」とある制札の文言（同上）に問題があることを指摘した上で、さっそく「成懸けと号して」制札を取り直すように本願寺に申し入れてきた。証如は、以前徳政に際して免許の効力を発揮した制札と同じ文言であるのに、なぜ取り直しが必要なのか、と疑問を呈している（七年九月二日条）が、木沢長政は早速晴元側近の高畠に交渉を開始しており、証如ら本願寺側も結局助言に従った（七年九月四日条）。中坊が本願寺側に有利な制札を取得する上で助言をしていることがわかる。

山中との相論

同じく本願寺と山中蔵人佐との相論においても中坊が大きな役割を果たしている。

E『天文日記』九年四月二十日条

先度喧嘩之儀、此間以種々之扱、彼郡戸屋者蔵人方ニトラヘラレタルモノ也令逐電、其家壊之、河縁へ出之、揚煙但依中坊意見、雑々物少々焼之、彼材木即其地ニ垣ヲシテ可置之由候即属無事候、一昨日歟、郡戸屋事随見合可相果候、又其方も可其分之由、木沢方へ上野遣一行訖、就壊彼家儀、従山中方出見使、中坊も被出候キ、

山中が寺中衆を「奪執」ったことから喧嘩となり、山中方に死者が出た（九年三月二十二日条）。この収拾のために中

坊は大坂本願寺へ出向き（九年四月十八日条）、結局その意見によって、山中方に捕らえられたが逐電した寺内住民の家を検断するということで事態を収拾した。本願寺側では家を破壊し、川縁へ出して焼却したのだが、そこに立ち合った中坊は「雑々物」を少々焼いて煙をあげればよい、材木をもと家のあった場所に保存しておくよう助言している。本願寺を当事者とする在地相論の解決について、中坊が大きな役割を果たしていることがわかる。

本願寺では相論収拾の挨拶として相手方の山中蔵人佐へ、家臣の下間光頼を派遣して挨拶し音信を交わしている（九年四月二十一日条）。その上山中三郎太郎、同藤左衛門へも音信し、さらに「中坊意見により」山中橘左衛門にも音信していることが注目される。相論収拾の作法について、ここでも中坊の判断が重視されているのである。さらに音信の品をもち、本願寺を訪れた山中蔵人佐との和解の宴席では、中坊が「客座」に座っている（九年四月二十三日条）。和解の宴が終わった後には、仲介に立った木沢や、中坊に御礼が行われている（九年四月二十九日条）。中坊の果たした役割の大きさが窺えよう。

中坊は木沢長政の側近であるが、細川晴元の発した制札の文言に対して、一定の見解を述べることのできる人物であり、法の専門知識があったことは間違いない。また在地相論の解決にも大きな役割を果たしている。本願寺が紛争を処理していく上で、法慣習に通じたこの中坊が重要な存在であったことはいうまでもない。

中坊についてこれ以上詳細は不明なものの、やはり武家法に通暁した人物であると想定して大過ないように思われる。そのような人物が、本願寺の法の側面を支えていたのだと考えられる。

以上、寺内での相論や在地紛争の解決にあたって、法や法慣習に関する知識を本願寺に提供した人物をみてきた。式目学者の清原宣賢（環翠軒）、幕府奉行人の飯尾盛就、及び木沢、若井、中坊など、いずれも武家法ないし武士社会の法慣習に習熟した人物である。

本願寺が在地支配や在地での紛争処理にあたって、重大な関心をもっていたのは武家法であり、武士社会の法慣習であるということができよう。次にこの点を本願寺の寺内支配の側面からみることにしたい。

2　寺内の法の特質

(1)　無縁の場・世俗の場

大坂寺内では、自力救済を目的とした実力行使が取締りをうけ、この行為に出たものは処罰されていた。それはかなり徹底したものであり、住民相互の、単なる感情のもつれからのものと思われるような事件についても処罰がなされていた。

たとえば本願寺家臣の横田左京進に「むなかわら《（胸ぐらカ）》を捉へ」突き倒すなどの暴力を振るった琵琶法師城入の例がある。刀を抜くなど暴れた城入は、本来「生害させべく候へども、慈悲を以て」家臣の一人「能登」に預けることにした（五年六月二十八日条）。実力行使が、原則的に「生害」という極刑をもって取締まられていたことが推測される。

また天文十一年の暮れ、本願寺の亭で行われた煤払いのおり、井上又七が突然、海老名孫次郎の背中に切り付ける、という事件が起こった。幸い海老名は手に軽傷を負っただけで大事には至らなかったが、これに対しても井上本人は「寺中」追放、その住宅は検封という処罰が行われた（十一年十二月二十日条）。

さらに寺内を警固する番衆の頭龍見藤兵衛と善正との喧嘩があげられる。これは龍見と荷持彦二郎とが、善正の頬を張り飛ばしたという刃傷沙汰ともいえない事件であり、その発端も、善正の菊の花に龍見の子供がいたずらをしたために、善正がその子供を殴ったという、なんとも他愛もないものであった。しかしこの事件を聞きつけた証如は、

「自余の番衆狼藉をいたすといへども、相支ふべき」立場にいる龍見に対し「一段の曲事」として彦二郎と共に「折檻」を加えた（十五年九月二十七日条）。警固の番衆にも「狼藉」の停止、すなわち実力行使の取締りが要請されていたことが窺える。

この他にも後で紹介する事例も含めて、大坂寺内では自力救済の取締りが、かなり厳重に行われていたことが窺える。なぜそうなのか。ここでただちに想起されるのは、網野善彦氏の自治都市や寺内に関する著名な研究である。網野氏によれば、寺内町など「無縁の場」の特質として以下の八点をあげることができる。すなわち①不入、②地子・諸役免除、③自由通行権の保証、④平和領域、⑤私的隷属からの解放、⑥貸借関係の消滅、⑦連座制の否定、⑧老若の組織である。（8）これによれば「無縁の場」である大坂寺内において、自力救済を意図した実力行使が規制されるのは当然のこととなろう。

さて大坂寺内において、これらの諸特質はどうなっているのだろうか。『天文日記』を検証してみると、網野氏が指摘された諸点のうち、たとえば①、②、⑧など、確かに該当するとみてよい側面もある。その一方で、明らかに該当しないと思われる特質も少なくはないことに気がつく。

たとえば④の平和領域である。前述した自力救済を目的とした実力行使の否定は、この特質に確かに該当するかにみえる。しかしこの点は、敵味方の消滅という条件と不可分のものなのである。網野氏によれば「「敵味方のきらいなき」「敵味方の沙汰に及ば」ぬ「平和領域」」であったことが指摘され、「世俗での争い、戦闘――「闘諍喧嘩」「殺害刃傷」「山海之両賊」の罪を生み出す戦闘、さらには訴訟もここには及んで来ない。それゆえ、ここでは「付沙汰」「寄沙汰」が禁じられ、……」と指摘されている。

一方大坂寺内においては、敵味方は峻別されていた。従って本願寺にとっての敵は当然寺内に入ることができなかったのはいうまでもない。本願寺が反逆者として誅伐の対象と宣言した下間備中頼盛の被官であった加賀門徒岡新左衛門は、寺内で処刑されている（七年二月九日条）。

また「無縁の場」の要件として⑥貸借関係の消滅があるが、大坂寺内においては貸借関係も解消しなかった。債務に対しては、大名の力を頼んだ「付沙汰」も行われ、本願寺はこれを容認している。

たとえば寺内の絹屋後家に対する債権の取立事件がある。ことの起こりは、新屋敷町に住む絹屋の後家に対し、借銭の取立のために、木沢の内衆が堺の債権者に雇われて、大坂寺内に譴責に入ったことである。これについて本願寺は、後家を擁護するどころか、たかだか一〇〇疋、二〇〇疋の銭も出さないような者を寺内においておけば、また「譴責とて人数来たり候べきあいだ」後家に寺内から退去するよう勧告した（六年二月十三日条）。

寺内の絹屋後家に対して、堺の銭主のとった行動は、債権確保のために木沢長政の被官を頼んだ「典型的な付沙汰」である。(9) 絹屋後家の債務は、寺内に住しているにもかかわらず追及されており、しかも本願寺はこれを容認している。おそらく本願寺にとっては、最大の同盟者の一人であり、細川晴元との関係ではないがしろにできない木沢への配慮からの行動ではあろうが、俗権力の介入、債権の取立は堂々と行われている。

さらに「無縁の場」の要件⑦には連座の否定が上げられているが、(10) 連座による処罰も行われていたことが知られる。この点を検証する上で、本願寺に居住していた琵琶法師城入と、彼に仕えていた小者との住む部屋から出火した事件をあげることができる。結局火は城入の小者が、燼を十分消さないまま、いつものように鴨居に上げて寝たため出火したことが尋問によって判明した。特に「心工」をもって行った放火ではないが「後代のため」に誅伐を加えた。そして主人の城入も罪科は逃れられないが、「盲目」であり自分の手で行ったわけでもないので処罰はしなかった（十六年十月二十九日条）。

ここでは縁座が原則なのである。ただし琵琶法師という「盲目」であり、本人のしでかした失態ではないという理由で「折檻」で済んでいる。結果的にみれば、縁座で処罰はされなかったともみられる。しかしこの事例に即しても、大坂寺内では出火については縁座の罪を問うことが原則であったと考えることはできよう。

こうしてみると、本願寺寺内の現実は「無縁の場」の特質と少なからず乖離しているとみることができるだろう。もちろん現実の姿が「無縁の場」の定義通りでないからといって、そこに無縁の原理が働いていないという証拠にはならない。しかしそれでは、本願寺及びその関係者が、紛争処理の法慣習についての知識を、式目学者、幕府奉行人、武士に求めているという事実はどう考えればよいのだろうか。このことはとりもなおさず、本願寺の関係者自身が、寺内で通用する法慣習が、幕府法を始めとする武士社会の法慣習と異質であるとは認識していないということである。それを果たして「無縁の場」ということができるのであろうか。

むしろ「無縁の場」の理念型と寺内の現実とのずれは、無縁の原理とは異質の世俗の法慣習が寺内に通用し得る、という寺内領主や寺内住民の認識から生じたものと考えることもできるのではないか。この点に関わって興味深いのは、本願寺に寄進された土地、いわば「仏物」としてその所有に帰した土地に関する本願寺の対応である。本願寺は、自らに対して寄進された地も、場合によっては放棄することがあった。一般的に「仏法」に関わる「仏法領」「仏物」が本願寺教団内では重視されたといわれる(11)が、実態はかなり複雑である。

F『天文日記』六年四月十五日条

山中藤左衛門尉方西坊跡職為闕所取候、其内北町屋深江明道知行候（是ハ西坊売地を買候）、此内にて毎月廿八日の蠟燭一挺ツヽ出事候間、為闕所可取由申候条、此方へ寄進之由明道申候へ共、闕所分ハ不相除儀候間、返付ましきよし山中申候、又やかて河内にて何とやらん申候、西坊下地之内少此方へ寄進候、是も色々主寄進之由申候へ共、山中不承引候間、此下地、又明道下地、何も可返付ましきよし山中申候間、河野新六此方へも、上野にも不知して色々申候へ共、無承引候ツ、然者山中申事にハ、闕所之儀者不返付法候、然而此方への儀候間、山中此方へ寄進すへきよし申候、此曖ハ正月よりの事にて候ツるよし只今申候、自此方山中へ申事ニハ、此方分ハ少在之事候間、於其方用に被相立候へと申候、此下地之儀委聞候へハ、両所五段何歩とやらんにて候、とて候、此方へあかり候分ハ、百疋計の事にて候よし候間、如此返事申候也、

ここでは北町屋の深江明道が本願寺に寄進した土地が、山中藤左衛門の手で闕所処分にされた。これに対し明道は本願寺家臣の河野新六へ訴え、山中と交渉したが、山中は当初承知しなかった。その後「闕所を返付する法はないが、こちら側から本願寺へ寄進する形でなら返付してもよい」と妥協案を示してきた。これに対して本願寺は、この土地の収益が「百疋ばかり」の僅少なものであるという理由で寄進を断っている。おそらく細川の家臣であり、日常的に交流関係のある山中の立場を重んじての措置と思われるが、結果的には本願寺の「仏物」を自ら放棄したのである。

寺内町は世俗の権力の介入が許されない、寺院が独自に支配する場である、という理由で世俗権力の介入を排除してきたはずである。この原則からすれば、収益が僅少か否かよりも、「仏物」は不可侵という原則が維持されるか破られるかの方が大事な問題のはずである。しかしこの場合、本願寺の対応は、寺内町の原則を守るよりも、山中藤左衛門との友好関係を優先する、という極めて世俗的・現実的なものであった。

こうしてみると本願寺関係者が、「仏物」は不可侵であるという原則を、実のところさほど重視していなかったという事情は確かにあったようである。大坂寺内が本願寺という宗教的領主の支配を理由に、世俗権力の介入を排除してきたことは、一般論としては間違いないにしても、こうした建前で実態のすべてを判断することは適切ではない。

網野氏の「無縁の場」に関する見解の根拠となっているのは、幕府、大名、武将らの発した制札である。これらは

自治都市や寺内が、本来かくあるべきものとしてきた中世人の理念にかかわる史料といえよう。それに対して『天文日記』は、寺内の内情・実態に関する史料である。それをてがかりにした場合には、こうした理念は相当程度実情と乖離していたことを窺うことができるのである。

ところで自力救済がかなり厳重に規制されているのは、当時の大坂寺内の実態である。従ってこのような取締りが行われた理由を考える場合には、自治都市や寺内の理念型によって理解するよりも、やはり実態に即して考察すべきであろう。そこで次に本願寺寺内で行われた、自力救済規制の実態を、自力救済を取締る本願寺側の論理に注目しつつみることとしたい。

(2)　傷害・暴力事件の裁定

具足懸の取締り

まず寺内住民の木村藤右衛門のところへ、加賀の番衆が「具足懸」すなわち実力行使を行ったことに対する処罰である。

G『天文日記』十三年十月七日条

一、昨朝辰刻以前木村藤右衛門所へ、加州番衆以具足懸差向候事、双方申状今朝有披露、両方申事ニ不及、具足懸働一段曲事、前代未聞之次第也、加州へ此儀度々堅申付之処、於寺中如此之儀者非言語之限、則彼番衆悉以所加折檻也、

一、右子細者、加州衆ニ彼藤右衛門替銭雖過分相渡、未立之間、度々雖令催促難渋之条、山田四郎右衛門召仕田口今度罷上之間、又令催促之処、於国可相渡之由又申延候条、余以無尽期之間、彼田口事藤右衛門宿所ニ留置

之処、無念之由彼番衆共申之、差懸之儀也、

「両方申事」すなわち訴訟ではなく、「具足懸」に訴えたことが処罰（「折檻」）を行った最大の理由である。なぜなら、「此の国の引懸」すなわち加賀の先例として具足懸は禁止されていると共に、これは「寺内における狼藉」だったからである（十三年十二月三十日条）。寺内という空間だから、という理由で、自力救済が禁止されていると判断される。ただし、ここでいう「寺内」は、あくまでも証如を中心とする本願寺首脳部にとっての「寺内」なのである。この点は後述したい。

木村屋了専と森祐光寺被官との争い

森祐光寺正教の借家人である「をかた与二郎」に対する借金の取立をめぐって正教被官の六郎衛門と木村屋とが争い、刃傷沙汰に及んだ事件である。

H『天文日記』二十年十二月十四日条

一、木村屋了専、同子共孫左衛門、宗左衛門、弥六入道、弥太郎合五人堅加折檻也、使中務丞也、子細者昨宵祐光寺借屋ニ馬仕ニをかた与次郎と云者あり、彼ニ木村弥太郎鳥目借シ置之処、既及逐電之由候間、弥太郎仕者又令口入彦二郎是も馬仕両人相越、彼与次郎道具取之処、又正教（祐光寺）被官六郎衛門と云者、又其子出て宿賃も有之間、此方へも可取之由候て、互令相論、弥太郎方令打擲、馬仕彦二郎をハ脇指にて頬を切処へ、里村中務召仕者出合、両方へ引分之、其段相果也、其後正教ハ三番了誓所より令帰宿之処、自了専方為使定番を越し、正教事会手之儀候間、こらへ候ましき由申之也、其後自彼党正教へ既取懸人数、法安寺北橋きわ寄集を、細江小三郎門口事候間、出合支之処、南町屋新左衛門親子其外若衆出候て、曲事之通申之悉散也、

此取懸人数者了専方者也、此段証人有之、絶言語次第也、

一、了専同子共召寄、申事ニハ、於打擲之儀者、当分先こらへ、以申事之上可相果之処、上無ニ指懸之段是一、又時分柄気仕之折節也、是一、又昨晩町ニ持口、又様躰共申出之処、立所ニ恣任雅意働一段曲事之間、加折檻也、

一、南町屋年寄召寄、右之通申顕之、取懸事町中可為同心候と思之処、各罷出致制止之由候間、町中不存旨聞披之由、申出也、

ここでは自力救済取締りの理由が具体的に明かされている。実力行使をうけた場合は、まず堪えて「申事」に及ぶのが筋であり、いきなり自力救済に及ぶのは「上なし」、すなわち本願寺という領主を無視した行為である、というのである。自力救済は「無縁の場」にふさわしくないから取締りをうけるのではない。本願寺という領主の裁判に服さない行為であるがゆえに取締りをうけるのである。言うなれば、「お上を恐れぬ」行為なのである。前にみた「寺内において狼藉」という、本願寺の言い分も、本願寺の君臨する「寺内」に似つかわしくない行為、すなわち領主を無視した行為であるがゆえに取締る、というものであるとみることは可能であろう。さらに「町中」にも、暴力行為の嫌疑が懸けられていたことをみれば、大坂町民にも同様の理由で自力救済を禁じていたとみることができる。

これは家臣の自力救済を禁止した、戦国大名の論理と同質のものとみることができよう。たとえば『今川仮名目録』においても、「堪忍せしめ、剰へ疵を被る」ことが「当座穏便の働き」であり「理運」とされている（第八条）。また『六角氏式目』も「謹みて堪忍せしめ、注進」すべきことを奨励し、「相当せしめ」ることは「御法に背く」ものであり処罰の対象としている（第一二条）。

本願寺が式目学者の清原宣賢や幕府奉行人、木沢側近の中坊、あるいは若井といった武士を、法についてのコンサルタントにしていたという事実が想起される。またその清原宣賢の奥書のある御成敗式目を、宣賢の子清原良雄から

送られていたという事実（八年九月十三日条）や御成敗式目の内容に強い関心を示したという事実（B）にも注目したい。この御成敗式目への強い関心は、戦国大名のそれと通じるものといえよう。紛争処理のための法慣習に関する関心も、戦国大名のそれとかなりの部分重なることが予想される。そうなると、戦国大名と同様の法的根拠によって、本願寺が寺内の自力救済を取締ることも決してあり得ないことではない。

このようにみると、本願寺寺内における自力救済を否定した法のあり方は、戦国大名のそれに近いとみることもできるのではないか。さらに「寺内の法」の特質は、「無縁の場」特有の法理よりも、むしろ戦国大名の分国法に近いとみることも可能といえよう。

おわりに

以上『天文日記』によりながら、大坂寺内における寺内の法を検討してきた。結論をまとめると以下のようになる。本願寺は武家法（特に『御成敗式目』）への関心が強く、式目学者の清原宣賢の指示をうけたり、幕府の本願寺担当奉行の飯尾盛就の指示をうけたりしながら、寺内の裁許を行ったり、在地における紛争に対処している。また木沢長政の側近である中坊の教示をも得て在地における紛争に対処している。こうした本願寺の姿勢は、武家法ないし武家法の精神にもとづく支配を指向するものといえよう。『御成敗式目』への関心は、これを基にして分国法を編纂した伊達氏など戦国大名にも共通するものとみることができる。その意味では本願寺の寺内支配、在地紛争への対処も戦国大名のそれとの共通性を考慮することができると思われる。

一方大坂寺内では、自力救済をめざした実力行使がかなり厳重に取締られていた。これは、「自治都市」や寺内などにもみられる「平和領域」としての特質であり、網野善彦氏によって、「無縁の場」の特質の一つとされてきたものである。ただし大坂寺内には「無縁の場」にふさわしくない実態も少なくなく、本願寺による自力救済停止の根拠もただちに「無縁の場」の特質によるとは言いがたい面があろう。

私見によれば、大坂寺内における自力救済の禁止は、戦国大名によるそれと極めて近い側面がある。むしろ、後の時代における豊臣秀吉の喧嘩停止令と共通する側面があるとも考えられよう。この意味では大坂寺内における本願寺の支配は近世の諸特質と通じるものがあると思われる。

註

（1）『天文日記』に関する詳細については、北西弘編『真宗史料集成』第三巻（同朋舎出版、一九七九年、一九八三年再刊）の解題を参照されたい。
（2）清原宣賢については、『国史大辞典』芳賀幸四郎氏執筆の項、及び池内義資「清原宣賢式目抄解題」（同編『中世法制史料集』別巻、岩波書店、一九七八年）による。
（3）註(2)池内氏解題。
（4）笠松宏至「中世の法典」（同『日本中世法史論』東京大学出版会、一九七九年、二六～七頁）。
（5）この点についての詳細は拙著『一向一揆と戦国社会』（吉川弘文館、一九九八年、第三部第一章）を参照されたい。
（6）藤木久志『戦国の作法』（平凡社、一九八七年、八五頁）。
（7）永島福太郎『奈良』（吉川弘文館、一九六三年）。
（8）網野善彦氏『無縁・公界・楽』（平凡社、一九七八年、一一六～一二四頁）。
（9）仁木宏『空間・公・共同体』（青木書店、一九九七年、一四五頁）。
（10）網野善彦氏は、博多に交付された豊臣秀吉の制札（『櫛田神社文書』）について「第六条で出火・付火について、「縁座」の罪を問わず、その科人一人のみを処罰することとなっているのも、こうした「公界」「無縁」の原理と関係あるとみて間違いない」（網野『無縁・公界・楽』九三頁）としておられる。

(11) 教団内における「仏物」については、遠藤一「『仏物』の意味と役割」（同『戦国期真宗の歴史像』永田文昌堂、一九九一年、第七章）を参照のこと。

補論一　寺内町の相続訴訟

はじめに

日常的に直接政治権力と関わるわけではない庶民にあっても、相続争いや離婚といった、日常生活の中で起こるトラブルに際しては、いわば「お上」に訴訟するという形で関係をもつことは中世からみられた。たとえば鎌倉時代の仏教説話集『沙石集』には、夫との離婚を望んだ妻が「地頭」に訴訟する話が収録されている（巻第九・十一先生の父の雉になりたるを殺したる事、同十二慳貪なる百姓の事）[1]。こうした説話の背景にある、中世社会で広く行われた在地裁判の存在を初めて指摘されたのは笠松宏至氏であった[2]。

十六世紀に登場した戦国大名は後北条氏のように「目安箱」を設置するなど、こうした庶民の訴訟要求を取り上げる努力をしたことで知られているが、この時代にあっても、庶民の訴訟沙汰は、日常的には依然、笠松氏が論じられたように、一定地域を支配する「地頭」と呼ばれるような在地領主により裁定されたと考えられる。中世末・近世初頭に活躍した僧侶安楽庵策伝の撰した笑話集『醒睡笑』には、彼岸を「ひがん」と読むべきか、「ひうがん」と読むべきかを争った主人と被官が「地頭に儀を得」るために訴訟してその仲裁を受けた笑話が収められている（巻之四）[3]。

本章では、大坂本願寺が領主として君臨する寺内町において起こった寺内町民の訴訟事件を紹介し、こうした庶民の訴訟がどのようになされ、どのような問題に直面していたのかについて考えてみたい。

1　相続をめぐる一訴訟

天文五年（一五三六）四月頃、寺内町人で檜物屋町の衛門四郎という者の「跡の儀」、すなわち相続をめぐって親族間の争いが起こり、領主である本願寺法主証如のもとに訴え出られた。訴訟当事者は衛門四郎娘の聟又四郎と、これと対立する衛門四郎弟の与三郎・源六である。両者の言い分は次のようなものであった。

此儀ハ先年衛門四郎冠落大事に煩候時、衛門四郎申事にハ、又四郎事、むすめと於無別儀者、又四郎ニ跡を可譲候、むすめ相のき候やうなる事候ハヽ、不可有其儀と申譲状出候て、又四郎夫婦ハはや本の屋ニをき候へ共、冠落取なをし候間、又四郎夫婦をハ、奥ニ座敷をつくり置、又衛門四郎ハ本家候つる処に、去年六月廿日ニ衛門四郎打死候事候、又四郎ニ譲候段、無紛候よし又四郎申候、又与三郎・源六ハ与三郎ニ譲たるよし申候、①譲状事候歟と相尋候へハ、譲ハなく候と申候、又四郎譲あると申ハ謀書にて候と申成候、

（『天文日記』五年四月二十六日条）

衛門四郎が大病を患った際、聟の又四郎が娘と離婚しないという条件で、「跡」を又四郎に譲るとの譲状をいったんは書いたものの、その後大病が回復したため、譲状は実行されないままにいたところ、天文四年六月に衛門四郎は討ち死にしてしまった。そこでその「跡」をめぐる相続争いに至ったわけである。聟の又四郎と弟与三郎と源六とが訴え出たが、又四郎と衛門四郎の娘とは一体となっていたはずだから、衛門四郎の娘と衛門四郎の弟たちとの相続争い、つまり叔父・姪の争いとみることもできよう。

又四郎側は、いったん書かれた譲状を正当性の根拠としたが、又三郎・源六らには、正当性を主張すべき文書はな

かった。彼らは又四郎側が有していた譲状は「謀書」（偽造の証文）であると主張したのである。現代人の眼からみると、この訴訟沙汰における優劣は一見明らかであるかにみえ、事実裁定はその方向でなされたのである。

先日之寺内檜物屋又四郎と又一方与三郎并源六双方申事、只今相済候、其子細者、②又四郎方にハ譲状在之、与三郎・源六方にハ譲状無之、然者又四郎方へ譲無紛之由申出候処ニ、与三郎・源六是へ来、上野（下間頼慶）部屋にて種々の悪言を言候、剰御堂へ出て、参詣の衆ニ愚身非公事相扱候由、各ニ申聞、③与三郎腹をきり候へく候、不然者構の堀をこえ候て出候ハ、可後悔よし申候、此申事ハ与三郎申事候、源六申事にハ、此公事相果ましき事候よし申、両人宿所へ帰候、

（『天文日記』五年五月二日条）

結局のところ証如は、又四郎は譲状という、いわばれっきとした証拠文書を所持しているのに対し、与三郎・源六にはそれが欠けているという状況に鑑みて、又四郎を勝訴としたのである。ところが事はそれだけでは終わらなかった。敗訴した与三郎・源六は本願寺へ出向き、筆頭家老の下間頼慶の部屋に押しかけて「悪言」をあびせたのみならず、参詣者が集まる、親鸞を祀る「御堂」へ出向き、証如が「非公事」（公正でない訴訟）(4)を取り上げたと参詣者らに公言し、あまつさえ「自分は腹を切ってやる。このまま（敗訴して、寺内町を）出奔すれば後悔するに違いないから」と宣言し、もう一人の源六は「この訴訟はこのままで終わるはずがない」と公言した。

敗訴した二人の、公然たる告発による逆襲に対し、本願寺側は迅速に対応した。

さやうのものを手のはしニしてハにて候程ニ、廻調略搦捕へきよし申付候間、藤井雑言ヲはき候時、上野部屋にて聞候藤井宿所へ彼与三郎喚寄、只今申たる事御耳へ入、④さやうの事候ハヽ、証文を出し候へ、以其上可被仰付よし申候処ニ、証跡無之候、只兄の申置たるとほりを申たる事候とて、脇さしをぬき門口出候処ヲ、村瀬勘八走寄、右の腕ヲ打落候処ニ、立なほり勘八可相切と仕候処ヲ、小松原より候て又切付候処ニ、又清水切付則奥（ママ）へ、其以後又彼源六処へ差懸候

処ニ、町人の宿へ片衣一ツにて走入、二階へあかりて居たる間、其宿へ是の衆行、二階ニ麦をかりて置たる中にかゝミ居たる処ヲ、清水麦共入のけて、彼源六居たる処を麦こしニ二刀つき則生滅也、

(『天文日記』五年五月二日条)

本願寺としては、そのような告発者を野放しにはできないと、二人の「雑言」を耳にしていた家臣の藤井に与三郎を呼びつけさせ、二人の言い分は証如の「御耳に入」るところとなったことを通達したうえで、不満があるなら証文を出せば、それにより裁定する旨を伝えたところ、証文はない、ただ兄の遺言そのままを主張したのだと言って、与三郎は刀を抜いて抵抗の構えをみせたので、そのまま斬殺し、寺内の町人の家に隠れていた源六も、突き止めた隠れ家に赴いた本願寺家臣たちの手で斬殺された。

以上が事件の顚末であるが、注目すべきは以下の三点である。第一に、傍線部①にみえる通り、証文もない、傍目にも不利とみえる状況で、相手方の証文は「謀書」だと主張して訴訟に訴えた与三郎・源六の行動の背景にある事情である。傍線部④の部分で二人が「兄の申し置きたる」遺言を主張していることもこの点と関わると予想される。ここには、証文と当時の庶民との関係が窺われるように思われるので、まずこの点を考えたい。

第二に、傍線部③にみられるように、敗訴した二人が公然たる告発を行ったこと、そしてその告発のために「腹を切る」と宣言したことである。自殺による訴訟・抗議という行為は、後述するように近年注目されるようになっているが、この行為のもつ背景を考えたい。

第三に傍線部②にみえる本願寺の裁定である。証文で主張を裏づけられる方を勝訴とするという、一見当然とも思われる方式によっている。しかし第一の点から憶測されるような町人たちの実情を考えると、当時の状況では必ずしも実効性が期待できるというわけではなさそうである。にもかかわらず、裁定への不服に直面した本願寺は、傍線部

④にみられるように証文の有無を確認しており、あくまでも証文如何にこだわりながら、裁定に臨んでいるのである。なぜなのか、この点もまた気になるところである。

以上三点について、順次に考えていきたい。

2　譲状の発効

そもそも十六世紀の庶民たちの間で、財産相続や契約などの際に、必ず譲状なり証拠文書なりを作成して予想されるトラブルに備えるという習慣は、広く行き渡っていたのだろうか。この点を窺わせる次のような事例がある。寺内町の新屋敷に住む絹屋の後家がもつ債務に対して、堺から木沢長政の配下を頼みこんで「鑓責（譴責）」（債権の取立て）が入った。その債務は四〇貫であったが、以前に堺の債権者が絹屋に娘を嫁がせる際に「聟」への「引出物」として債権を破棄したという。その際に絹屋側が認めた「借状」がいまだ返却されず堺にあるか、またはすでに返却したのかがわからなかったので、本願寺が絹屋の嫁からも事情を訊いたところ、絹屋の家もまた「頼母子」の担保に入っていたという事情もあり、「借状」は返却されていないという。そこで「引出物」として行われた債権の破棄は、「証跡なき事」として無効とされた（『天文日記』六年二月十三日条）。

大坂寺内町の絹屋と堺の住民との間で行われたはずの債務契約破棄については、結局証拠文書がないとして無効に終わったのである。以上の事例をみれば、姻戚関係にある者同士とはいえ、債権の設定や、その破棄に際して逐一証文を用意するという習慣が寺内町の町人たちの間に定着していたとは思えない事情が窺える。

町人ではない、本願寺の家臣の間でも譲状は必ずしも自明な証拠文書ではなかったように思われる。本願寺家臣の七里と寺内との相続に関する相論で、七里の母が寺内の男子に書き与えた譲状にある田地が、七里側と寺内側のどちらに帰属するかが争われた（第一部第四章参照）。その際本願寺は、わざわざ「外記之環翠軒」、すなわち当時「御成敗式目」の学者として名高かった清原宣賢に諮問したうえで、この田地について「縦ひ譲状あるといへども、その子も又その母も死去するの上は、寺内は他人の間知行すべからず」、つまり譲状に権利をもつ者は、寺内子とその母であり、父親の寺内は「他人」であり権利なしと裁定したのである（『天文日記』九年五月九日条）。

おそらく譲状そのものは家族の一員である父親の寺内に伝えられたのであろうが、七里母との血縁がなかったため、譲状の権利の対象外とされたものと思われる。こうした裁定を行うにあたりわざわざ清原宣賢に諮問する必要があったのは、譲状という一見明白ともいえる証拠文書も、現実の訴訟の場では専門家の判断が必要であった、言い換えれば譲状それ自体、当時の家族の間で十分に法的意味が認識されていたとは言い難い事情があったように思われるのである。

こうした証拠文書の重要性に対する、現代人には必ずしも理解可能とはいえないような認識の薄弱さは、一つには現代と比較した場合顕著だったと思われる識字率の低さにあったことは容易に想像されるように思われる。しかしながら、相続や債権など利権をめぐる争いは当時も容赦なく頻発していたことは間違いないだろう。そしてその際譲状などの証拠文書が大きな力を発揮したことを疑うことはできない。従って識字率の如何にかかわらず、文字の証文を扱うための、何らかの慣行が行われていたことが予想される。

また証文も単に書き記すだけでは証拠文書として不十分であろう。それが、たとえば「謀書」ではないことが判定されるような要件が必要であると考えられ、そのためには、何らかの意味で公の場とされるところで認定の儀式を経る必要があるように思われる。こうした想定に立った時、この時代には譲状作成に際して、単に譲状を書き記すのみならず、関係者への周知が行われていたことが注目される。

天文二十二年（一五五三）正月、本願寺家臣の下間頼次が死去した際、子息の「中務」すなわち頼言と「源三郎」すなわち頼良が法主証如の前に召し出され、「駿河譲状」すなわち頼次の譲状が渡され、封が切られて互いに実見した。さらに子の「祝蔵主」すなわち宗祝に以前「松山石」を譲与したけれども、死去の際の譲状では「中務」（頼言）に譲っており、以前の祝蔵主に対する譲状は反古であることが、本願寺重臣の下間頼資と、頼言らの従兄弟同宣頼との二人から宗祝自身に通達され、宗祝も承知した旨回答した（『天文日記』二十二年二月十四日条）。こうして相続可能者に広く通知が行われたことが知られる。

これは本願寺の家臣クラスの場合であるけれども、本願寺という一族自体についても、相続の譲状は法主の手で単に認められるだけで発効したわけではなかった。文禄元年（一五九二）の本願寺法主顕如の死去にともない、子息教如と准如とが後継者の地位を豊臣秀吉の法廷で争うことになったが、その際教如を支持する本願寺家臣たちから准如の有する「譲状」は「不審」である、なぜなら「昔の譲状は、門下おとなへかの者に披露候て、その上をもつて譲状にて候」（『駒井日記』閏九月十六日条）と、門徒の長老らに披露されたうえで譲状として効力をもつものであり、もし譲状があれば自分たちが承知しているはずであるとの主張がなされた(5)。

こうした周知が行われるのは単に譲状のみに限らなかったようである。先ほどみた本願寺家臣七里と寺内との相論において、七里母が三貫文の借金の担保として寺内に渡し置いた「織物・小袖」の帰属もまた争われたが、これについては「衆証もこれなく、証跡もこれなき上は、七里方に返し付け」ることが裁定された（『天文日記』九年五月九日条）。「証跡」すなわち証拠文書とともに「衆証」の存在もまたてがかりとされたのである。

こうしてみると、冒頭で述べた衛門四郎聟又四郎と、衛門四郎弟与三郎・源六との相続相論の中で、与三郎・源六側が、証拠文書をもたないにもかかわらず、相手側の譲状を「謀書」と非難し、自分たちが「兄の申し置きたる」通りを主張していると述べたことの背景が窺えるように思われる。重病から脱した時点で相続はなされず、失効したともみなされる余地のあった譲状は、衛門四郎の突然の討ち死に以前に周知の手続きがなされていないとの認識が、「謀書」なる主張の背景にあるのではないか。その場合には与三郎・源六の主張と、本願寺の相続争いで准如のもつ「譲状」を「不審」とみた本願寺家臣のそれとは、軌を一にしていることになる。譲状は作成されるのみならず、周知の手続きをふむもの、との観念から、証拠文書に依拠する証如の裁定に異議が提出されたように思われる。

3　自殺という抗議

次に冒頭に述べた訴訟沙汰において、敗訴となった与三郎が「腹を切る」と本願寺御堂への参詣者の前で公言したことを取り上げたい。中世後期以降近世に至っても、相手方への遺恨を表明し、復讐するために自殺する慣行のあったことが清水克行氏により明らかにされている。(6)この事例もその一例といえるが、与三郎が第三者である参詣者に対して裁定の不当をアピールしている点に考慮すると、「理非を超えて」の「一定の配慮」への期待という以上に、自殺が裁定者の不当を告発し、抗議の正当性をアピールする手段となっている点に、ここでは注目してみたい。

この点で手がかりとなるのは、十六世紀中葉の天文十九年（一五五〇）に大和国奈良で起こった事例である。

今暁後夜ノ過程ニ、慈明坊公算覚浄房法印、龍花院ノ湯屋ノ井水ニ身ヲ抛テ被死去了、才七十七ト云々、子細ハヲキノ弟子浄識房ニ、二・三年先キヨリ坊舎得分以下譲与テ、又思ヘハ惜トテ、種々可取返調法アリシカトモ不被返、既浄識房ヲ追出了、依之色々懇望、様々曖雖在之不被聞、送数日処如此、不慮ニ被思立自害、言悟《（ママ）》道断次第也、兼テ後智光院ニ葬送・忌中ノ様被申置、今暁ハ毎日講以下マテ勤行沙汰給、了テ入水了云々、是併覚禅房法印ニ不孝ニアタラレシ、一期ノ間中悪カリシ恩《（怨）》気ニテ、浄識房ハ随分雖被親進《（近カ）》、自業自得果ノ理ニヤ、見テ水如為火ト、不孝逆罪人也トテ、嗔恚積テ如此沙汰了、浅猿〱、

（『多聞院日記』天文十九年八月十五日条）

奈良で慈明坊公算覚浄房という僧侶が、龍華院の湯屋の井戸に身投げして自害した。その理由は弟子浄識房覚禅房（前後の文脈から浄識房と覚禅房とは同一人と判断される）の「不孝」であったという。一旦は「坊舎・得分以下」を譲与したものの、取り返そうとしたが浄識坊は応ぜず、「様々に曖これありといへども聞かれず」という劣勢の中、窮余の一策として「葬送・忌中」のことを遺言したうえで投身自殺を敢行したのである。この自殺が浄識房の「不孝」に由来する「自業自得果の理」と判断されており、この直後に奈良の学僧の集団である六方の蜂起集会で、浄識房が「軽罪」に処せられている（『多聞院日記』天文十九年八月十九日条）ことをみると、自殺者側の主張は一定程度受け入れられたものと判断される。

劣勢に立った覚浄房の投身自殺が浄識房への非難を生み、六方をも動かした可能性のあることに加え、本願寺が与三郎の公言に迅速な対応を取っていることをみると、自殺は抗議のアピールとして、一定の影響力をもち、特に裁定、支配する立場にいる者からは警戒されたように思われる。

応永二十七年（一四二〇）に後小松上皇から追放刑を受けた御所侍が、赦免を求めて御所へ押しかけ、もし赦免がなければ自害すると公言する事件が起こった。一、二年前、女官と密通したことで追放刑を受けた後、その赦免を求めて、何度も訴訟した後の出来事であった。門番衆の手で捕らえたこの御所侍を、上皇は処刑するよう幕府に求めた。幕府の方では「公家の御沙汰に誅戮は如何」かと「流罪」にすべきことを進言したにもかかわらず、上皇側は処刑を主張して譲らなかったため、「その上の事は時宜たるべ」しと上皇の意思に従って処刑された（『看聞日記』応永二十

七年九月二十日条)。

当時の天皇家の裁定としては、いわば常識はずれともいうべき処刑を後小松上皇が主張したことをみれば、こうした自殺が特に主人や裁定者にとって、かなり重大な危機をもたらすものではなかったかと想像されるのである。そしてこうした自殺が、訴訟の方法として珍しくなかったことを窺わせるものに、清水氏も言及しておられる『塵芥集』の次の規定がある。

一、しかい《(自害)》の事、たいもくを申をき、しに《(死に)》候ハヽ、ゆいこんのかたき、せいはいをくわふへきなり、いしゆ《(意趣)》を申をかすハ、せひにをよふへからす、たゝししき《(時宜)》によるへき也、(第三四条)

戦国大名もまた、遺恨を残し自殺した者に対して、その怨念を取り上げるにやぶさかではなかったことが窺える。なぜ自殺による抗議が支配者たちをも動かす力をもっていたのか、清水氏が指摘される「死体の霊力」ももちろん想定できるし、自殺が「間接的殺害」と認識されたとも想定できる。ただ、こと支配者の不当に関しては、自殺者の命がけの言い分を聴こうとする雰囲気は数十年前まで全世界的にあったような印象がある。

いわゆるベトナム戦争中の一九六三年、ゴ゠ジン゠ジェム政権が行った仏教弾圧に際してのベトナム人僧侶の焼身自殺は大きな衝撃を与え、(7)六五年には、米国軍の行う「北爆」に抗議し、ジョンソン米大統領を「世界の創造主」に告発するために、クウェーカー教徒の米国人女性が「仏教徒の焼身自殺の方法により」焼身自殺した。(8)六七年には佐藤栄作首相が「北爆」を支持したことに抗議して、エスペランティストの日本人が焼身自殺した。(9)グローバル化以前の世界では、死を賭した訴えには耳を傾ける人々がいるものと考えられていた、少なくともそれが期待されていたように想像される。

4　「正しい」裁定

前述のように、敗訴した与三郎を「腹を切る」という公言に走らせたもの、またこれに対して本願寺に迅速な対応をとらせたものは、本願寺のような領主が「非公事」つまり正当でない訴訟に荷担したことを告発する、当時の世論がもつ意味であるように思われる。敗訴した与三郎・源六は、本願寺の寺内町の一住民にすぎないが、それでも意にそぐわない領主本願寺の裁定に対しては、捨て身の抗議に出ようとしたし、領主たる本願寺も単なる一住民がかきたてる、自らに対する悪評に神経を尖らせなければならなかったのである。「正しい」裁定をする領主であるかどうかという判定・評判に関わる限り、単なる一住民も自らを支配する領主に働きかけることができたし、一方の領主もまた、単なる一住民を恐れなければならなかったことが想定される。

戦国時代には戦火、外敵からの防衛を実現し、領内の平和と領民の保護をなし得ることが領主の資格であると考えられていたとされている(10)。領内の平和と領民の保護の内容として、領民の納得し得る「正しい」裁定を行うという評判もまた含まれていたように思われる。たとえば『朝倉英林壁書』には「諸事内輪を懃厚に沙汰いたし候へば、他国の悪党等、如何様に嗳ひたりとも、苦しからず候、贔屓・偏頗これあり、猥りがはしき掟・行儀と風聞せられ候はゞ、他国より手を入るゝものにて候」(第一六条)とあるように、裁定が正しく行われているか(あるいは行われていると認識されているか)否かが、「他国の悪党」による蹂躙が行われるか否かの要件であると、戦国大名には認識されていた。同様のことは領土の規模の点では小さな寺内町の領主にもあてはまったと考えられる。

しかし一口に「正しい裁定」と言っても、その内容は多岐にわたるだろう。その上、領主に対する悪評をすべて封じることなど不可能であるし、どのような善意の裁定も悪評につながらないとは限らない。一体何が正しい裁定と認識されていたのであろうか。

まず目につくのは、与三郎・源六が本願寺の裁定に抗議し、告発していることを聞きつけた本願寺が行った対処である。本願寺は、最終的には彼らを讒訴者として抹殺したのだが、その前に「左様の事候はゞ、証文を出し候へ、その上をもつて仰せ付けらるべ」きことを彼らに勧告している。この点をみると、前述のように本願寺は、あくまでも証文の有無にこだわり、それをふまえた裁定を目指しているのである。言い換えれば、本願寺にとって「正しい裁定」とは証文に基づく裁定だったのではないか、との予想が成り立つ。

なぜ本願寺はこれを「正しい」方式と判断したのだろうか。この場合、現代的視点からみて合理的だという観点はあまり意味をもたないだろう。前述したように裁定を受ける寺内町住民の側からして、必ずしもこれを是としていたわけではないからである。一方、本願寺の側としても、裁定を行うに際しては、現実の場で個々になされる評価以上に安定した、社会通念に支持された価値基準を必要としていたと想像される。

このようにみた場合、注目されるのは『塵芥集』の次の条文である。「本銭返・年紀地」の売買に関する裁定の原則を定めた条文である。

一、本せんかへし・ねんき地の事、うりて、かいてたかひに証文とりわたし、一はう(一方)のふミうする(失)のときハ、一はうの一せうもんをもつて、年記のかきりを相すます事ハはうれゐ(傍例)なり、然に一はうのせうもんはかりにてうるのとき、かの証文うするのうへ、かいてハ本せんかへしのよし申、うりてハひら年記のよし申、さうろんの時はせうにん(証人)まかせたるへし、もし又証人もなくハ、かいてのそん(損)たるへきなり、もし以後して、証文見いたし候ハヽ、其もんこんにまかせ、ちきやうをさたむへきなり、（第一〇〇条）

売り手・買い手互いに証文を取り交わした売買においても、一方の証文が紛失した時は、証文を所持している側の証文のみに基づいて裁定することは傍例として認められているとしている。さらに一方の側のみ証文を作成する形で売買が行われて後、その証文も紛失し、売り手・買い手双方の言い分が食い違って相論になった場合には、証人の証言により裁定する。証人が現れなかった場合は、買い手の一方的な損失として扱う、ただし後に証文がみつかればそれに基づく、というのである。ここにみられる方針はあくまでも書かれた証文に基づいて裁定を行い、証文に基づかない言い分は取り上げないことで一貫している。

わずか一例であるが、証文の有無にこだわる本願寺の姿勢と奇妙に似通ったものが感じられるのである。この時代の、戦国大名をはじめとする領主たちは「正しい」裁定を行うことが求められていたし、また自ら追求してもいた。しかし、その内実が多様でありうることは容易に想像されるし、彼らが時代状況から遊離した「正しい裁定」を目指したとはとても思われない。むしろこの時代の領主たちに一般化していた常識として、証文に基づく裁定こそが、「時代の要請に合った」「正しい」裁定であると認識されており、伊達氏も、本願寺もまたそうした常識に従っていたという可能性もあるのではないか。

こうしてみると本願寺は戦国大名はじめ、当時の他の領主たちに倣いつつ「正しい」裁定を目指していたと思われるのである。もちろんそれが、第2節でみたような寺内町住民の実情からみて、妥当であったか否かは別である。しかし領主層の間で、一定の通念に基づいた裁定が模倣されるようになっていったとすれば、これが戦国期の在地支配を均質化していくであろうことは想像に難くない。寺内町であれ、伊達領国であれその支配は似通ってくることになる。さらにこうした動向と、統一政権の登場との何らかの関連も想定できるように思われる。しかし、この点は現在のところこれ以上論じる用意もなく、今後の課題としたい。

註

（1）小島孝之校注・訳『沙石集』〈日本古典文学全集五二〉小学館、二〇〇一年）。

（2）笠松宏至「中世在地裁判権の一考察」（同『日本中世法史論』東京大学出版会、一九七九年、初出一九六七年）。

（3）鈴木棠三校注『醒睡笑』上（岩波書店、一九八六年）。

（4）『日葡辞書』に「Ficuji（非公事）公正でない訴訟」とある（土井忠生他編訳『邦訳日葡辞書』岩波書店、一九八〇年）。

（5）拙稿「戦国期本願寺教団の構造」（同『一向一揆と戦国社会』吉川弘文館、一九九八年、初出一九九五年）。

（6）清水克行「中世社会の復讐手段としての自害―復讐の法慣習―」（同『室町社会の騒擾と秩序』吉川弘文館、二〇〇四年）。同『喧嘩両成敗の誕生』第二章第三節（講談社、二〇〇六年）。なお中世において、自殺が遺言としてのアピール性の強い性格をもっていたことについては、既に勝俣鎮夫「日本人の死骸観念」（同『中世文化の基層を探る』山川出版社、二〇一一年、一三六～一三八頁、初出一九八四年）に言及がある。

（7）阿満利麿『社会をつくる仏教―エンゲイジド・ブッディズム―』（人文書院、二〇〇三年）。

（8）ヘイズ・B・ジェーコブズ「アリス・ハーズの殉教」（アリス・ハーズ／芝田進午編訳『ある平和主義者の思想』岩波書店、一九六九年）。

（9）合田一道『日本人の遺書　一八五八―一九九七』（藤原書店、二〇一〇年）。

（10）勝俣鎮夫「戦国大名『国家』の形成」（同『戦国時代論』一九九六年、初出一九九四年）。

第五章　織田政権の支配の論理

はじめに

織田信長が、当時なお余命を保っていた中世的な権威から自由に振舞ったとはよく言われることである。中世的権威とはまず何といっても仏教など宗教的権威であるが、京都に政権を樹立してからまもなく、足利義昭のために二条御所を建設した際には、洛中の石仏を没収して切断し建築用材に用いるなどした。元亀二年（一五七一）には、中世を通じて巨大な宗教的権威かつ大きな荘園領主として君臨してきた比叡山を焼き討ちした。さらに公家や僧侶が警戒心を露わにしていたイエズス会の布教を積極的に容認するなど、神仏の伝統的権威にとらわれない行為はいくつもあげることができよう。

また戦国時代まで一定の権威を保持していた幕府の将軍に対しても、その権威に服従することなく振舞ったとされる。入洛の翌年、義昭の承認に基づくとはいえ御部屋衆、定詰衆、同朋を始め公家衆、御供衆、申次、番衆など将軍近侍の者に対して掟を定めている（『仁和寺文書』永禄十二年正月十四・十六日室町幕府殿中掟案）。また足利義昭が諸国の大名に御内書により下知したことを無効とし、今後は御内書に信長の添状を付すことを要求した（『成簣堂文庫所蔵文書』永禄十三年正月二十三日足利義昭・織田信長条書）。こうした著名な事例からみれば、信長には将軍の権威など眼中になかったかのような印象は否めない。さらに天皇の権威にも服さず、そこからも自由になろうとしたとの見解も

出されている。(1)

その一方で入洛の翌年に幕府に対して、足利義昭の承認のもとに出した掟書には「寺社本所領・当知行の地、謂なく押領の儀、堅く停止の事」とあり(前掲室町幕府殿中掟案)、「寺社本所領」すなわち公家や寺社の荘園を保護する姿勢が認められる。義昭が追放された後もこの姿勢に変化はなく、天正三年(一五七五)正月には洛中洛外の「寺社本所領」を安堵している(『立入文書』天正三年正月十日織田信長朱印状)。これについて奥野高広氏は「信長の政治は、進歩と保守の両面があった」と述べておられる。(2) また天皇家に対する手厚い配慮もみられ、戦前は勤皇家と評されたこともあることは著名である。その政治姿勢には進歩的と保守的との両面があることは否定できない。

一人の政治家の事業にさまざまな側面がみられるのは当然であるが、こうした評価の問題点は、現代人の価値観からみた「進歩」「保守」の規準をそのまま適用したものであり、織田信長のもっていたであろう規準とは無関係な評価である点である。たとえば信長が「年来の御胸朦を散ぜられ」た(『信長公記』巻四)とされる比叡山焼き討ちが、中世的権威を破壊するものと自覚されていたかどうかは別問題である。もし比叡山焼き討ちという行為自体が革新的と評価され得るものであるとするなら、一〇〇年以上前に同様の山門衆徒の誅罰を行い、力によって山門を押さえた点で信長に似ているとされる足利義教との比較も考慮すべきであろう。(3) 比叡山焼き討ちについての通説には、少なくとも異論の余地がある。

また将軍足利義昭の御内書を破棄したことも、これが将軍権力への挑戦であると自覚されていたかは別問題であろう。足利義昭が離反して蜂起した際には、あくまでも「君臣の御間」の事として「種々理りに及」び(『古文書纂』三五・〈元亀四年〉四月六日織田信長黒印状)、一旦は和睦を実現した。義昭の再蜂起についても「先々にて人の褒貶にのせ申」すこととして、「怨をば恩をもつて報ぜらるゝ」ために三好義継の河内国若江城に送り届け(『信長公記』巻六)、毛利氏から要請された義昭の帰洛に対しても、一旦は要請に応じようとした（『毛利家文書』九月七日羽柴秀吉書状）。こうした振舞いは、対立・敵対はしても、将軍の権威を進んで傷つけようとはしないという信長の立場を窺わせるものである。

織田信長の「革新性」が特に指摘されてきた比叡山焼き討ちや一向一揆の掃討、またイエズス会の優遇などにみられる宗教的側面については、信長が中世的な権威を否定しようとしたものと必ずしも考える必要はないと思われる。比叡山焼き討ちについては後述するとして、一向一揆については、以前述べたごとく信長はその信仰を否定することはなく、本願寺教団の存在を容認していた。信長と一向一揆との不倶戴天の対立を示すものとして引合いに出される伊勢長島一向一揆や越前一向一揆に対する殲滅作戦は、限定された局面でのみ行われたものである。(4)またキリスト教の優遇についても、キリシタンが政治的な対応を取る必要のないほど小さな集団だったことによるものであり、仏教徒の信仰に対置させようとしたことは考えられないとの指摘がなされている。(5)

以上のように、織田信長の事業を単に中世的権威を否定したという角度のみから把握することは必ずしも適切ではない。信長の事業が単純に割切れない性格のものであることはもちろんであるが、信長の標榜する論理を解明することなしに、「進歩」「保守」の両側面を指摘しても認識の深化はないと思われる。信長もまた政治家である以上、大方の支持を得るために、自らの立場を社会に対してアピールしなかったわけではない。足利義昭に対して「天下の褒貶沙汰の限り」「理非にも外聞にも立入られざるよしその聞え候」「不思議の土民百姓に至るまでも悪しき御所と申しなす」（『信長公記』巻六）との非難をぶつけた信長が、「天下の褒貶」「外聞」「土民百姓」などに鈍感であったとは考えられない。信長もまた当時の常識的観念に依拠して自らの正当性を主張していたのであり、その意味では「革新的」とされる行為も、同時に当時の常識に訴えることのできるものとみることが可能だろう。

信長が如何に革新的な思想の持主であろうと、中世の常識にはまりこんだ大多数の武士や民衆の支持なくして天下取りは不可能といえよう。「封建時代」とはいえ、「民意」を不当に軽視することは適切とは思われない。比叡山焼き討ちも一向一揆の虐殺も、義昭の権力への掣肘も、信長の依拠する社会的な論理に則った行為と想定することは可能である。

織田信長の発給文書から、信長の「本音」や思想を解明するのではなく、信長が表明した政治的論理を検討したい。そのことによって、神仏への対応や将軍の権威に対する一貫した姿勢をみることができると予想されるからである。

1 「天下」について

織田信長が表明した立場とは極めて鮮明である。将軍足利義昭から「天下の儀」を「何様にも信長に任せ置かれ」（前掲永禄十三年正月二十三日足利義昭・織田信長条書）ており、従って「天下之儀」に信長が「異見を加へ」（『小早川文書』〈元亀三年〉五月二日織田信長書状）ているというものである。本来将軍が仕切るべき「天下」を、将軍の承認のもとに仕切っているとする信長の立場表明は明白であろう。

ここからただちに考えられることは、自らの政治的行為は将軍権力に根拠をもつ、という原則を信長が主張しているということである。もちろんその将軍権力は、戦国時代の変容をふまえた当時の通念に基づくそれであり、かつ信長自身の利害によって少なからず拡大解釈されていた可能性は大きい。しかしともかく建前が将軍権力である以上、それを明白に逸脱するとみなされたことに介入することはない、という限定は想定できよう。将軍の管轄する領分は「天下」と称されるものであり、信長が管轄できるのもこの範囲の事柄であるとまずは考えることが出来る。

ところで、一見極めて茫漠としている「天下」とはどのような内容をもつものであろうか。この点についてはいくつかの研究が知られている。信長の用いる「天下」について、いち早く検討を加えられたのは朝尾直弘氏であった。(6)朝尾氏の研究は信長の用いる「天下」を、従来の幕府とは異なる新しさを示すものとして重視するところに特徴がある。だがこの点については佐々木潤之介氏の批判がある。(7)また高木傭太郎氏は「伝統的な秩序観にもとづいた」ものであり、「伝統的な『天下』観と相対立したところの信長が創出した新しい観念ではない」とする立場から、「天下」について検討を行っておられる。(8)

ここで留意すべきは、信長の用いる「天下」の語が、諸大名とやりとりする文書の中で用いられていることである。信長と受信者の大名との双方が、「天下」の語義について異なる認識をしていたとは思えない。これらは政治的言語による文書であり、信長の「本音」はともかく、信長が政治的有効性を信じた言語によって構成されたものとみるべきだろう。その点からいえば、「天下」の語も信長のみならず、日本中で流通していた意味に用いられているとみるべきものといえよう。そうした判断に立ち、本稿は高木氏の見解に沿って考察を進めたい。ただし、将軍が体現する秩序を指す「天下」の語の用例は十六世紀前半からみられ、これらもまた検討の対象とする必要がある。ここでは本稿の関心から「天下」の語義について改めて検討しておきたい。

まず第一に「天下」は将軍の体現する秩序であり、その裁断に属すべき対象である。前述の「天下の儀、何様にも信長に任せ置かるゝの上は、誰々に寄らず、上意を得るに及ばず、分別次第の成敗たるべきの事」（『成簣堂文庫所蔵文書』永禄十三年正月二十三日足利義昭・織田信長条書）との信長の主張はこの点を明快に示すものといえよう。「天下の儀」を委任された信長には、「上意」と同等の成敗が可能であるというわけである。

「天下」の語で将軍及びその管轄する領域を表す用例は、既に十六世紀前半にみられる。京都出奔に際し将軍足利義晴が、諸国の大名へ帰洛に向けての合力を要請した折、大館常興は、長尾為景に対し「上意として仰出され候の旨、目出、早速御一味申され候はゞ、天下において御大忠これに過ぐべからず候」（『上杉家文書』一―三四二、五月二十三日大館常興書状）と述べている。将軍の命令に応じ、そのために尽力することが「天下において御大忠」であるとの文言から、将軍が「天下」を体現する存在であることが窺える。また尼子義久の家臣が、永禄五年（一五六二）足利義輝から斡旋された毛利氏との和平について「この芸・雲御和談の事は、天下への御請申したる事に候、心底少しも表裏なく候」（『毛利家文書』三―八五八、正月十二日玄龍他連署書状）と述べ、将軍足利義輝に対する約束が「天下への御請」と表現されていることも、この点を傍証するものである。

織田信長が、足利義昭の出陣命令を飯河・曾我という二人の幕臣に伝え「御出勢の儀、仰出さる。……天下のために候間、各軽々と出陣然るべく存じ候」（『実相院及東寺宝菩提院文書』四〇尊経閣文庫所蔵・〈元亀三年〉正月二十一日織田信長朱印状）と述べている点は、先の大館常興と同様の観念に立つものといえよう。

ただし将軍個人が即自的に「天下」となるわけではない。元亀元年、織田信長は浅井・朝倉・比叡山との抗争で苦境に陥り、浅井氏と和平協定を結んだ。その時の協定には「公方家御政道御越度の儀あるにおいては、相互に御相談を遂げ、道理の旨に任せ、天下万民のため、然るべき様相計ふべく候事」（『大津市歴史博物館所蔵文書』元亀元年十一月二十八日織田信長条書(9)）と述べられている。「公方家」もまた「御越度」によって「天下」の利益を損なうことはありえた。

だからまたもちろん、織田信長そのものを指すわけではない。毛利元就への浅井・朝倉との開戦などの報告では姉川合戦の戦勝に触れ、「かくの如く早速に本意を達し候事、かつは天下のため、かつは悴家のため、大慶賢察に過ぐべからず候事」（『毛利家文書』〈元亀元年〉七月十日織田信長朱印状）と述べられ、「天下」と「悴家」とが区別されている。この点は足利義昭追放後も同様であった。信長から寝返って本願寺と結んだ荒木村重に対して天正七年（一五七九）二月に、攻撃を強めるよう命じているがその命令書には「荒木（村重）事、我々一人にあらず、天下のため無道の族に候」と述べられている（『昭和十年三月旧大名並某家蔵品入札目録』〈天正七年〉二月二日織田信長朱印状）。荒木を単に信長の敵であるのみならず、「天下」にとって「無道」であることを強調しているのである。

むしろ「天下」とは、足利義昭や織田信長などの特定の個人を離れた存在であった。『三河物語』は、朝倉義景と交戦した織田信長が敗勢に陥って和睦を申入れたと次のように記している。「信長纔か一万の内なれば、敵はじとして扱をかけさせ給ひ、天下は朝倉殿持給ひ、我は二度と望みなしと、起請を書き給ひて……」と。事実がどうであったかはともかく、場合によっては朝倉も「天下」を掌握し得る、というのが当時の「天下」観であった。

将軍が体現し管轄する領域というだけではかなり漠然としている。だが第二に、既に朝尾・高木両氏の指摘されているように、いくつか明確に京都を指している例がある。永禄九年（一五六六）、上杉謙信は武田信玄討伐と上洛を誓って神前に願文を捧げた。その願文には「武田晴信退治、氏康・輝虎真実に無事を遂げ、分国留守中気遣ひなく、天下へ上洛せしめ……」（『上杉家文書』一―五一五、永禄九年五月九日上杉輝虎願書）とあり、天下が「上洛」の対象であることがわかる。また足利義昭が京都から追放された時、織田信長は「況や（義昭が――引用者）天下を棄て置かるゝの上は、信長上洛せしめ、取静め候」（『太田荘之進氏所蔵文書』〈天正元年〉七月十三日織田信長書状案）と述べている。「天下」は上洛して「取静め」るべきものであった。「天下」が京都を中核とする世界を指すものであることがわかる。

従って第三にこれと対応して、大名の管轄する「国」とは区別される存在であった。正親町天皇の即位大礼の際、毛利元就の尽力を褒賞した正親町天皇の綸旨には「天下の美誉、国家の芳声、何事かこれに如かんや」（『毛利家文書』

一―二九四、〈永禄三年〉二月十二日正親町天皇綸旨）と述べられており、「天下」と「国家」とが使い分けられていることが注目されよう。「国家」とはこの時代、日本という国家を指すものではなく「戦国大名のつくりだした国家であり、江戸時代の国持大名のいわゆる藩を指す語として継承されていった」ものである。その「国家」と対比される「天下」とは、毛利氏の領国と対比される中央政治の舞台を意味するものと考えられる。[10]

このようにみれば、「天下」とは日本全体を漠然と指す場合の用例と共に、大名の支配する「国」とは区別され、大名の支配と棲分けられた将軍の管轄領域を指す場合のあることがわかる。[11]将軍や信長の称した「天下」とは後者であると考えられよう。織田信長が毛利元就に対して、浅井・朝倉との開戦や京都・畿内の状況を報告した朱印状の中で「在洛中幾内《畿内》の面々人質相取られ、天下異儀なき趣に候」（『毛利家文書』〈元亀元年〉七月十日織田信長朱印状）と述べている点も同様である。「天下」の安泰に直接関わるのは、「畿内の面々」の「人質」である。「国」を含まない京都・畿内が、「天下」の表す領域であることが窺われる。[12]

ここで参考になるのは、次の証文の徳政担保文言であろう。「天下一同の徳政、または国次、又は私の徳政入り候共、祠堂銭たるの上は、少しも違乱申すまじく候」（『龍潭寺文書』弘治二年四月吉日勝楽寺隆俊借用証文）と、「天下」「国」「私」の三重の徳政が記されているのである。「天下」を仮に日本全体と解釈すると、既に「天下」といっておきながら、それより狭い「国」、さらに狭い「私」という領域が別に記される理由が解釈できない。そうではなく「天下一同の徳政」は将軍のそれ、「国次」の徳政は大名のそれ、「私の徳政」は「地頭」のそれや在地徳政と考えた方が整合的である。すなわちここには、大名の支配領域たる「国」とは区別された「天下」が記されているのである。「天下一同の徳政」が、実は山城一国のみのものであったとの指摘[13]も、この点を理解する場合参考になろう。

そして高木氏の指摘される通り、「天下」の儀は「国」の儀に優先されるべきものとみなされていた。「天下」の主宰者である将軍からは、大名自身の領国維持の努力に優先して将軍の命令に従うことが要求された。足利義昭が大友義鎮に和睦を勧告した「豊・芸の間の儀、急度無事然るべく候、この刻四国退治候の条、同心肝要に候、自然相方異儀に及ぶにおいては、天下に対し不忠たるべし」（『大友氏記録』義鎮・〈永禄十二年〉二月七日足利義昭御内書案）との御内書はこの点を示すものといえよう。将軍の「無事」（戦闘停止）の命令に従わない側が「天下に対して不忠」であり、従って逆に「無事」の命令に従い将軍に「同心」（四国退治への関与）することが忠義とされている。「国」における戦闘停止こそ「天下」への忠義という観念は、この時代ひろくみられる。

織田信長も、毛利輝元・小早川隆景に朝倉義景と浅井久政・長政父子を討滅したことを報告した書状の中で、次のように述べている。「よつて江州北郡の浅井、近年信長に対し不儀を構へ候、即時退治すべきの処、天下の儀に取紛れ、日を送り候」（『乃美文書正写』『武家事紀』〈天正元年〉九月七日織田信長書状写）と。浅井との確執は、信長にとっていわば私戦であって「天下の儀」ではなく、「天下の儀」はこれに優先すべきものとの認識が窺える。

第四に広く注目を集め、いわば「輿論」を形成する公的な場も「天下」の語で表されている。織田信長が足利義昭の失政を詰った有名な十七箇条意見書の中で、「元亀の年号不吉に候へば、改元然るべきの由、天下の執沙汰仕り候に付て、……今に遅々候、是は天下の御為に候処、かくの如き御油断、然るべからず存じ候事」「御宿直に召置かれ候若衆に……或いは御代官職仰付けられ、或いは非分の公事を申次がれ候事、天下の褒貶沙汰の限りに存じ候事」（『尋憲記』元亀四年二月二十二日条）と述べている「天下」は、その主宰者たる将軍が、その動向に殊に鋭敏に対応すべき場を指している。将軍すら規定する、「公論」とでもいうべきものの形成される場が「天下」だといえよう。斎藤新五郎という武士が、越中であげた戦功に対して信長が「今度切々の動き、誠に心地よく、天下の覚え、旁もつて感情浅からず候」（『備藩国臣古証文』四「黄薇古簡集」六〈天正六年〉十月二十八日織田信長黒印状写）と述べているのも、この「天下」における名声を指すものと思われる。

以上まとめれば、「天下」とは第一に将軍が体現し維持すべき秩序を指し、第二に京都を指し、第三に「国」を管轄する大名の領域ではない、京都・畿内など「国」と棲分けられた領域を指し、第四に広く注目を集め「輿論」を形成する公的な場を指すものである。ここで注意すべきは漠然と日本全体を指すような「天下」とは異なり、大名の支配する「国」を含まない限定された領域を指すという点である。恐らく戦国時代に行われた将軍支配の実態に基づいて形成された観念であると想像される。

織田信長が委任されたとする「天下」は、この将軍の「天下」であると考えられる。既に永禄十三年(一五七〇)正月、信長は足利義昭に対し「天下御静謐の条、禁中の儀、事毎に御油断あるべからざるの事」(前掲永禄十三年正月二十三日足利義昭・織田信長条書)を要求しており、この段階で「天下御静謐」が成就したと認識している点は注目されよう。伊達輝宗にも「よつて天下の儀、相聞え候如く、公儀御入洛に供奉せしめ、城都に御安座を遂げられ、数年静謐の処、甲州武田・越前朝倉以下諸侯の佞人一両輩相語らひ申し、公儀を妨げ、御逆心を企てられ候」(『伊達家文書』〈天正元年〉十二月二十八日織田信長朱印状)と述べ「公儀御入洛」により「天下の儀」が「数年静謐」だったと述べている。

著名な「天下布武」の朱印は一般に武力による全国統一の意思の表明とされるが、戦略家の信長が無警戒にも自分自身の「野望」を公言したとは、釈然としないものを感じる。朱印状を受けた伊達輝宗や毛利氏(『毛利家文書』〈元亀元年〉七月十日朱印状)、上杉謙信(『本願寺文書』〈天正元年〉八月二十日朱印状)に対しては宣戦布告に等しいからである。将軍の「天下」に、武威を示したとの自己アピールとみる余地もあるのではないか。もとより信長に全国制覇の「野望」があったか否かは別問題であるが、諸大名との外交の論理としてはこう考えた方が現実的と思われる。

足利義輝がかつて管轄していた「天下」が、然るべき継承者により再興されることを信長は表明・宣言して行動していたと考えられる[14]。そしてこの旗印が多くの大名の支持を獲得するために有効なものと、信長自身認識していたとみることができよう。

2　将軍の領域

(1)　下知を奉じる

前節でみたことは、将軍が体現し維持する秩序を示す「天下」の語は必ずしも日本全体を指すものではなく、地域的には京都・畿内を中心とする地域に限定されるものであることである。しかしだからといって、将軍がそれ以外の地域には何も影響力をもたないわけではもちろんない。越後の上杉謙信が、しばしば上洛して将軍と密接な関わりをもっていたことは著名であるし、後述するように、将軍の斡旋により安芸毛利氏と出雲尼子氏が和睦したことも知られている。先に挙げたように、遠江を始めとする「地方」の売券などに「天下一同の徳政」が記されていることも、「地方」への将軍の関わりを示すものといえよう。

また逆に京都・畿内を中心とする地理的・物理的な枠組が、即そのまま「天下」であるともいえない。前述のように、織田信長が近江浅井氏との確執を「天下の儀にあらず」(『乃美文書正写』『武家事紀』〈天正元年〉九月七日織田信長書状)と述べていることは、近国の近江における事柄も「天下」の領域に含まれない場合のあることを示唆している。「天下」は優れて質的な領域観念であると考えられる。

その質的な領域を探る上で、足利義昭の下知に付加された織田信長の副状、もしくは下知を奉じた文書に注目したい。これは義昭の下知をうけてその意向を相手方に伝えるものであり、信長がいわば将軍の権威を背負ったものとみることができる。言い換えれば将軍御内書に無効を宣言したこともある信長でさえ、これらの下知は将軍の関与すべき裁定であると認識しており、従ってまた信長が公に表明した「天下」の領域に含まれるものであったと想定できよう。どのような場合信長は将軍の裁定を奉じ、副状を付加するのか、奥野高広著『織田信長文書の研究』から信長が将軍下知を奉じたものを拾い出してみると、概ね三つの領域に分けて考えることができるように思われる。

第一は主として畿内の寺社及び寺社領や僧侶、公家及び公家領に関するものである。いわゆる「寺社本所」「寺社本所領」関係と考えられる。仁和寺（『仁和寺文書』永禄十一年十月九日織田信長朱印状、奥野高広『織田信長文書の研究』上、一二四号、以下単に上一二四の如く略記）、天龍寺周悦（奥野高広『織田信長文書の研究』補遺、五六号、以下補五六の如く略記）、久我家（上一二六）、妙顕寺（上一三九、一七六）、真如堂（上一四七）、阿弥陀寺（補二五、上二〇五、補七五、七八、八四）、摂津忍頂寺（上一四九）、摂津天王寺境内への撰銭令（上一五二）、イエズス会（上一六三）、清和院（上一六四）、烏丸光康（上一六九、一九四）、大原野神社（上一七〇）、東寺（上一七七、一八二）、清和院（上一七八）、北野社（上一八七）、妙心寺（補七六、七七参考、上三四二、三四二参考、三四三）、愛宕権現（上二二七）、本能寺（上二六七）、大和薬師寺（補八一）、大徳寺（上三一八）、長福寺（上三二〇）がそれに当る。

第二は信長が義昭の和睦勧告を奉じて諸大名へ和睦を促しているものである。上杉・武田への和平に関しては、直江景綱宛書状（上一四八、一六〇）、上杉謙信宛書状（上三三一）。毛利・大友の和平に関しては、松浦総八郎宛梶原越前守等連署状案（補二一）、小早川隆景宛書状（上二七四）、大友宗麟宛書状（上二七五）。

第三はその他である。一色藤長（上一三七）、山城八瀬童子（上一五九）、上山城賀茂庄中（上一八八）、大澤橘大夫（上二〇四）、今井宗久（上二〇七）、芦田忠家（上二二〇）らへの所領や特権の安堵。及び毛利輝元への御内書取次

（上二一六）。

このような分類は、しばしば恣意的なものとなりやすいので、分類規準を定める上で若干の傍証が必要であろう。まず第一の「寺社本所」ないし「寺社本所領」という分類の妥当性について。織田信長が入京翌年の永禄十二年（一五六九）に発した「殿中御掟」追加に「寺社本所領・当知行の地、謂なく押領の儀、堅く停止の事」とあり（『仁和寺文書』永禄十二年正月十六日織田信長条書）、信長が既にこの時点で足利義昭の承認の下に（本条書は足利義昭袖判のある正月十四日条書の追加である）「寺社本所領」を安堵する方針をもっていたことが窺える。従って第一群に列挙した寺社・公家への安堵を、この方針と関連づけて考えることは可能である。

また第一群に列挙した安堵の中には、しばしば「守護不入」の権利を安堵するものがみられることである。たとえば摂津忍頂寺領（上一四九）、烏丸光康の摂津の所領（上一六九）、梅津長福寺領（上三二〇）などである。「寺社本所領」が、しばしば「守護不入」の権利を室町幕府から安堵されることは信長以前から頻繁にみられたことであり、信長が奉じる将軍の裁定をこのような概念で捉えることは自然であるといえよう。

第二群の諸大名への和解勧告も、後述するように既に足利義輝時代からみられたことが明らかにされている。従ってこれを将軍権限に属するものとみなすことはできよう。

第三群については、未解明でありさらなる検討が必要である。しかしたとえば足利義昭側近の一色藤長などの所領安堵が将軍の権限に属することは当然であるし、毛利輝元への取次にみられるように、大名の任官にあたって将軍が媒介することも室町幕府にあって普通にみられることである。また八瀬童子や大沢橘大夫のような朝廷と関わりの深い者の特権を、室町幕府が安堵することも考え得ることである。こうしてみると、少なくとも信長がこれらの将軍の権限を、通例に従って承認していたとみることはできよう。

ここで特に注目したいのは、寺社本所ないし寺社本所領に関する将軍の権限と和平勧告に関する将軍の権限である。前者なかんづく寺社に関しては信長の宗教政策に深く関わるものであろうし、後者は信長の統一事業に密接に関わると予想されるからである。そこでこの二つの将軍権限を、信長が将軍に属するものとして承認していたことの歴史的背景を以下探っていくことにしたい。

(2) 寺社本所

「寺社本所」「寺社本所領」なる語は十五・十六世紀に史料上に頻出する。文字通り、寺院・神社・公家やその所領をさすものであり、一時的には半済も行われたものの、概して幕府により一定の保護が加えられ、守護の検断権も及ばず、守護・地頭など武士の押領がしばしば禁止されているような所領であったことが指摘されている。[15] しかし応仁の乱と共に、こうした保護や特権は消滅していくことは概ね承認されていると思われる。

しかし一方で、たとえば加賀と越中を勢力下においた一向一揆が「寺社本所領」回復を行ったことも知られている。たとえば永正三年(一五〇六)、一向一揆が越中を支配下においた際には「越中国、加州の如く一向衆等相計らふと云々、寺社本所領形の如く返付くべきの由その沙汰あり」(『尚通公記』永正三年四月十八日条)という事態となり、事実三条西実隆は、尊海から「今度越中一変、不思議の題目に候、門跡領等大略御還著あるべき分に候、時刻到来、その憑みある様に候」との報告を受け取っている(『実隆公記』同年六月三十日条)。加賀においても富樫政親ら守護勢の「寺社本所領」押領に対し、「内々御門弟の衆、政親に申し分けられ、昔の如く守護領の外は、本領を諸家に渡し申されし」たと伝えられる(『今古独語』)が、『尚通公記』の「加州の如く」との表現と関わって興味深い。いずれにしろ、一向一揆が「寺社本所領」の回復を号したことは事実といえよう。

この点と「諸本所領共、各本の如くたるべし」(『大乗院寺社雑事記』文明十七年十二月十七日条)「諸本所領御直務たるべし」(『大乗院所領納帳』文明十七年十二月二十六日条)と定めた山城国一揆を想起すれば、「寺社本所領」なる概念は戦国期にも、そして一揆の構成員となるような下級武士たちにとっても一定の意味をもっていたと考えられる。その意味とはどのようなものであろうか。織田信長が「寺社本所領」についての将軍の安堵を支持している点から考えれば、これが守護ではなく、「天下」を管轄する将軍の管轄領域に属するものであったことが考えられる。

戦国期の史料に将軍が「寺社本所領」を我がものとして差配し得るものとみなされていたことは、さまざまな史料から窺える。

まず第一に守護大名などが「寺社本所領」を兵粮料所にするような場合、それを停止できるのは将軍の権限であった。明応四年(一四九五)七月、「西国衆」の上洛があるために、摂津・丹波の「寺社本所領」を将軍が細川政元に「兵粮料」として宛行うとの噂が流れた際、朝廷では、事が確定する以前に近衛政家ら公家に幕府に愁訴するよう指示し(『後法興院記』明応四年七月十七日条)、その愁訴をうけて「寺社本所領事、昨日武家として種々問答を加へらるゝの間、違乱煩あるべからざるの由を申す間、今日その趣御返事申入れらるゝと云々」(同七月二十七日条)との結果となった。将軍足利義澄が細川政元に「問答を加へられた」結果、摂津・丹波の「寺社本所領」を違乱しないとの政元の回答が得られたのである。

だから公家らは、自らの所領を守るために将軍を頼ることになっていたと考えられる。明応六年、守護代香西又六が山城に入国した際、天皇は入国すれば「寺社本所正躰あるべからざるの間、この時公家中陸沈すべ」きことを憂い「武家(足利義澄)ならびに京兆(細川政元)・伊勢守(伊勢貞宗)」へ勅使を派遣したところ、留守の政元を除き、義澄は「堅く成敗あるべきの由」を回答し、伊勢貞宗は「更にもつて寺社本所領の事その綺を成すべからざるの由」を申したという（『後法興院記』明応六年十月二十二日条）。

従って第二に将軍が、「寺社本所領」のうち、あるものは自ら御料所とする場合もあった。「北野社領江州八坂庄の事、今度寺社本所領御料所になされ、奉公無足の輩に宛行はるゝといへども、当社領においては他に異なるの間、免除せられをはんぬ」（『北野社家日記』明応元年十月二十六日条・明応元年九月二十九日幕府奉行人奉書）とあるように、将軍が「寺社本所領」を「御料所」として「無足」の奉公衆に宛行ったことが知られる。

また第三に「寺社本所領」のうちあるものは、将軍が借用することもあった。「賀茂社領若州賀茂庄と号すの事、万松院殿（義晴）御代の例をもつて、今度寺社本所領これを借召さるゝといへども、当社領においては、先年相除かるゝの上は、先の御代御成敗の旨に任せ、これを免許せられをはんぬ」（『鳥居大路文書』天文二十二年十二月五日室町幕府奉行人連署奉書・『室町幕府文書集成』下―三七七三）とある。

第四に、従って「寺社本所領」の治安維持も将軍の管轄だったと思われる。既に応仁の乱前の宝徳二年（一四五〇）、幕府は「山城国守護使不入の所々の盗賊」の取締りとして「或いは地下に居住し、或いは他所より落来らば、その身を召進べきの旨、当所代官・名主・沙汰人等に相触れらるべし、若し遁避せしめば、大法に任せ、寺社・諸権門領を謂はずこれを搦捕らるべし、異儀あらば、所帯を没収せらるべきの旨」を指示している（『東寺百合文書』ヌ三、宝徳二年六月二十一日幕府奉行人連署奉書、『室町幕府文書集成』上―三五七）。「寺社本所領」との明示はないが、布告の対象が「守護使不入の在所」であり、盗賊追捕の範囲に「寺社・諸権門領」が含まれている点をみれば、将軍が「寺社本所領」に検断権を行使することを宣言したものとみて大過ないだろう。

第五に、また「寺社本所」は将軍から動員をうけることもあった。将軍足利義政が甲斐常治を越前守護代に任じた上、入部する守護代に抵抗する国人に対し「公方として甲斐を合力すべき旨」を武田、畠山、両佐々木などの武将と共に「所々寺社本所領」に命じ、河口・坪江庄などの本所であった興福寺も下知を受けている（『大乗院寺社雑事記』長禄三年三月十九日条）。「寺社本所」領と将軍との関係は極めて密接であったと考えられる。(16)

このようにみた場合、興味深いのは応仁・文明の乱終息後の長享元年（一四八七）に、近江の守護六角氏が「寺社本所領」を返却しないという理由で、将軍足利義尚が近江侵攻を行ったことである。またそののち延徳三年（一四九一）にも、将軍足利義材が同じく寺社本所領回復との理由で近江征伐を行っていることである。将軍による寺社本所領の安堵とは、下剋上の時代に時代錯誤も甚だしいものとみなされてきた。従って、実際の意図は将軍近習の失地回復であるとも考えられてきた。(17)確かに義尚を動かした現実の課題は、このようなものであったかも知れない。しかし、それをなぜ「寺社本所領」回復なるスローガンのもとに行うのだろうか。守護領国の内部にあろうと、「寺社本所」領に限っては本来将軍の管轄であるという前提があったのではないかと思われる。

そして仮に「寺社本所領」が、守護大名の関わることのない将軍権力固有の管轄対象を指すとすると、義尚や義材の行為は、必ずしも時代錯誤の観念に基づいたものとはいえなくなるように思われる。諸国の大名と棲分けられた将軍の領域、すなわち自専可能な「寺社本所領」に限定して秩序を回復しようとすることは、乱世にあって一定程度現実的なものと考えることができるのではないか。先にみたように加賀一向一揆、山城国一揆にとってこれが意味のある領域だったのは、こうした「寺社本所領」の意味合いが踏まえられていたからだと思われる。そして少なくとも後の足利義昭、織田信長も、将軍の領域としてこの「寺社本所領」を念頭においていたといえよう。

将軍足利義昭を追放した後も織田信長は、前述のように洛中・洛外の「寺社本所領」を安堵している（『立入文書』他・天正三年正月十日織田信長朱印状）が、これもまた「天下人」が「寺社本所領」を管轄するとの観点からなされた措置と思われる。足利義昭の時代に安堵をうけた寺社本所領を、信長が引き続き安堵している例も少なくない。たとえば梅津長福寺の場合が挙げられる。

『長福寺文書』(上三二〇)

条々

一、山城国梅津長福寺・同諸塔頭領所々散在田畠、山林、洛中地子銭等之事、為守護使不入之地、任御代々御判之旨、今度被成下御下知之上者、弥全可被領知之事、

……

一、臨時之課役免許畢、付、門前被官人等、守護不入之上者、為寺家可相測、不可有他之妨之事、

右聊以不可有相違者也、仍執達如件、

元亀参年卯月　日　　弾正忠(朱印)

『長福寺文書』(上三七九)

城州梅津長福寺・同諸塔頭・末寺領所々散在田畠・山林・洛中地子銭等之事、為守護使不入之地、当知行之上者、全可被領知、臨時之課役免除畢、并門前之事、為寺家令進退、不可有他之妨、去年卯月朱印之条数弥無別儀者也、仍状如件、

元亀四年七月　日　　弾正忠(朱印)

『長福寺文書』(補一八八)

当寺門前之事、及両度被成御朱印、為守護不入之地、臨時之課役御免許之上者、人足・竹木以下、次陣夫等、堅相懸義不可有之状如件、

天正五　　村井長門守

十一月十一日　　　　　　　　貞勝（花押）

梅津長福寺

御役者中

元亀三年の段階では「御代々御判の旨に任せ、今度御下知を成下され」たことにより安堵された「守護使不入」の特権が、義昭追放直後の元亀四年七月には「当知行」を理由に安堵され、さらに天正五年（一五七七）には「両度御朱印を成され」たことを根拠に、信長家臣の村井貞勝から安堵されているのである。

同様の事例は他にもみられる。永禄十一年九月、仁和寺門跡領とその境内とを、幕府の安堵をうけて安堵（上一二四）した信長は、義昭没落後の天正元年十二月、また「下河原門跡領」などその所領を安堵し、「御境内守護使不入」を安堵している（上四二八）。また永禄十一年十月二十日、信長は「久我上下庄」以下久我家の所領を幕府の安堵をうけて安堵状を与え（上一二六）、義昭没落後の天正五年十一月には「永禄十一年十月廿日の朱印の旨に任せ」安堵している（下七五〇）。さらに永禄十二年一月、信長は真如堂に対する足利義昭の「御寄進」「新御寄附」を奉じて安堵（上一四七）し、義昭没落後の天正元年十一月、義昭の「新御寄附」だった「西岡知徳庵・道場分」などを「去る永禄十二年正月に相究る朱印の旨に任せ」安堵している（上四二二）。

すなわち織田信長は基本的に「寺社本所領」における義昭の方針を、ひいては「天下」掌握者の「寺社本所領」に対する対処を継承したと考えられる。これは「天下の儀」を「何様にも信長に任せ置かれ」たとする信長の主張に立脚するものといえよう。

現存する織田信長文書からみる限り、信長は少なくとも一部の寺院に対しては自治を容認していたと考えられる。天正七年六月、信長は「小松寺ならびに遍照寺門前」に対して「祈願所たるの上は、自余に混らず、寺領ならびに山林以下、末代において相違あるべからざるの事」を認め、「門並棟別、釘・箒木等、その外諸役一切免許せしめ」た上で「門前の百姓、他所へ被官役停止、然る上は、寺家法度に相背く百姓等、寺中として覚悟に任せ申付べきの事」（下八三六）を申付けている。「門前の百姓」に対する寺院の成敗権を認めたものである。また天正十年二月、妙心寺に対し「妙心寺法度の事、長老衆連署をもつて相定めらるゝ条数、尤も神妙、若し猥りの輩あらば、衆評の如く、寺法に任せ行はるべき」ことを承認している（下九七〇）。これも妙心寺独自の立法と、それに基づいた衆議による成敗を容認したものである。

もちろんこうした自治の容認は、織田政権が寺院に全く不介入の態度を取るということではない。天龍寺の周悦に対しては、先年周悦が成敗を加えた洞首座が「罷出た」との、恐らく周悦からの訴えを受け、「仏の在所たるといへども、聞出し次第に申付けらるべく候、万一相拘ふる仁これ有るにおいては、注進あるべく候、此方において申達すべく候」と、洞首座の成敗に反対する者に対しては織田政権が介入して成敗することを宣言している（補七一）。ただしこれは寺院の特権を否定したものとはいえない。自治の特権を与えて部外者の介入を排除すると同時に、特権を付与した主体である織田政権が必要な場合には介入するという自専権を主張したものといえよう。寺社本所領を保護すると同時にこれを料所にしたり、その治安維持に際して介入したりする将軍権力と同様の立場と考えられる。

このようにみてくると、信長の比叡山焼き討ちについても従来とは別の観点から言及することが可能だと思われる。既に一〇〇年以上前に将軍として山門を攻撃し、力で押さえ付けた足利義教がいる。互いに時代も異なるこの双方を同様に扱うことは、ただちにはできないかも知れないが、山門使節を通じて山門大衆を支配してきた幕府が、(18)軍事力を用いて山徒の殺害を含む討伐を行ったことは、将軍固有の「寺社本所」に対する成敗権を想定することにより理解しうると考えられる。この理解を前提とすれば、将軍に背いて浅井・朝倉と結託した山門（『尋憲記』元亀元年十一月十二日条、同十二月二十二日条・二条晴良書状）に対して、「天下の儀」を任された信長が成敗を加えるのは当然ともいえる。以上のように考えることが可能ならば、一見中世の常識を超越したかにみえる比叡山焼き討ちも、信長が対外的に主張する「天下」の論理の枠内で行われたものであり、当時の通念に則ったものとみることも可能ではないだろうか。

(3)　諸大名への和睦命令

足利義昭は入京以前から諸大名へ抗争の停止を命じ和平を促している。それは相互の抗争を、将軍に奉公すべく諸大名が上洛することに対する障害とみなし、抗争の停止と将軍への奉公とを一体のものとみなす論理に基づいていた。

既に永禄九年（一五六六）上杉輝虎（謙信）の上洛を可能にすべく、上杉輝虎・武田晴信・北条氏政三者の講和を命じている（『上杉家文書』〈永禄九年〉八月二十五日北条氏政書状）。さらに翌年にもこの三者に「三和」を命じている（『上杉家文書』〈永禄十年〉二月二十四日足利義昭条書御内書、同二月二十四日足利義昭御内書）。

また永禄九年後述するように織田信長の上洛を可能にすべく信長・斎藤龍興両者に停戦・講和を命じているし、同じ年、越前の朝倉義景と加賀大名とみなされていた本願寺との和睦を命じている（『顕如上人文案』上・永禄九年十月二十日）。

さらに上洛以後、永禄十二年一月、安芸の毛利元就と豊後の大友宗麟とに和睦を命じている（『吉川家文書』〈永禄十二年〉正月十三日足利義昭御内書、『大友氏記録』〈永禄十二年〉正月十三日足利義昭御内書）。その和平命令は数度に及ぶが、前述のように織田信長が通達しているものもあることから、恐らく信長と共同してのものと考えられる。元亀二年（一五七一）には義昭の下知に信長が副状を付し、毛利・大友両氏に和平を勧告している（『竹内文平氏所蔵文書』

〈元亀二年〉二月二十八日織田信長書状、『大友文書』〈元亀二年〉二月二十八日織田信長書状）。大友宛のものは「万端を抛れ一和ありて、天下の儀御馳走尤もに候」と述べられ（『大友文書』同前）、これが将軍すなわち「天下」の主宰者からの命令であることが明示されている。元亀三年には引き続き毛利氏に、「芸・豊和睦の儀、……この段相調ひ候へば、毛利・大友共にもつて天下の御用に立つ事に候」（『柳沢文書』〈元亀三年〉四月十三日足利義昭御内書）と命じている点も同様である。

さらに永禄十二年、織田信長は上杉謙信と武田信玄に対する義昭の和平勧告を伝え、講和して「公儀御馳走簡要《(肝)》」であることを述べている（『上杉家文書』〈永禄十二年〉二月十日織田信長書状）。ついで元亀三年には上杉謙信・武田信玄に対する義昭の和睦勧告を奉じて「和談においては、珍重たるべく候」「内外共に純熟ありて、天下の儀御馳走、希ふ所に候」ことを上杉謙信に伝えている（『上杉家文書』〈元亀三年〉七月二十七日織田信長書状）。これもまた和平命令が、「天下」主宰者としてのものであることを明示している。

その他、永禄十二年四月には朝倉・本願寺への和睦を命令し（『顕如上人御書札案留』永禄十二年四月五日）、元亀元年十二月には後述するように織田信長と朝倉義景の和睦を命令し、元亀三年八月には武田信玄を通じて織田信長・本願寺両者へ和睦を命じている（『本願寺文書』〈元亀三年〉八月十三日武田信玄書状、『顕如上人文案』上・元亀三年九月十日）。

このような「天下」主宰者将軍の和平命令は、義昭以前に足利義輝により行われていたことが既に明らかにされている。[19]ところで、この和平命令はどの程度の効力をもっていたのであろうか。殆ど実力をもたなかったとされてきた将軍の紛争調停・和平命令が、乱世にあって何らかの実効性をもっていたとは、にわかには考え難い。たとえば将軍足利義輝が毛利氏と尼子・大友両氏との和平を毛利氏に命じた際、毛利隆元が「国家」の維持が重要であり、「上意に背」いたという評判は「一向苦しからず」と考えたこと（『毛利家文書』二―七二九、毛利隆元自筆覚書、ただし命令を拒否することが自国・他国における毛利への悪評を生むことは認識していた）も想起されよう。むしろ、単に外面的体裁を保つ自己満足の行為とみえるかも知れない。しかし一方、この和睦命令があながち無力なものではなかったことを窺わせる事実もあるので、それを検討することにより将軍義昭の調停能力を考えたい。

まず織田信長自身が将軍の力により命拾いをした事実をあげたい。元亀元年十二月に足利義昭の手で行われた信長と朝倉義景との調停である。元亀元年十一月二十六日、堅田の砦を守っていた坂井政尚が浅井・朝倉軍のために戦死し、この両者と戦っていた織田方は苦境に陥った。この後、二十八日に信長は浅井長政と屈辱的な講和条約を結んでいるから、戦況が悪化し、敗戦といってよい状況であったことは間違いない。その信長と朝倉義景及び山門とに和睦を命じたのが足利義昭であった。[20]

和睦調停のために関白二条晴良を伴って三井寺光浄院へ出向いた義昭は、和平に「万一同心なく候はゞ、高野の御すまひ」と、二条晴良を通じて宣言したため「然らば御意に応ずべき由、朝倉も信長も申し候て」和平が調ったという（『尋憲記』元亀元年十二月十三日条）。その場で義昭の命をうけ調停を行った二条晴良も、義昭が「天下の儀につきて、三井寺へ至り大樹御同道あるべきの由、武田甲斐守御使として、存じ寄らず承り候」と述べ、この停戦・和平調停が義昭の主導であったことを伝えている（『尋憲記』元亀元年十二月二十二日条・二条晴良書状）。義昭自身も「朝倉左衛門督（義景）・織田弾正忠（信長）半ばの儀、種々詞を加へ、無事せしめ、去る十四日、互ひに異儀なく帰国し候」（『小早川家文書』〈元亀元年〉十二月二十七日足利義昭御内書）と述べており、この和睦が義昭の勧告により成り立ったことは間違いないといえよう。

もちろん朝廷もこの和睦に干与していたと思われるが、その朝廷自身「今度義景、信長防戦の儀につき、公・武籌策に任せ和与の由、尤も神妙なり」（『伏見宮御記録』利七三・〈元亀元年〉十二月九日正親町天皇綸旨）と述べ、「公」とともに「武」の「籌策」が与かって力あったことを言明している。和平にあたって織田信長も、「山門の儀……自今已後公儀に対し奉り、疎略なきの旨においては、信長別儀を存ずべからず候」（『伏見宮御記録』利七三・〈元亀元年〉十二月十二日織田信長誓紙）との誓紙を義昭側近の一色藤長・曾我助乗に提出しており、対する朝倉義景も「当表一和の儀、勅命・上意達て仰下さるゝにつきて」（『伏見宮御記録』利七三・元亀元年十二月十五日朝倉義景誓紙）和睦を受け容れたとの誓紙を提出している。義昭が前面に出た和平であったことは疑いないであろう。

ところで、元亀元年の浅井・朝倉と織田信長との戦いは足利義昭の意向によるものであった。著名な姉川の合戦には、足利義昭もまた織田・徳川方として出陣する予定であった（『言継卿記』元亀元年六月十九日条、同六月二十七日条）。九月二十四日に始まる浅井・朝倉と信長との戦いには「奉公衆」も織田方に加わっていた（『言継卿記』同九月二十四日条など）。つまり、織田信長は将軍の威光を背景にして戦っていたのである。その信長が敗勢に陥った時、当の将軍義昭の和睦命令になぜ朝倉義景とこれを支援する比叡山とが応じなくてはならなかったのだろうか。将軍の和睦命令に相当な権威があり、勝勢の朝倉義景も服せざるを得なかったからと思われる。その権威により織田信長は窮地を脱したことになる。

第二にこのような権威に縋ろうとしたのは、織田信長ばかりではなかった。永禄十二年三月、武田信玄は上杉謙信との一戦を前にして将軍の調停を期待して次のように書き記している。「甲越和融、御下知をもつて、信長御媒介あるべくば、急速に岐阜の使者、信州長沼辺へ越され候の様に催促あるべく候……信玄の事は、只今信長を憑むの外又味方なく候、この時聊も信長御疎略においては、信玄滅亡疑ひなく候」（『古今消息集』三・〈永禄十二年〉三月二十三日武田信玄書状）。劣勢を自覚した武田信玄が「御下知」を帯びた織田信長の使者に活路を求め、「信長御疎略においては、信玄滅亡疑ひなく候」と懇願しているのは、将軍の和平命令が、少なくとも上杉謙信に対しては有効であると信玄が判断していたからに他ならない。もちろん将軍に独自の武力があるわけもなく、あくまでも政治的権威、すなわちフィクションなのであるが、しかしそのフィクションが現実の抗争の場で威力を発揮していたと考えられる。

そしてたとえフィクションであれ、これに逆らうのは容易なことではなかったと思われる。永禄九年、織田信長が足利義昭上洛への「参陣」を申出たとして、足利義昭は信長の「参陣」が叶うよう、信長と抗争中の斎藤氏に対して和平を命じた。結局停戦は実現せず、信長の「参陣」は叶わなかった。この点からみると義昭の命令は無力にみえる。一方斎藤龍興の家臣たちが、自分たちは義昭の呼びかけに応え、一旦は織田との停戦を実現したと力説している点は見逃せない。

『中島文書』

去々月此方使僧帰路之節、尊書并貴国家老従両人芳問、何以致拝披候、条々御懇之趣、本望之至候、……

一、濃尾間之事、先書ニ如申入候、公方様御入洛ニ付而、織田上総（信長）参陣御請申之条、対尾州此方矢留之儀令同心者、可為忠節之由、被　仰出候、参陣一向雖不実存候、不肯申者、為濃州相妨　御入洛之条、非己越度之通、可申成巧与令分別候、若又於治定者　公儀御為可然存候、旁以悉任　御下知之由、罰文已下相認、細川兵部大輔（藤孝）殿返し申候つる事、

一、織田可罷透、江州路次番等も相調之間、参陣差急候様ニと細兵（細川藤孝）重而尾へ下向候て催促之処、至此期織上（織田信長）令違変候、此方ニハ兼而案之図候条、更不事新候、公儀御無興言語道断、被撃　御手之由候、過賢察候、……

……

伊賀平左衛門尉

閏八月十八日（永禄九年）　定治（花押）
（以下三名略）

斎藤氏側は、信長が「肯へ申さざれば、濃州として御入洛を相妨ぐるの条、己の越度にあらざるの通申成すべき巧みと分別せしめ」たこと、また「若し又治定においては公儀の御為然るべく存じ」て、将軍の命令に服する旨「罰文已下相認め」て細川藤孝へ提出したと述べる。将軍の和睦命令に服従しないと判定されることが、斎藤氏にとって少なくない失点だったことが窺える。さらに「織田罷り透るべし、江州路次番等も相調ふの間、参陣差急ぎ候様にと」細川藤孝が尾張へ出向いて「催促」したことをあげ、斎藤氏側が信長の「参陣」に協調したことを証拠立てているのだから、将軍不服従の失点の大きさが窺える。

このようにみると、室町幕府末期の将軍は果たして「無力」な権威に過ぎなかったのだろうかとの疑問を感じざるを得ない。実際には、その和睦命令は、通説とはかけ離れた威力をもっていたと想定したほうが事実に近いように思われる。足利義輝が毛利氏と尼子氏との和平を実現したことも指摘されており(21)、戦国期将軍の権威は再考の必要があると思われる。その試みは今後の研究に待つほかないが、ここでは少なくとも織田信長は将軍の和睦命令を踏襲して、自らも行ったことを指摘しておきたい。

義昭没落後の天正八年、織田信長は、毛利征討に際して、薩摩島津氏に対して「よつて大友方と鉾楯の事然るべからず候、所詮和合尤に候か、……来年芸州において出馬すべく候、その刻別して御入魂、天下に対し大忠たるべく候」（『島津家文書』〈天正八年〉八月十二日織田信長書状）と豊後大友氏との和睦を勧告し、毛利攻めに寄与すべきことを命令している。この文言は、足利義昭が毛利・大友氏に行った停戦命令と酷似し、停戦と自分自身への協力を「天下」に対する忠義とする論理は同一といえよう。

さらに、翌年も信長から島津氏へ同様の停戦令が行われたとみえ、島津義久は「今度上様より御朱印、忝く拝領せしめ候、……抑も豊・薩和睦の御嗳ひ、具さに仰出だされ候、愚鬱多々候といへども、自他を捨て尊意に応ぜしめ候、此等の辻をもつて、向後盟約の儀希ふ所に候、兼て又隣国に到り御出馬の御催最中に候か、その刻は相当の馳走を遂げ奉るべく候」（『島津家文書』三―一四二九、〈天正九年〉六月二十八日島津義久書状）と述べている。島津氏の応対のみでみるならば、信長の和睦命令に服する姿勢をみることは可能といえよう。

当時まだ信長の支配下にはない九州の大名に和睦を命じることに、果たして実効性があるのかは疑問であるとみるならば、信長も、「無力」な室町将軍同様、外面的な体裁だけの自己満足の行為をしていたことになろう。一方、室町将軍の政治的権威に基づくこうした停戦・和睦の命令が一定の実効性を有していたとみるならば、信長もまた将軍の「天下」主宰者としての立場を継承したものと考えられよう。足利義昭の和睦命令において検証した実効性を想起するならば、後者の解釈がより実態に即していると考えられる。

室町将軍、織田信長と継承された「天下」主宰者による停戦・和睦命令のゆくえをさらに考えるなら、どうしても関白豊臣秀吉の惣無事令を想起することになる。天正十年の武田氏滅亡後、織田信長が関東に「惣無事令」を行ったことも最近の研究で指摘されており(22)、惣無事令を室町将軍、織田信長という「天下」主宰者による和睦命令の発展として位置付ける余地はあると思われる。

3　京都の支配

第一節の検討結果の一つとして「天下」は京都を指す場合があった。これを京都が将軍の管轄下にあることを示すものと考えると、戦国時代の京都が室町将軍とどのような関係をもったか、が問題となろう。これまでの研究からは必ずしも明らかではないが、織田政権期には、将軍は京都の支配者たるべきもの、との観念は明確にみられると考えられる。

そのことを示す第一の史料は、織田信長が足利義昭につきつけたと伝えられる一七ヶ条の条書である。

まず第四条で「今度雑説につきて御物を退けらるゝ由に候、都鄙その隠れなく候、それにつき、京都もつての外騒ぎたる由驚き入り候、御構への御普請以下辛労造作を仕り、御安座の儀候の処、御物を退けられ候ては、しかしながら何方へ御座を移さるべく候哉、無念の子細に候、さ候時は、信長辛労も徒らに罷りなり候事」と述べ、将軍が敵の武力を恐れて京都を退出しようとするかの行動が、京都住民に大きな衝撃を与えたことが非難され、京都に留まるべき将軍に対して、信長が堅固な二条御所を建設したことは無駄であったのかとの詰問がなされている（『尋憲記』元亀四年二月二十二日条）。

同様に第一六条でも「諸侯の衆武具・兵粮已下も嗜みはこれなく、金銀を専らに商売するの由承り及び候、牢人の支度と存じ候、これも上様金銀を召置かれ、雑説の砌は御構を出でられ候に付て、下々迄もさては京都を捨てらるべき趣と見及び申候ての儀たるべく候」（同前）と述べ、将軍が「京都を捨て」るとの観測が「諸侯」の士気を損なっていると非難されている。いずれも、本来最後まで京都に留まるべき将軍に相応しくない行為が難詰されている。信長によれば将軍が京都を踏まえてこそ諸侯も住民も付き従うというのである。

十五世紀の京都では、幕府の侍所と町衆（町人）との連繋により検断が行われていたことが知られている（『康富記』応永二十四年八月二十日条、応永二十五年七月二十六日条、『晴富宿禰記』文明十一年五月五日条）。ただし十六世紀に入れば町衆による自検断が知られているものの、そうした自治活動と幕府や将軍との関係は明らかではない[23]。従って京都の町にとって将軍がどのような意味をもっていたかは、未解明の部分が多く、信長の力説する将軍と京都との関わりが一体何に基づいているのかは不明である。

しかし逆に将軍の存在と京都の町とがいくつかの点で密接な関係にあったことは当然にも想定できる。特に京都の治安と将軍とが密接に関わっていたことは次の史料から窺える。

『二水記』大永七年五月六日条

風聞云、従所々強盗数十人馳集下京辺、毎夜及物忽云々、結句此御近所可打入之由有雑説、各成用心了、禁裏四足・東門等役所無之、御無用心之儀勝事也、当時之躰可有如何哉、凡天下滅亡之為躰也、南方武家未能御出京、此段又何子細哉、江州儀是又無一途云々、然間京中盗人風情種々不思儀可出来、可恐々々、可嘆々々、

「南方武家」すなわち細川晴元に擁立されている足利義維も未だ入京には至らず、「江州儀」すなわち将軍足利義晴も近江に出奔したまま「一途なし」であり、その結果「京中盗人風情」の者が跳梁跋扈することになる。「所々より強盗数十人下京辺に馳集まり、毎夜物忽に及ぶ」との最近の状況は、将軍不在の結果だというのである。ここでは京都の治安と将軍の在京とが密接に結びつけられている。「御物を退けらるゝ」、すなわち家財を移動させて京都からの退避を目論む将軍をみて「京都もつての外騒ぎたる由驚き入り候」という信長の描く京都の様子は、この鷲尾隆康の観測と一致していると考えられる。

一方この大永七年（一五二七）には、京都町衆の実力を行使しての治安維持活動がみられたことが知られている。十一月には一条畳屋と行事官行方邸へ、京都を占領した三好元長・柳本賢治らの軍勢の一部が乱入したが、上京衆が蜂起して追い返した（『言継卿記』十一月二十九日条など）。十二月には浄土寺殿へ三好方兵士が討ち入ったとの情報に上京・下京の住民が大挙して押寄せ、三好方の兵を阻止し（『言継卿記』十二月十日条）、上京柳原の大森という住民の

所へ討ち入ったとの情報にはやはり住民が鬨の声を揚げ、鐘をついて馳向っている（同上十二月十一日条）。翌八年正月には、正親町実胤邸で薬師寺氏被官が樹木を伐採しようとしたところ人々が出会い追出した（『実隆公記』正月二十六日条）。

ところで将軍足利義晴は三好・柳本の軍勢の乱入に一旦京都を出奔したものの、大永七年十月十三日から翌五月二十八日までは京都に戻り在京していた（『二水記』大永七年十月十三日条、大永八年五月二十八日条）。町衆の実力による治安維持活動が、この期間に集中しているのは果たして偶然であろうか。後述するように、将軍が京都住民に自身による治安維持を命じた事実もある以上、こうした町衆の行動と将軍との関係はさらに検討する必要があるように思われる。

十五世紀の後半に京都が頻繁に土一揆に襲撃されたことは著名である。応仁の乱の最中こそその蜂起は少なかったものの、乱終息後も乱前に変わらぬ頻度で土一揆が蜂起し、酒屋・土倉を襲った。しかし十六世紀に入ると大きな政治抗争が京都を襲った時期以外、土一揆の蜂起はみられなくなる。(24) なんらかの形で京都の治安体制が整備されてきたことが想定できるが、将軍との関連でみた場合、将軍が土一揆から京都を防衛することを命令し、そこでなんらかの手柄を立てた住民に恩賞を与えていることが知られる。

延徳二年（一四九〇）三月、北野社に閉籠した土一揆が安富元家らの軍勢による攻撃を受け、北野社に放火した。その猛火の中を一社の神官、宮仕、坊中被官らが奮闘して「霊神ならびに神輿」を無事避難させたが、宝成院明順一人の手柄であるという評価が生じたため、これを憤った神官らは松田丹後守に愁訴した（『北野社家引付』延徳二年三月二十一日条）。翌日、社家奉行を介して神官らは足利義視へ宝成院一人の「高名」ではないことを訴えた（同年三月二十二日条）。土一揆襲撃の際の「高名」が将軍の裁定に関わるものであったことが知られ、土一揆襲撃における働きが将軍の恩賞の対象になったことが窺えよう。事実この年閏八月の土一揆襲撃の際、土一揆張本人の上山を討ち取った土倉野洲井宣助はその忠節によって将軍から奉書を成され、一代の間「酒屋・土倉役、同じく臨時等」を免除されたのである（『蜷川家文書』一集八、度々被仰出条々）。

また天文元年には、当時近江にいた足利義晴から「土一揆蜂起」に対する「御忠節あるべきよし」下知が京都の日蓮宗寺院本満寺に下された（『本満寺文書』〈享禄五年〉七月二十三日大館高信書状）。日蓮宗寺院に率いられた京都町民らによる、著名な山科本願寺焼き討ち事件である。戦った本満寺に対し「山科退治の儀につき、下知を加ふるの処、新日吉口において合戦に及び、殊に数多討捕るの由、尤も比類なく候」との、将軍の感状が下された（『本満寺文書』〈天文元年〉八月十七日足利義晴御内書、大館高信御内書添状）。本願寺が焼き討ちされた数日後、本満寺には将軍から御内書が下されている（『尚通公記』天文元年八月二十七日条）。さらに十月になって本満寺は、「一揆等御退治」の忠節により寄宿免許の特権を安堵されている（『本満寺文書』〈天文元年〉十月十一日大館高信書状）。これもまた将軍が土一揆との戦いを本満寺に下知し、戦功に対して恩賞を与えたものとみることができる。

さらに土一揆ではないが天文九年二月、「近衛殿」へ押し入った盗人を追捕に遣わされた「御雑色」が「仕余した」際、自ら負傷しながらも仕留めた「開闔被官」に対して将軍より「御褒美」を与えることの可否が内談衆に諮問されている（『大館常興日記』天文九年二月六日条）。「向後の勇み」のために与えるべしとの答申がなされ、しかもこの当時開闔自身が将軍から不興を買っており、本人に直接将軍から「御褒美」の太刀が下されることとなった（同前）。検断における手柄に将軍から恩賞が与えられる点については、土一揆の場合と共通するものがある。京都の治安維持について町人・寺院の場合と同じく、将軍と、直接主従関係にない「開闔被官」との間にも将軍との御恩と奉公の関係があり得た。

以上、土一揆蜂起、盗人などに対する治安維持に際しては、将軍による動員の下知に応じて検断に加わった京都住民に対しては、将軍により恩賞のあったことが窺える。「国家」のため住民に軍役を課する戦国大名と領民との関係に類似した関係が、将軍と京都住民との間にもあったことが想定できよう。天正元年に織田信長に反旗を翻した足利義昭が、軍勢がいないので京の口々に町人を派遣して守らせたとの伝承（『老人雑話』）は、京都防衛のための将軍による住民動員を窺わせる。そしてこの時に「市民は悉く武器を取り市の諸門及び入口に立ちたり」とのフロイスの証言（『耶蘇会士日本通信』下・一五七三年五月二十七日ルイス＝フロイス書翰、二六三頁、『十六・七世紀イエズス会日本報告集』第Ⅲ期第四巻、二〇六頁）は、この点を裏づけるものといえよう。

ちなみにこれより少し前のフロイス書翰には、義昭が「都に於ては布令を出し、信長の領内より来る者は仮令商人なりとも家に留むべからずと命令し、当地に於て信長の庇護したる者は家及び財産を失ひたり」（『耶蘇会士日本通信』下・一五七三年四月二十日ルイス＝フロイス書翰、二四五頁、『十六・七世紀イエズス会日本報告集』第Ⅲ期第四巻、一九六頁）と記されている。これもまた京都住民の自検断が、将軍の命により発動されたことを想像させるものである。

一方で将軍は京都住民の訴訟を聞き、住民への撫民を行う立場と考えられていたことが窺える。天文二年六月、京都で祇園会が行われることに山門が反対し、神事を行えば発向するとの警告がなされた。祇園社側では神事を延期しようとしていたところ、近江にいる将軍足利義晴から、やはり神事を延期するようにとの指示があったので、祇園社側は将軍の指示を得て、予めの判断の通り神事を延期することにした（『祇園執行日記』天文二年六月六日条）。ところが、山鉾のことについて下京六十六町の月行事を始め住民たちが神事延期に反対して祇園社に押しかけ「神事これなくとも山鉾渡し度き」ことを訴えたので、祇園社側では住民の意向を近江の義晴に通知したのである（同前六月七日条）。

「神事これなくとも山鉾渡し度」しとの、京都町衆の団結の高揚を示すものとされる言葉で知られるこの事件は、同時に近江に出奔した足利義晴と京都住民との関係を窺わせるものである。すなわち義晴が依然京都住民の請願を受けるべき立場にいること、祇園社や町衆らの祭をするかしないかを最終的に決定する立場にいたことを示すものといえよう。

天文八年九月には細川晴元が「洛外徳政」を指示したとの注進があり、「事を左右に寄せ、一揆共寺内に至り乱入すべき旨造意の由」を恐れた東福寺は「隣郷へ御下知を成され、事実たらば御成敗を加へらるべく候旨、仰せられ」るように申請した（『大館常興日記』天文八年九月六日条）。将軍の諮問に対し「御下知」を成すべきことが内談衆によって答申されている（同前）。土一揆蜂起に対し将軍の制止命令を出すよう申請が行われたのに対し、幕府がそれに応じていることから、京都の寺院を保護せんとする幕府の姿勢が窺える。

さらに翌天文九年十月、京都「地下人」に幕府の家臣らが「宿共」の提供を際限なく命令することを「不便に思召された」将軍が、知行分の私宅をもつものは「借宿」を返却することを命令している（『大館常興日記』天文九年十月二十日条）。これもまた将軍による京都「地下人」への撫民策とみることができよう。

一方で京都の治安維持のために町民や寺院を動員して恩賞を与える将軍は、他方で寺院や「地下人」を保護している。あたかも戦国大名の領民に対する軍役賦課と撫民策とを想像させるものである。こうした将軍と住民との関係に基づいて、将軍は本来最後まで京都に留まるべきものとの信長の主張がなされたと考えられる。「天下」が京都を指すという用例は、将軍のこのような京都支配権、すなわち、ちょうど分国における戦国大名のそれに匹敵するような京都支配権の存在に由来するものであったと考えられる。

このようにみれば天正元年（一五七三）に行われた織田信長の上京焼き討ちは、足利義昭に信長との和睦を強要する手段として極めて適切な手段だったと考えられる。戦国大名領国におけるそれと同じく、[25]将軍として足利義昭には京都住民の安全への責任、また危機管理を行うべき義務があったと想定できる。将軍が土一揆鎮圧や犯罪取締りに住民を動員できたのは、この責任を全うするという大義名分によるものだと考えられよう。しかし信長の手により、上京住民は焼き討ちの惨憺たる被害を蒙った。もしこのまま抵抗を続けるなら被害はさらに広がり、義昭は京都住民から将軍失格を宣言されることになるだろう。

京都の石井筒町には、上京に続いて下京も焼き討ちするつもりであった織田信長の陣へ、石井筒町の町民が新町の十四屋・袋屋を介して上訴し、下京焼き討ちを留めるなら信長に味方して戦うことを約束したため焼き討ちを免れたとの伝承がある。[26]松永貞徳の『戴恩記』にも、十四屋ら下京の年寄が「公方衆に隠し信長公へ御礼申」して焼き討ちを免れたとの伝説が記されている。危機管理能力を見限られれば、将軍も京都住民に背かれるのは当然、との町民の観念を窺うことができよう。義昭は信長と和解するしか道はなかったと考えられる。

従ってまた前述した通り、足利義昭が京都から追放された時、織田信長が「況や天下を棄て置かるゝの上は、信長上洛せしめ、取静め候」(『太田荘之進氏所蔵文書』〈天正元年〉七月十三日織田信長書状)と述べていることは、信長自身の京都支配の論理を説明するものといえよう。本来京都の領主たるべき将軍義昭が京都を「棄て置るゝの上」は、秩序回復のため、「天下」を任された信長が上洛する他ない、というわけである。天正四年に義昭の二条御所を解体し(『言継卿記』天正四年九月二十四日条)、京都の「御座所」を建設し(『信長公記』巻九)、京都支配のために安土城建設に着手したのは、この論理に基づく信長の行動だったとみることができよう。京都支配もまた「天下」を義昭から任された信長として当然の行動である、というのが信長の論理だったと思われる。

おわりに

以上三節にわたって「天下」を任された、という主張に基づく織田信長の諸政策を検討してきた。まずその「天下」の語義の検討を通じてこれが、日本全国を漠然と指すというよりも、将軍が体現し、将軍が主宰して秩序維持をはかっている領域、戦国大名らの支配する「国」とは棲分けられた領域を指すことを論じた。

従って第一に将軍が自専すると考えられた「寺社本所領」に守護不入の特権を安堵することも、将軍の政策を継承した信長によって行われたことを明らかにしてきた。そしてそれは、将軍が唯一「寺社本所」「寺社本所領」に介入できる権限を有しているとみなされていたことと表裏一体であったこと、だからこそ将軍が介入できる権限をもっていた山門延暦寺への攻撃をも、「寺社本所領」に対する将軍権力の干渉として正当化できたと考えられることを述べた。通説においては中世的権威への挑戦とみられる山門延暦寺への攻撃も、「天下」成敗権の論理によれば将軍足利義教にも、「天下」を任された織田信長にも等しく可能な行為であったと結論できる。

第二に足利義輝以来行われてきた、諸大名への和睦命令も「天下」主宰者としての立場に基づくものと考えられる。その和睦命令の威力は通常考えられがちなように、無力な将軍の自己満足的行為ではなく、諸大名の行動を、観念の上からではあれ拘束しうる権威を背景としたものだったことを明らかにした。だからこそ織田信長もそれを継承したのであり、これは豊臣政権の段階で行われる惣無事令と基本的に同質なものとみる余地のあることを指摘した。この「天下」成敗権に依拠する和睦命令は、統一政権による秩序維持の特質を考える手がかりを提供するものと考えられる。

第三に、「天下」の語が京都を指す場合があるとの用例からも窺えるように、「天下」主宰者である将軍は京都の支配者でもあった。天皇の居住する枢要の地京都の領主であり、住民を動員する権能をもつと同時に、その危機管理にも責任を有する存在であった。そのような存在である足利義昭が京都を捨てたという織田信長の主張が、同時に「天下」支配を委任された信長が京都を支配する論拠となっていたと考えられる。

このようにみてくると織田信長の、通説では中世的権威の否定と評価される山門焼き討ちは室町将軍の権限を継承したものであり、「天下」統一に関わる政策もまた、一面ではその和睦命令の継承であると考えられる。決して革新的とはいえないにしろ、信長が対社会的に表明した諸政策の論理はこうしたものであった。このような論理を前提としてみて初めて、信長の「革新」的政策と「保守」的政策とが統一的に理解できると思われる。織田政権の全体像を俯瞰するためにも、このような特質を媒介して初めてその具体的な視角がみいだされるように思われる。

もちろん先行する戦国期幕府将軍の権限を分析することにより、「天下」を委任された織田信長の政策のすべてが解き明かされるかどうかは、今後の研究を待たなければならない。また仮に戦国期将軍権力の検討からかなりの部分が明らかにされるにしろ、それが「天下」の語の検討と、信長の下知奉戴の検討のみによってすべて明らかになるわけではないことは当然である。まだ解明は緒についたばかりであること、本章がその意味で少なからぬ弱点をもつことは自認しているつもりである。

織田政権は一時代を画した政権であり、冒頭でも述べたように極めて複雑な要素から成り立っていることが予想される。従って一つの原則のみで整理することは、著しく困難であることは容易く想像できよう。にもかかわらず基本的な政策を理解する上で、前代と隔絶した「革新性」を無媒介に前提することはできないように思われる。「進歩」「保守」の観念的区分を一旦棚上げする必要があるのではないか、との私見を提起して、この拙い論考を閉じることにしたい。

註

（1）朝尾直弘『将軍権力の創出』（岩波書店、一九九四年）など。
（2）奥野高広『織田信長文書の研究』下巻（吉川弘文館、一九七〇年、一九八八年増訂、一九九四年増訂第二刷、四頁）。
（3）辻善之助『日本仏教史』中世編之五（岩波書店、一九五一年、二六八〜九頁）。
（4）拙著『信長と石山合戦』（吉川弘文館、一九九五年）。同『一向一揆と戦国社会』（吉川弘文館、一九九八年）。
（5）高瀬弘一郎『キリシタンの世紀』（岩波書店、一九九三年、一四七頁）。
（6）朝尾直弘「将軍権力の創出（三）」（『歴史評論』二九三、一九七四年、同『将軍権力の創出』岩波書店、一九九四年に収録）。
（7）佐々木潤之介「信長における『外聞』と『天下』について」（『新潟史学』八、一九七五年、藤木久志編『織田政権の研究』吉川弘文館、一九八五年に収録）。
（8）高木傭太郎「織田政権期における『天下』について」（『院生論集』〈名古屋大学大学院文学研究科〉九、一九八〇年、藤木編前掲書に収録）。
（9）奥野高広「血は水よりも濃い」（『日本歴史』五二四、一九九二年）。
（10）勝俣鎮夫「戦国大名『国家』の成立」（同『戦国時代論』岩波書店、一九九六年、三三頁、初出一九九四年）。
（11）既に十五世紀前半期に将軍の担う政治が「天下の政道」、これに対して諸大名の担う政治が「分国の政道」と呼ばれていたとの指摘（川岡勉「室町幕府―守護体制の変質と地域権力―」、同『室町幕府と守護権力』二〇〇二年、初出二〇〇一年）は本章の観点からみて興味深い。ただし十六世紀特にその後半の史料をみる限り、以下述べるように「天下」と「国」とは将軍と戦国大名とにより棲分けられた支配がなされているとみられる。従って十五世紀を中心に解明された川岡氏が指摘される、「天下」支配権と「国」支配権との重層的結合という指摘については、十六世紀後半の時期に関する限り筆者は見解を異にしている。
（12）『上杉家文書』三―一一九八上杉定勝自筆古書案にみえる十二月十三日上杉景虎書状案は偽文書との指摘もなされているものであるが、「天下に対し朝敵仕る輩」を討伐し「上意様御威光浅からざる様馳走」するために「五畿内松永以下、其外近国の逆党共、悉く追散らすべく候、その剋いよいよ天下静謐たるべく候」と記されている点、「天下」の範囲を示唆する史料として興味深い。
(13) 瀬田勝哉「中世末期の在地徳政」(『史学雑誌』七七―九、一九六八年、永原慶二編『戦国大名の研究』吉川弘文館、一九八三年)。
(14) 将軍足利義輝の暗殺をきっかけに、織田信長が自ら「至治の世」を実現する志を表明して「麟」の字を崩した花押を用い始めた、との佐藤進一氏の著名な学説(『花押を読む』平凡社、一九八八年)は、信長の政治的表明という観点からみて興味深い。
(15) たとえば『国史大辞典』「寺社本所領」(島田次郎氏執筆)、『日本史大事典』「寺社本所領」(稲葉伸道氏執筆)など。
(16) 延徳二年(一四九〇)八月、幕府が高倉永継に「緩怠を致す」家領三ヶ庄の名主沙汰人を「退治」するよう命じた際(『安楽寿院文書』延徳二年八月十五日幕府奉行人連署奉書)、三条西実隆領の「庄園土民」(『実隆公記』同年八月十六日条)や、東寺の「寺領百姓」(『東寺百合文書』く二七「廿一口方評定引付」同年八月十八日条)にも合力が命じられていることも、あるいは寺社本所への動員命令かも知れない。
(17) 百瀬今朝雄「応仁・文明の乱」(『岩波講座日本歴史』中世三、一九七六年、二〇九頁)。
(18) 下坂守「山門使節制度の成立と展開」(同『中世寺院社会の研究』思文閣出版、二〇〇一年、初出一九七五年)。
(19) 宮本義己「足利将軍義輝の芸・雲和平調停」(『國學院大學大学院紀要』第六集、一九七四年)。同「足利将軍義輝の芸・豊和平調停」上・下(『政治経済史学』一〇二・一〇三、一九七四年)。
(20) 註(9)前掲論文。
(21) 註(19)前掲論文。
(22) 柴裕之「織田政権の関東仕置―滝川一益の政治的役割を通じて―」(『白山史学』三七号、二〇〇一年)。
(23) ただし永正七年に撰銭令の違反者を「町人」の私的検断により注進すべきことを命じている例があり(『政所方引付』永正七年十二月十七日撰銭罪科追加)、こうした幕府と町衆の自治活動との連繫は依然行われることもあったと考えられる。なお五島邦治「中世後期京都の「町人」について」(『賀茂文化研究』五、一九九七年)参照のこと。
(24) 本書第二部第一章参照。
(25) 藤木久志「領主の危機管理―領主の存在理由を問う―」(同『戦国史を見る目』校倉書房、一九九五年、初出一九九二年)。同『雑兵たちの戦場』(朝日新聞社、一九九五年)。
(26) 五島邦治「『石井筒町記録』について―織田信長による上京焼き討ち前後の京都の町―」(『史園』二、二〇〇〇年)。

補論二　中世末の「天下」について

はじめに

本章では第五章の補論として、特に中世末の史料にみられる「天下」の語義について考察する中から、当時の政治秩序の一面を考察したい。なお本章は、二〇〇九年六月二十日に武田氏研究会で行った講演をもとに、その後に知った史料など新たな知見をも加えて執筆したものである。

1 「天下布武」の朱印状

(1) 天下統一宣言と朱印状

まず取り上げたいのは織田信長の「天下布武」の朱印状である。織田信長は、最初に統一政権の原型を築いた大名として注目されているが、従来の研究の中で注目されてきたのは、織田信長が新たにどのような国家を建設していこうとしたのかという点であり、その統一政権の構想を考える上で、信長が使用している「天下」という言葉に関心が集中してきた(1)。本章の考察においても、この「天下」という言葉を信長がどのように使用しているかという点を出発点にしたい。

「天下」の語は、なにも織田信長が初めて政権のために使い始めたのではなく、同時代にもあるいは信長以前からも、一般的に「天下」の語は用いられている。さらに、仮に「天下」の語が従来言われているように、織田信長の統一国家の構想に関わるものと考えた場合、いくつかの疑問が生じて来るのであり、その最たるものが「天下布武」の朱印状である。

織田信長は足利義昭を擁立して、京都に入る直前から「天下布武」の朱印状を用いはじめたことは周知のところである。ところで「天下布武」の内実は、これまでの通説では、天下に武力をもって号令することであるとされてきた。すなわち信長が明確に天下を統一することを表明したものであるとされている。そう考えた場合、ただちに疑問となるのは、信長がなぜ公然と、他の大名たちにも周知されるような形で「天下布武」を宣言したのか、これを知った将軍足利義昭や、それと関わってきた上杉謙信や武田信玄のような戦国大名らの立場は、どのようなものとなるかという点である。

信長は、未だ美濃の斎藤氏を滅ぼして上洛を遂げたばかりの時点で、毛利元就や上杉謙信らの大名たちに「天下布武」の朱印の押捺された書状を発給しているが、上記の通説の「天下布武」の意味から判断すれば、毛利元就も上杉謙信も、信長がいずれ自分たちの領国である安芸国や越後国へ征服の軍勢を派遣する意思表示と考えるであろうことは想定にたやすいことである。

言い換えれば、彼らは信長から宣戦布告を受けたのと同等のこととなる。一方信長の側から考えても、まだ美濃の斎藤氏を滅ぼしたばかりの入京前から「天下布武」の朱印を使用するのは、あまりにも居丈高であるばかりでなく、戦略の上からも、かなり慎重さを欠いた行為であることは否めないように思われる。まだ自分の実力が漸く京都に入るかどうかという時点で、いずれ天下を統一するという野心を表明する必要は全くなく、却って諸大名の警戒を招き、反発を引き起こすだけの行為であると思われる。

実際の信長の行動をみてみると、上洛してからただちに諸国の大名の征服に着手したわけではないにもかかわらず、信長は、さまざまな宛先に向けて「天下布武」の朱印状を発給している。たとえば以下二通の「天下布武」の朱印状を検討してみたい。

(2)　友好関係の中の朱印状

史料Aは元亀元年七月に毛利元就に宛てたものである。元亀元年（一五七〇）から始まった越前の朝倉攻めについて、姉川の合戦に勝利したことを説明したもので、最後のところで、「畿内その外の躰、聞き届けられたき由」との元就の要望にしたがって認めたものという結びの言葉が記されている。

Ａ　元亀元年七月十日毛利元就宛朱印状（『毛利家文書』）

……若狭之国端ニ武藤与申者、企悪逆之間、可致成敗之旨、為上意被仰出之間、去四月廿日出馬候、……彼武藤一向不背之処、従越前加筋労候、遺恨繁多ニ候之間、直ニ越前敦賀郡ニ至て発向候、……畿内其外之躰、被聞届度由候条、有姿端々染筆候、猶追而可申事、……

これには「天下布武」の朱印が確かに押捺されてはいるものの、信長が毛利元就より上位の立場から命令しているような内容ではなく、対等な大名同士の情報の交換が行われている。そうした用途の書状に、「天下布武」すなわち「天下を統一する」という意思を表明する必要があるであろうか。少なくとも文書の上では、安芸に対する支配の意図は全く表明されておらず、むしろ友好関係を表明したものである。「天下布武」に関する通説的理解は甚だ疑問だといわざるを得ない。

次に史料Bは天正元年（一五七四）に上杉謙信に宛てて出した朱印状である。これは、前と後とふたつの部分に分けて考えることができるが、前半部分は一部のみ引用した。この部分は信長との対立によって足利義昭が京都を追われ、事実上室町幕府が滅んだといわれる、その経緯を上杉謙信に報告したものである。

B　天正元年八月二十日上杉謙信宛朱印状（『本願寺文書』）

……七月二日、公儀京都有御退座、槙島要害へ御移候、則取懸、……数多討捕、本城可攻崩之処、種々有御懇望、若君様被渉置、御退城之事……

……越中表貴国人数就被出、賀州一揆蜂起候由、風聞候、於其儀ハ、早速謙信有御発足、此刻可討果候、加州濃美《（能美）》・江沼両郡此方令悃望、相済候条、越州表罷出、一揆定而敗争不可有程候、無御油断御行肝要候、……

さて問題は後半部分であり、「越中表」への、謙信の軍勢が出陣したため、加賀の一向一揆が蜂起したとの風聞があり、謙信の「御発足」により（一向一揆が）討ち果たされるとの見通しを述べ、織田方も加賀の能美・江沼の二郡を服属させているから、一揆の敗北は時間の問題であると報告し、「御油断なき御行肝要に候」との、友軍に対するエールが送られている。この史料も、「天下布武」の朱印を押捺してあるものの、上杉謙信と対立するどころか友好関係、そして同盟関係の上に立って発給したものである。

史料A・Bに押捺された「天下布武」の朱印に、もし「天下を武力で統一する」「天下に武力で号令する」という意味があるとすると、両方とも手紙の中身とあまりにもそぐわない。書状の内容は友好関係・同盟関係を伝えるものであり、押捺された朱印では「自分はいずれ天下に号令する」、言い換えれば書状を受け取った大名の領国を征服することを表明する、というちぐはぐなことになっているのである。

このように考えれば「天下布武」という言葉の内容は、少なくとも、毛利元就の安芸支配、上杉謙信の越後支配と対立するものであるとは考えられない。言い換えれば「天下布武」は、毛利や上杉ら戦国大名自身の領国支配とは対立しない、むしろそれと共存する意味合いをもつとしか、考えられないのではないか。

「天下布武」の意味合いは、諸大名の領国支配と両立可能なものと予想できる。既に高木傭太郎氏が、織田信長の使う「天下」の語は、領国支配とは別である、ただし、領国支配より優先されるべきもの、との見解を表明しておられ、(2)川岡勉氏が室町将軍の「天下支配」と、守護大名の「国家支配」という二重支配として、室町時代の支配構造を構想されている。(3)将軍権力が地方においては影響力が期待できない戦国時代に、将軍の支配力が他の戦国大名の領国にも及ぶ二重支配が存在した可能性があるとは考えにくいものの、そのふたつが両立していた、という見方は十分可能であると思われる。

そこでまずこのことをてがかりとして、「天下布武」を考えたい。「天下」というのは何よりも広く一般的に使用された、その当時の政治秩序を表す言葉であるので、その用例をいくつか検討することにより、信長がいう「天下布武」の内実を考えたい。

2　「天下」と将軍・幕府

(1)　将軍を「天下」と呼ぶ事例

ここでは、「将軍のため」との意味を「天下のため」と表現している史料をあげたい。上意に従うことが天下に忠義を尽くすこと、との文意のものである。

史料Cは、当時の室町幕府の将軍側近大館常興の書状で、越後の守護代、実質的に領国大名であった長尾為景に宛てたものである。「上意として仰せ出だされ」た命令に、同心することが「天下」に対する「御大忠」であるとし、近国の者らは将軍を疎かにはしないと考えているから、越後のような遠国でも、将軍のたっての頼みに応え、将軍が京都に戻れるよう尽力せよ、との意である。

C（大永七年）五月二十三日大館常興書状（『上杉家文書』一—三四二）

為　上意被　仰出候之旨、目出、早速御一味被申候者、於天下御大忠不可過之候、近国之事者、各不被如在存候、遠国之儀候共、連々被聞召及、只今別而　御憑之上者、乍御無心、此時不日　御帰洛候様之調談専用候、……

この時足利義晴は細川高国と共に京都を追われた直後であり、敵方の足利義維と細川晴元を擁立した三好元長は堺に侵入していた。将軍が京都から退去を余儀なくされた状況の中で、将軍の京都帰還のために尽力することが「天下」に対する忠節であるとの認識が窺える。ここからは将軍という存在がほとんど「天下の持ち主」と意識されていたことが窺える。

史料Dは織田信長に擁立されて上洛を遂げた足利義昭の、豊後の大友宗麟に宛てた御内書である。

D（永禄十二年）二月七日足利義昭御内書案（『大友氏記録』〈義鎮〉）

豊芸間之儀、急度無事可然候、此刻四国退治候之条、同心肝要候、自然相方於及異儀者、対天下可為不忠間、……

この時豊後の大友氏は、安芸の毛利氏と戦闘状態にあった。その戦闘をやめること、すなわち「無事」が必要であり、足利義昭の命令する四国退治に従うことを命じ、それに従わない者は「天下に対し不忠」であると宣言している。ここでも、「将軍」と「天下」とを同一視していることがわかる。

こうしてみてくると「天下」というのは、日本全土を漠然と指す用例ももちろんあるが、具体的な対象としては、室町幕府の将軍に関わることを指している場合が非常に多いと考えられる。そしてこうした認識は織田信長にも共有されていたと考えられる。それを示すものが史料E①、史料E②である。史料E①は、足利義昭御内書、史料E②はその二日後に①をうけて出された織田信長の添状である。

E①（永禄十二年）二月八日足利義昭御内書（『上杉家文書』）

今度凶徒等令蜂起処、則織田弾正忠馳参、悉属本意、于今在洛事候、次越・甲此節令和与、弥天下静謐馳走、信長可相談儀肝要、為其差下智光院候也、……

E②（永禄十二年）二月十日織田信長書状（『上杉家文書』）

就越・甲御間和与之儀、被成　御内書候、此節有入眼、公儀御馳走簡要候、別而可被取申事、於信長可為快然候、……

まず、足利義昭の御内書は、前半で三好三人衆に六条の本圀寺で襲われたものの、三好三人衆を撃退することができたことを述べ、後半は越後の上杉謙信と甲斐の武田信玄が和睦して、「天下静謐」すなわち「天下」の平和のための馳走を、信長と共に相談して行うことを命じている。

次に信長の添状である史料E②をみると、足利義昭の命令の趣旨が繰り返され、この時に両方が和睦して「公儀」のために馳走することが要請されている。すなわち「天下静謐馳走」が「公儀御馳走」と言い換えられており、信長もまた、足利義昭の言うところの「天下静謐の馳走」が、将軍に対する「馳走」であると認識していたことがわかる。これが信長の「天下」に関する認識の一面を示していることは間違いないだろう。

こうしてみると、「天下」という言葉は、将軍あるいは将軍の命令に服従することと極めて密接な関係にあるということが想定できよう。

(2) 幕府政治と「天下」

それでは将軍と「天下」とはどのような関係にあるのだろうか。まず「天下」は将軍それ自体を指すとみられる用例があり、それが史料Fである。

F（永禄五年）正月十二日玄龍他連署書状（『毛利家文書』三―八五八）

……此芸・雲御和談事者、天下への御請申たる事ニ候、心底少も無表裏候、……

これは毛利氏の隣国の大名尼子氏の家臣が毛利家に宛てて出したものである。この時点で、毛利氏と尼子氏とは、足利義輝の斡旋により和睦の交渉中であり、それについて尼子氏の家臣の側から述べたものである。「芸・雲御和談」すなわち安芸毛利氏と出雲尼子氏との和睦は、「天下への御請け申」したことであると述べられており、この場合「天下」とは将軍足利義輝を指しているとしか考えられず、将軍すなわち「天下」ということになる。

次に「天下」は将軍自身を指すとはいえないけれども、将軍が係わるべき政治を「天下」と表現する事例もある。史料Gであるが、これは越前と加賀の間が戦闘状態で道が通じないことへの対処を、当時は加賀の実質上の大名であった本願寺へ申入れがあったことに対して、本願寺の証如が、即時には実現できない事情を弁明したものである。

G『天文日記』五年八月二十日条

二条殿御忍にて……御下向候ツ、……越前通路之事ニ付候て之儀也、……申事ニハ、越国之儀、左様ニ打擢、先々申候つれとも、調かゝり候へハ、つきもなく候たる事共候、今以同前候、又六角天下進退ニ申扱事候条、定而六角違乱可申候間、既上意なとも、六角に万事御尋候事候間、万端此分候間、御扱調かたく候……

六角定頼がほとんど「天下」を牛耳っているような状況で、その六角氏が越前の通路再開に関しては反対するであろう、既に「上意」すなわち将軍も万端六角氏に相談しており、すべてがこの調子であるから、（越前と加賀との）和睦は困難である、というのが弁明の趣旨である。ここにみえる「天下進退」は、将軍そのものを進退するというより、将軍が万事六角氏に相談して行っているものを指すとみるのが妥当であろう。そう考えれば「天下進退」とは、そもそも将軍が司るはずの政治を行うことであり、「天下」とは将軍が司るはずの政治である、ということになる。

史料Hも同様である。

H　天正元年五月二十八日佐久間信盛書状（『東京国立博物館所蔵文書』）

抑々天下之模様笑止成御事ニ候、雖然最前之五ヶ条并今度誓印之首尾、於信長聊不可有相違候、……

これは、いったん足利義昭を奉じて入京した織田信長が足利義昭と対立するに至り、足利義昭は二条御所に立て籠もり、織田信長は岐阜から軍勢を率いて入ってきて和睦を迫る、そういう状況の中で行われた和睦交渉において出されたものである。信長の武将佐久間信盛が、足利義昭側近の一色藤長に宛てたものである。「天下」の様子が、笑止千万なことになってしまったこと、しかし、義昭方から提案された五箇条と起請文に関しては、信長の方で違反しないことを述べている。ここで笑止千万になった「天下」とは、足利義昭と織田信長の関係を指すものであることは明らかである。

そして、これも広い意味での幕府政治であるというふうに考えることができよう。将軍そのものではないが、本来将軍が管轄する政治に関わるものであると考えることができる。将軍が本来管轄すべき幕府の政治を「天下」の語が指しているとみられる。

ところで織田信長もまた、本来将軍の管轄すべき政治を「天下」と認識していたと考えられる。そのことを示すのが史料Iである。天正元年七月足利義昭は織田信長と戦って敗北・降参して京都を追われ没落し、室町幕府が滅びたとされる有名な事件に関するものであるが、この書状は槙島城で戦いが始まる以前、義昭が京都から出奔した段階で、毛利輝元が信長に音信したことに対して信長が返書したものである。

I（天正元年）七月十三日織田信長書状（案）（『太田荘之進氏所蔵文書』）

御逗留不実候之条、定於遠国可為御流落候歟、誠歎敷候、不時御退座之子細、甲州武田病□、越前之朝倉不可有差働候、□□以下不足数候間、別ニ可被及御行之□《(様)》無之候、如此之由、況天下被棄置上者、信長令上洛取静候、将軍家事、諸事遂議定可随其候、不相易御入魂珍重候、……」

足利義昭が遠国へ没落したと考えられることを歎き、義昭の突然の京都放棄という事態に、甲斐の武田信玄は病死し、越前の朝倉義景は大した働きもできないという現状を説明し、そういう状況の中で将軍が「天下を棄て置かれた」から、自分自身が「上洛せしめ取り鎮めた」との現状を報告し、将軍家の将来に関しては（諸大名）との合議に従うつもりであることが表明され、毛利氏が信長と友好関係を維持していることへの感謝の念も表明されている。

さて「天下を棄て置かれた」と述べている、その「天下」は明らかに将軍の職務である幕府政治のことと考えられる。将軍の職務放棄という緊急事態に対し、一時的に信長自身がそれを掌握したのであり、本来それを掌握すべき将軍のことに関しては、「諸事議定を遂げそれに随ふ」ことを表明している。「天下」は、非常事態には一時的に信長が掌握する場合があるものの、本来は将軍が掌握すべきものであり、信長本人ではなく「議定」こそに、その決定が委ねられるべきであるとの信長の認識を窺うことができよう。

以上の「天下」の用法をみると、将軍の掌握する幕府政治、ないし将軍に象徴される秩序を「天下」の語が表現していると考えられる。

(3)　中央における評価の主体

一方これ以外に将軍との関係のみいだせない「天下」の用例がみられる。織田信長が足利義昭に、その政治を糾弾して突きつけた有名な一七ヶ条の条書に出てくる「天下執沙汰」「天下之褒貶」という表現である。」『尋憲記』元亀四年二月二十二日条

一、元亀之年号不吉候者、かいけん可然之由、天下執沙汰仕候付而、……于今遅々候、是ハ天下之御為候処、如此御油断、不可然存候事、

……

一、……或御代官職被仰付、或非分公事被申次候事、天下之ほうへん沙汰限存候事、

ここでの「天下」というのは、将軍でも重視して従うべき世間の噂、評判の類を指すものである。そしてそれに従うことが「天下之御為」(将軍を含めた幕府政治の利益)であるとの認識が窺える。とりあえず将軍とは別のもので、こういう「天下」は日本全体を指すとみることもあるいは可能かも知れない。そこで次に「天下」が、地理的にどういう範囲を具体的に指しているかがわかるような史料上の表現に注目して行きたい。

3　「天下」という君主国

(1)　畿内を指す用法

さて「天下」とは具体的にどういう地域を指すのであろうか、結論的に言えば、畿内を指す用法がかなり多い。ま

ずはこの事例の多いイエズス会関係の史料をみることにする。(4) 最初に『日本史』の著者として著名なルイス＝フロイスの報告書である。

K　一五八二年十一月五日ルイス＝フロイス書翰（『十六・七世紀イエズス会日本報告集』Ⅲ六、一一九頁、CEV Ⅱ f. 61v.）

……また、戦さにおいては恐れを知らず、気質は寛大で策略に長け、生来の知慮を備えているので絶えず日本人の心を摑み、後には公方さえも都から放逐して日本の君主国、すなわち天下と称する近隣諸国の征服に乗り出した。……

L　一五八四年一月二日ルイス＝フロイス書翰（『十六・七世紀イエズス会日本報告集』Ⅲ六・二〇五頁、CEV Ⅱ f. 92）

……本（書簡）と共に巡察師アレシャンドゥロ＝ヴァリニャーノに宛てた別の書簡においては……信長の死後、日本で生じた戦さと諸事の状況、ならびに天下、すなわち、都に隣接する諸国からなる君主国の支配と政治を誰が手にしたかを記してある。……

史料Kは、本能寺の変の後に織田信長の人となりを回想したものである。この史料は松本和也氏がすでに引用されているが、(5) ここに信長が「天下と称する近隣諸国」の征服を行い、その「天下」が「君主国」であると記されている。君主国の意味は今一つ不明瞭であるが、少なくとも、「近隣諸国」との表現から京都の周辺諸国が「天下」と称する地域であることがうかがわれる。

史料Lも同様である。「天下、すなわち都に隣接する諸国からなる君主国の支配と政治を誰が手にしたか」を記したとあるように、これも「天下」を「都に隣接する諸国からなる」領域であるとしている。

それが、もっとはっきり書いてあるのが史料Mである。

M　一五八八年二月二十日ルイス＝フロイス書翰（『十六・七世紀イエズス会日本報告集』Ⅲ七、一六一頁、一部改変、CEVII. ff. 188–188v.）。

……尊師も定めてご存知のことであろうが、日本全土は六十六の国に分かれている。……その中で最も主要なのは日本の君主国（Monarchia）を構成する五畿内（Goquinày）の五つの王国（Reinos）である、というのはここに日本全土の首都である都があるからである。そして五畿内の君主となる者を天下の主君（senhor da Tenca）、即ち日本の君主国の領主と呼び、そのもてる権力と幸運とに合致するだけ、天下の主君である者はその他の国々（os mais reinos）を従えようとするのである。……

これは明白に五畿内を「天下」なる「君主国」の領域とし、その支配者を「天下の主君」と呼んでいる。と同時に、「天下の主君」とその他の国々との間に、一定の主従関係のあることも窺われよう。

次にイエズス会の日本副管区長を務めていたガスパル＝コエリョも同様の認識を示していたことが史料Nから知られる。

N　一五八九年二月二十四日ガスパル＝コエリョ書翰（『十六・七世紀イエズス会日本報告集』Ⅰ一、八八頁〈一部改変〉、CEVII ff. 260–260v.）

……それ以後、内裏は日本の統率権を剝奪され、今は屋形と呼ばれる諸々の諸侯がおのおの抑えうる土地を占領している。統率権の大部分は、特に都の周辺に位置する五畿内なる五つの領国を占領した武将と領主の手中に帰するのが常である。内裏は絶えず日本の普遍的君主としての栄誉と名声に飾られてはいたけれども、現実はこの時期に何らの指揮権も権力も有してはおらず、天下の主である連中から与えられるもので、みすぼらしく貧しく、その身を養っていたにすぎない。天下とは日本の君主国のことであり、都および周辺の国々の支配権を持つ者もそう称する。……

戦国時代の「内裏」すなわち天皇、朝廷がいかに名ばかりの存在として内実は貧しかったのかを叙述したものである。「天下とは日本の君主国のことであり、都および周辺の国々（前後関係から五畿内を指すと思われる）の支配権を持つ者もそう称する」とある。要するに五畿内が当時「天下」と認識されていたことが、これらの史料からわかるのである。以上天下びと（将軍も含むであろう）が京都と五畿内を支配し、それ以外の諸侯が周りの領国を支配するという構図を、少なくともイエズス会の宣教師は日本社会について有していたことが窺える。

次にイエズス会ではないが、同じくヨーロッパ人でイスパニアの商人であるアビラ＝ヒロンの証言がある。(6)

○『日本王国記』第一章第六節（佐久間正他訳、大航海時代叢書Ⅺ、岩波書店、一九六五年、八四頁）

現在の日本の国王は、五畿内 Goquinay と呼ぶ天下 Tenca の五つの国と、彼が天下 Tenca をその手に収める前に、領主であった自領の三河 Micagua、金銀の鉱山、彼にとって莫大な利益となっている長崎の市、それに毎年彼に上納される贈物——その中でも正月 Jonguatz のそれは数えきれない……これだけを彼は領有しているに過ぎない。

これもまた「現在の日本の国王」すなわち徳川家康の手中に収められた、「五畿内と呼ぶ天下の五つの国」を明確に記述するものである。とくに家康の時代にも、「天下」が依然五畿内に限定されていたことを窺わせる点で注目される。

ところで、こうしたヨーロッパ側の史料に対して日本側のそれはどうか。第一に、豊臣秀吉（当時は羽柴を名乗る）が、織田信孝家臣の斎藤利尭・岡本良勝に清州会議の結果を伝えた有名な書状をあげることができる。

P『金井文書』（天正十年）十月十八日豊臣秀吉書状（『愛知県史』資料編一二、織豊二）

一、坂本之儀、我等取□ニ可仕由各雖被申候、坂本を持候ヘハ、天下をつゝミ候て、筑前天下之意見をも依申度、志賀之郡を相抱候与人も存候ヘハ、少之間も其以為迷惑ニ存、賢人をさはき、五郎左ニ相渡候事、

そこでは皆が、秀吉こそ明智光秀の旧領近江国志賀郡を領するべきであると言ったけれども、もし坂本領を知行すれば、秀吉自身の所領が「天下を包み候て」、すなわち包囲するように配置され、そうした地の利によって「天下」の御意見番になりたいのだ、と勘繰る人もおり、それは迷惑なので、志賀郡は丹羽長秀に譲ったと述べている。近江国志賀郡が「天下」に隣接するとの認識が窺えよう。

第二は次の史料Qである。

Q『甲州法度之次第』（二十六箇条本第一五条）

一、耽乱舞、遊宴、野牧、川狩等、不可忘武道、天下戦国之上者、抛諸事、武具用意可為肝要、

「天下戦国の上は」を「現在は日本全体が戦乱の時代だから」と解釈するならば、甲斐でも当然内乱などの状況が想定されよう。そうであれば「乱舞」「遊宴」の禁止と「武具の用意」などの命令は当然すぎる対応であり、特に法令に謳う必要など考えられない。すなわちこれは一般的に戦乱に備えよ、との言わずもがなの説諭ではなさそうである。

また「戦国」の語は、現代でいう乱世という意味の他にも、この時代独特の意味のあることが知られている。すなわち『日葡辞書』ではこれを「せんこく」と読み、「戦の国」、つまり戦争している国、または戦争の起こっている国という意味をあげている。そうすると、「天下戦国之上者」というのは、「天下」は今戦いが起こっている地域であるから、と解釈できよう。『甲州法度之次第』の最初の二六箇条が出された天文十六年（一五四七）三月に細川晴元の

襲撃があり、将軍足利義晴との間に抗争が起こっている。そして七月には細川晴元が足利義晴を京都から追放し、畿内は内乱状況になるのである。

だからこの条文は、畿内は戦争が起こっており、軍隊を動かさなければならないような事態は当然予想されるから、武道を忘れてはならず、戦さの準備が肝要であると解釈する余地は十分あると思われる。そのように読めれば、やはりここでも「天下」とは将軍が関わっている畿内のことと考えられよう。さらに第五章で言及した「天下へ上洛せしめ」と述べる上杉謙信の願文（一〇四頁）も、この点を裏づけるものといえよう。

以上少なくとも織豊期に関する限り、通常「天下」の領域は五畿内であると認識されていたと考えることができる。

(2) 義昭・信長の「上洛」と畿内平定

「天下」が京都と五畿内との、将軍支配下の領域を指す語であるとすると、足利義昭を奉じて織田信長が入京した直後の、義昭と信長の行動は極めて興味深いものとして注目される。従来は義昭・信長の入京それ自体が、織田政権の発足とみなされがちであったように思われる。しかし実際は単に入京しただけではなく、足利義昭とともに、いやむしろ足利義昭を奉じて周辺を平定する軍事行動に向かっている。言い換えれば、上洛は畿内とその周辺を平定するための出発点だったのである。

この経緯は既に『大日本史料』に詳細に史料があげられているので、詳しくはそちらを参照されたいが、まず山城国青竜寺城に立て籠もる石成友通を降参させると摂津に進軍し、池田氏の池田城など三好三人衆の拠点を攻撃し、摂津国芥川城に入城した。さらに三好義継は降参して河内国飯森城に入り、同じく松永久秀も降参して、大和攻略の先導役を務めている。大和には細川藤孝・和田惟政の率いる幕府軍と、佐久間信盛の率いる織田軍とが侵攻している。

こうした一連の軍事行動により畿内各所を服属させ(7)「天下一同に喜悦の眉を開き」「天下御存分に属し」(『信長公記』巻一)、将軍は京都に凱旋したのである。

こうしてみると、信長は将軍を連れて入京し、そして畿内を平定し凱旋するという一連の戦争を遂行したといえよう。そして信長が朱印で表現していた「天下布武」というのは、このことではないかと推定できるのである。

(3)「天下静謐」の認識

織田信長のいう「天下布武」が畿内の征服であると推定する根拠の最大のものは、信長がこの後「天下静謐」が実現したと述べていることである。たとえば史料Rの、伊達輝宗に宛てた朱印状である。

R　(天正元年)十二月二十八日織田信長朱印状(『伊達家文書』)

……仍天下之儀、如相聞候、公儀御入洛令供奉、城都被遂御安座、数年静謐之処、甲州武田・越前朝倉已下諸侫之佞人一両輩相語申、妨公儀、被企御逆心候、……然間為可及其断、上洛之処、若公被渡置、京都有御退城、……其以来若狭・能登・加賀・越中皆以為分国、属存分候、……

足利義昭が京都から追放されてまもない時期のものであるが、天下のことは知られているように、将軍上洛に自分が供奉し、京都に「御安座」して以来「数年静謐」だったと述べているのである。義昭の上洛の結果を、信長がどのように認識していたかをよく窺わせるものといえよう。

また次の史料Sは、同様の信長の認識を窺わせるものである。

S　永禄十三年正月二十三日足利義昭・織田信長条書(『成簣堂文庫所蔵文書』)

一、天下御静謐之条、禁中之儀、毎事不可有御油断之事、

織田信長が足利義昭に五箇条の条書をつきつけたとされる、有名な史料の一節であるが、「天下御静謐」を（義昭が）なしとげた以上、朝廷への奉仕を怠ってはならないと述べていることが注目される。永禄十三年（一五七〇）正月、朝倉・浅井との戦いが始まる以前の時点で既に、信長は「天下」が「静謐」になったと認識し、義昭に対してもそう表明しているのである。この点から考えても、信長の言う「天下布武」とは、義昭を京都に置いて、五畿内の将軍を中心とする秩序が回復すること、つまり永禄十一年に実現した事態を指しているとみて大過ないように思われるのである。

(4)　将軍を「京都」と呼ぶ事例

これまで「天下」の語を中心に検討してきたが、この「天下」が指す将軍、その支配、及び支配領域などを「京都」と呼ぶ場合もある。史料Tは、足利義輝の、永禄二年吉川氏に宛てた御内書である。出雲の尼子氏と和睦するように、毛利元就・隆元に対して使者・御内書を遣わしたことに対し、吉川氏からも意見を加えて、「弥京都の儀馳走せしめば」神妙であるとの言説から、「京都の儀」が、今までみてきた「天下之儀」とほぼ同じ意味に使用されていることがわかる。

T　（永禄二年）五月十三日足利義輝御内書（『吉川家文書』一―四六一号）

雲州令和睦、可抽忠切《ママ》之趣、対元就・隆元差下使僧、遣内書候、加意見、弥京都之儀令馳走者、可為神妙、……

「天下」を「京都」と言い換える理由は、「天下」が京都を中心とした五畿内を指すということからであると考えられるが、ここで注目したいのは、「天下びと」の支配領域が、たとえば豊臣秀吉の時代のように拡大していっても、やはり依然として「京都の儀」も用いられているという点である。史料Uを検討したい。

U（天正十七年）七月二十二日施薬院全宗書状（『伊達家文書』一―四二八）

今度於会津被及一戦、被属御本意趣、以飛脚被仰上候、蘆名方事、連々御礼申上、御存知之仁ニ候、以私之儀、被打果候段、御機色不可然候、以　天気、一天下之儀被　仰付、被任関白職之上者、相替前々、不被経京儀候者、可為御越度候条、……

豊臣秀吉の奥州の停戦令にかかわる、施薬院全宗の書状である。前半で伊達氏が勝手に蘆名氏と戦争を始めたことを咎め、「私の儀」による戦争が秀吉の不興を買ったことを通達し、秀吉が「一天下の儀」を天皇から命じられた以上、以前とは異なり「京儀」を経ずに戦争をすることは不法である、と述べている。この「京儀」は史料Tの「京都の儀」とも、これまでみてきた「天下」の儀とも同様の意味であろう。やはり足利義輝の時代と同様の用語法を用いていることが注目されるのである。

このことから、ただちに足利義輝時代の「天下」の内実と、豊臣秀吉時代のそれとが同じだとはいえないことはもちろんであるが、同様の言葉が用いられている点はやはり無視できないように思われる。少なくとも領域的な支配権の拡大のみで、ただちに概念的な内容を一変させるような、質的な飛躍をもたらしたとはいえないように思われるのである。むしろ〇でみたように、徳川家康の時代にも、「天下」は五畿内に限定されていた可能性を考慮すると、秀吉時代の「天下」と、義輝期のそれとが同一であると想定する余地もあろう。

それでは、いわゆる「天下統一」とは、信長・秀吉・家康の時代のどの段階に求めるのが妥当であろうか。次にその点を考えるために近世の「天下」の事例をいくつか紹介したい。

4　近世の「天下」

(1)　近世の「天下」「国家」

史料V、Wは共に九州で起こった有名な島原の乱に関する史料である。史料Vは原城に立て籠もった一揆に対する、幕府軍総大将松平信綱が、一揆方に回答を求めた詰問を記したものである。

V　(寛永十五年)正月中旬松平信綱書状(『新撰御家譜』鶴田倉造編・松本寿三郎監修『原史料で綴る天草・島原の乱』七〇七頁)

態一翰申遣候、今度古城ニ楯籠、成敵条無謂、併天下ニ恨有之哉、又長門一分の恨有之哉、其恨一通ニて有之は、如何様共叶望、為遂和談下城仕、帰本所之家宅、時分催耕作、如前々堪忍一廻成覚候条、当時為飯米二千石可遣候、……

籠城の理由を尋ね、「しかしながら天下に恨みこれあるや、又長門(島原藩主松倉勝家)に一分の恨みこれあるや」と問いかけており、その「恨み」に理由があれば和睦に応じてもよい旨を表明している。一揆の遺恨の対象は「天下」か「長門」かという問いかけから、「天下」すなわち将軍の政治と藩主による藩の政治とを区別して尋問していることが確認される。すなわちこの当時の認識としても、「天下」の支配と藩の支配とが別物と考えられていたことがわかる。

史料Wは、幕府の鎮圧軍に従軍した島津家久が島津軍に対して定めた軍の掟である。

W　寛永十五年正月十三日島津家久軍掟(『薩藩旧記雑録』前掲『原史料で綴る天草・島原の乱』七一六頁)

……天下之御奉公ニ候間、諸軍衆為心一、国家之為を可存事、……

「天下之御奉公」すなわち将軍に対するご奉公であるから軍隊は心をひとつにして「国家之為」、つまり薩摩のためを考えるべきである、と記されている。すなわち戦さは将軍への忠義を尽くすためのものであり、そこでなされた軍功は、「国家」すなわち薩摩藩のためのものだというのである。ここでも「天下」が将軍の領域、それから「藩」「国家」が大名の領域と区別された認識が窺える。

そしてこの点に関しては、『葉隠』の次の記述からも裏付けることができる。

X　『葉隠』聞書十一・一六九（和辻哲郎他校訂、岩波文庫、下・二一八頁）。

天下国家を治むると云ふは、及ばざる事、大惣の事の様なれども、今天下の老中、御国の家老・年寄中の仕事も、この庵にて咄し候事より外はこれなきものなり。これにて成程治めてやる事なり。

ここでは「天下」の「老中」と「御国」の「家老・年寄」とが対比的に捉えられており、『葉隠』の著者山本常朝も「天下」を幕府、「御国」を藩と考えていることが窺える。

それでは「天下」、「国家」双方は果たして併存しているのであろうか、単に中世の慣例的呼称のみが残存しているのであろうか。次にみるように、「天下」で行われる法律と「国家」で行われるそれとが異なる、という事実はあったように思われる。

(2)　「天下」の法と「御家」の法

史料Yは会津藩の『家世実紀』にみられる延享元年（一七四四）の記事であり、処刑されようとする罪人の助命を試みて役人に拒否され、助命に失敗した僧侶の、会津藩に対する抗議を記したものである。

近世でも僧侶は常人とは異なる行動が許され、中世以来行ってきたように、処刑されるはずの犯罪者の助命を嘆願し、それがしばしば当局の受け入れるところとなり、助命が実現したことが知られている。近世僧侶の助命の作法として、処刑場に僧侶が出向き、処刑される寸前の罪人に袈裟を投げかけて助命嘆願し、それが受け入れられることが実際にあったことが氏家幹人氏により明らかにされている(8)。

会津藩を訪れた光雲という僧侶はこれを行ったが、藩側はその嘆願を受け入れず処刑してしまったところ、光雲は出家としての自分の面目をつぶされたとして藩に抗議した。藩側では相手が僧侶ということもあり、ともかくもその言い分を聞くこととしたが、史料Yに述べられているのはその言い分である。

Y『家世実紀』延享元年五月二十五日条

法とて者無之候得とも、罪人ニ袈裟を懸、助候儀、仏法最第一之所作、出家之執行来候義、……会津者御家之御法、仮令御三家ハ不及申、天下之奉行所ニ而も御法と被仰聞候儀、如何ニ候、罪人を救候義不相成義ニ候ハ、、御触も可有之義、拙僧ハ御料所之者ニ候処、先達而救候者有之候故、申候、天下之法者、袈裟を懸候而、救候義相成事ニ候、……(傍線引用者)

会津藩の役人が、助命を許すという法はどこにあるかと尋ねたことに対し、特に法というものはないが、これは「仏法の最第一の所作」であり「出家の執り行ひ来り候」ことであると述べたあと、助命を許さないという会津の法は「御家の御法」であり、たとえば「御三家は申すに及ばず、天下の奉行所にても御法」であるとの会津藩側の主張は疑問である、自分は「御料所の者」すなわち幕府直轄地の者であるが、このような助命がなされていることを知っていると述べ、「天下の法は、袈裟を懸け候て、救ひ候儀相なることに候」と断言している(傍線部)。ここでは、会津藩の「御家の御法」と「天下の法」とが違うという主張が明確にされているが、その背景にあるのは、藩の支配と

「天下」の支配とが異なる法によることは当然であるとの認識である。

すなわち十八世紀半ばに至っても、「天下」の支配とは異なる藩の支配、すなわち「国家」の支配が行われていたことが想定できるのである。もちろんここでいう「天下」が、京都を中心とする五畿内であるとはただちにみることはできない。「御料所の者」との発言からみれば、幕府直轄領を含め将軍が支配する場所は「天下」であると解釈することもできるし、この場合の「天下」とは単に幕府を指すものであるから、その領域に関する言説ではないとみることも可能であろう。ただし将軍の「天下」と大名の「国家」との併存という政治構造に関しては、中世末とつながっている可能性も考えられるのではなかろうか。

おわりに

ふつう中世末の「天下統一」の出発点は織田信長とされている。そしてその実現者は関東の北条氏を滅ぼして「天下統一」をなしとげた豊臣秀吉とされ、さらに最終的には徳川家康により「天下一統」の世が完成するとされている。もちろん、これは政治史の一面を的確に捉えた見解である。

しかし「天下」の内実についていえば、織田信長自身が日本全体のことと考えていたとは思われないことは縷々述べた通りである。またいわゆる「天下統一」の最終段階に至っても、「天下」が依然「京儀」と認識されていたことをみれば、「天下」が秀吉の統一事業と共に日本全体に拡大していくというわけではないようである。そして近世の事例を考慮すれば、「天下」と「国家」の併存という政治構造はかなり長期にわたって日本社会を規定してきたとみることもできるのではないだろうか。

註

(1) この点に関する研究は、枚挙にいとまがないが、代表的な先行研究として、朝尾直弘「将軍権力の創出(三)」(『歴史評論』二九三、一九七四年。同『将軍権力の創出』岩波書店、一九九四年)と、佐々木潤之介「信長における『外聞』と『天下』について」(『新潟史学』八、一九七五年。藤木久志編『織田政権の研究』吉川弘文館、一九八五年)とをあげておきたい。

(2) 高木傭太郎「織田政権期における『天下』について」(『院生論集』〈名古屋大学大学院文学研究科〉九、一九八〇年、前掲『織田政権の研究』)。

(3) 川岡勉「室町幕府―守護体制の変質と地域権力―」(同『室町幕府と守護権力』吉川弘文館、二〇〇二年、初出二〇〇一年)。

(4) イエズス会が一五九八年にポルトガルのエヴォラで出版した、いわゆる『日本通信』(Cartas qve os padres e irmãos da Companhia de Iesus escreuerão dos reynos de Iapão……de 1549 até o de 1580, Evora 1598) 二巻を以下 CEV I, CEV II と略称する。

(5) 松本和也「宣教師からみた信長・秀吉」(堀新編『信長公記を読む』吉川弘文館、二〇〇九年)。

(6) 水本邦彦氏の御教示による。特記して謝意を表したい。

(7) 拙著『戦国乱世を生きる力』(〈日本の中世一一〉中央公論新社、二〇〇二年、二一六頁)、山田邦明『戦国の活力』(〈日本の歴史八・戦国時代〉小学館、二〇〇八年、二六七頁)。

(8) 氏家幹人「法会のサンクチュアリ―ある処刑場の風景―」(『かがくさろん』四、一九八七年)。同『江戸藩邸物語』(中央公論社、一九八八年)。なお史料Yに関する分析も前記両論稿でなされている。

補論三　戦国期の「国」観念

はじめに

第五章と補論二によって、中近世移行期の日本社会が、将軍ないし「天下人」の支配領域である「天下」と大名の支配領域である「国家」という、二つの要素から構成されていることを論じてきた。特に「天下」が、諸大名の支配領域である「国」と併存しつつも独立した存在であることを強調した。しかし一方の「国家」については具体的に言及して来なかったので、「国家」の「国」も、一定の独立性をもった社会集団であることを確認しておきたい。「国家」は『日葡辞書』に「国と家と、または国と一族と」(reinos & casas, ou familias) とあるように、「国」と大名の「家」(一族) とを一体のものと捉えた言葉であり、さしあたり問題としたいのは「国」である。

自ら統治する「国」(「国家」) を、戦国大名が自身の権力を超越したものと捉えていたことを最初に指摘されたのは勝俣鎮夫氏である。その「国家」は「国家の構成員たる……国民すべてに対しその生存権を含めた保護義務を負うとともに、彼等に対し独自の絶対的支配権をその属性としてもつもの」と意識されており、その主権者は大名であるものの、大名の定める「国法」は「国家意志の発動形態」であり「大名権力＝公儀の直接的権力意志の発動形態としての法ではない」と大名自身により把握されていたという(1)。

その論拠として勝俣氏があげられたのは、北条氏が発した人改め令の一節にある「抑も斯様の乱世の時は、さりとてはその国にこれある者は罷り出で、走り廻らずして叶はざる意趣に候処、もし難渋せしむるにつきては、則時に御成敗を加へらるべく候、是れ大途の御非分にあるまじきものなり」(『清水淳三氏所蔵文書』〈元亀元年〉二月二十七日北条家朱印状、『戦国遺文』後北条氏編第二巻一三八五号、以下戦北二・一三八五の如く略記)との文言である。「国」存亡の際に従軍することが国民の義務であるという、ここで表明された一般原則は、国家の絶対的支配権の表明であり、この原則に違反した者に対する処罰は大名権力(「大途」)の恣意的な行為ではないことが強調されている、とされたのである。

勝俣氏の見解は、大筋として承認されているものの、現実の戦国大名領国において「国」の論理が、戦国大名の主張する通りに貫徹していたか否かについては批判的指摘もある。たとえば「国」の特質として、大名権力からの超越よりも、むしろ大名家当主の人格的・権力的な要素を重視する久保健一郎氏の見解があり(2)、「国」を「地域公権力により平和・秩序が維持される政治的領域」であるが、「支配の主体である公権力掌握者(governor)とは不可分の関係」にあるとする池享氏の見解がある(3)。

しかしこれらの批判は勝俣氏が提示した「国」理念の内容についてのものではなく、「国」の現実と理念との懸隔を指摘するものである。確かに、たとえば軍事動員などの際には戦国大名の人格的権威が力を発揮した局面もあるが、勝俣氏自身「大名がその(「国」の――引用者)主権者であることはいうまでもない」ことを前提した上で「理念的には大名権力から超越」しているとされている以上、こうした指摘は織り込み済みではないかと思われる。

筆者が問題としたいのは、この「国」理念が主張された事情や背景、言い換えれば、この観念に対応する「国」という社会集団の規範や実態である。勝俣氏によれば「守護の支配の客体」である「国」を前提とし、その中に「国民意識」が成立した「国共同体」ということになる(4)。しかし「国共同体」の具体的内容は、国質などにみられる「国民意識」という以上には説明されておらず、内実が今一つ明確でないとの印象は拭えない。

また「国民」による「国」観念の受容、ないし大名と「国民」それぞれによる「国」観念の共有という論点は、これまで殆ど検討されていない。(5) 筆者も現在のところ、正面からこれを論じる準備はなく、とりあえず「国」について手がかりになりそうな諸特徴を、比較的史料に恵まれている北条領国を中心に検討し、考察の方向性を提起したい。

1　「国」の超越性について

まず「国」観念の大名権力からの超越性について簡単な確認をしたい。「国」観念が大名権力に超越するものとして意識されている事例は、「はじめに」で述べた史料（及び『高岸文書』二月二十七日北条家朱印状戦北二・一三八四）以外にもいくつかあげることができる。

第一に永禄十二年（一五六九）十一月に伊豆・相模・武蔵の三ヶ国に、「国中境目の仕置き」のために寺領・社領のそれを含めて国住民に「人足」を命じた朱印状である（『陶山静彦氏所蔵江成文書』戦北二・一三三九）。ここでは「苦労に存じ候へ共、御国静謐のために候間」小田原城普請のために尽力すること、人夫の未進や勤務日数の不足は「曲事」であり、「惣国の掟」に任せて罪科を与えることが明記されており、「御国静謐」のために、通常は治外法権的特権にまもられた寺領・社領の住民にも義務が課せられている。

第二にその逆もあり、北条氏や城主にとっては処罰すべきものとみなされる存在であっても、「国」のためには保護し、戦争における忠節を命じている事例もある。

『岩本院文書』四月七日北条氏勝判物（戦北五・三七〇〇）

江島近年無届ニ候へ共、此節ハ御国之為ニ候間、加敗申付候、玉縄衆之儀、手堅申付候間、無相違候、敵説節々可致注進候、……

江ノ島の岩本院は、近年ふとどき（「無届」）であるが、この度に「御国」のために「加敗」すなわち保護を申しつけること、その上で「敵説」（敵方の情報であろう）を注進することを命じたものである。北条氏勝（玉縄城主）の立場から「不届き」と評される寺院であっても、「御国」のためには玉縄衆により保護を与え、その代わりに忠節を促すという点に北条一族の城主の権力を超えた「国」の価値が認識されていることが窺えよう。

第三に領国民にとって「国」が不可欠の存立基盤であることを説くものである。

『金室道保氏所蔵文書』（天正十年）十月十一日北条氏政書状（戦北三・二四三〇）

……此度候間、何分ニも抛名利共ニ、為国家与無内外御走廻尤候、国家無相違候へハ、旁者其ニ随、何程成共名利可立事、勿論之事ニ候、如何ニ当意結構からせ候共、国滅亡候へハ、旁者其ニ不随而不叶候、不及申候、……

「国家」さえ安泰ならば、あなた方の方もうまく行き「名利」も立つが、如何に当座うまくいったようにみえても、「国」が亡んだらあなた方も望みが叶わないのだ、という北条氏政の説得は、たとえ一族である北条氏邦に向けられたものであったとしても、北条氏一族の特権者にのみあてはまる論理と捉えることはできないだろう。「名利」ともに抛つべしとの自己犠牲が、「国」の名において要求されている点からみて、一般の領民に対する「御国」のための動員と同様の論理と考えられ、「国」こそ、いわば「国民」の存立基盤であるとの一般論が展開されていると考えられる。

以上の事例からみると、「国」が大名のみならず領民層に至る、いわば「国民」全体から超越した価値であり、「国民」全体の存立基盤と考えられていたことは、明白であると考えざるを得ない。従って、勝俣氏の見解は十分承認できるものといえよう。なぜか、以下にその理由を考えていきたい。

2　共同体としての「国」

(1)　領国大名との一体化

最初に、戦国大名自身にとって「国」がどのような存在であったかを探るところから考えて行きたい。検討するのは次の史料である。

『古証文』六（天文十七年）三月十一日北条氏康書状（戦北一・三二九）

……仍三州之儀、駿州へ無相談、去年向彼国之（被カ）起軍、安城者要害則時ニ被破破（ママ）之由候、……就中、駿州・此方間之儀、預御尋候、近年雖遂一和候、自彼国疑心無止候間、迷惑候、……

織田信秀に宛てられた北条氏康の書状であるが、その中で、三河の大名松平氏が「三州」、駿河の今川義元が「駿州」また「彼国」と呼ばれているように、領国大名がその領国と一体化した、いわば擬人化された名称で呼ばれていることが注目される。

そしてこのような領国と一体化した大名家の名称は、決して支配領域の拡大につれて変化していくようなものではなかった。

『上杉文書』（永禄十二年）正月七日北条氏照書状（戦北二・一一三六）

……抑如露先書、駿・甲・相親子兄弟同前之間ニ候処、国競望之一理ヲ以、信玄駿州へ乱入、今川殿府中敗北、遠州懸川之城江被相移候、……

永禄十二年(一五六九)の時点で、武田信玄は既に甲斐国に加えて、信濃国の領国化を進めていたし、北条領国は相模のみならず、武蔵・伊豆へと拡大していたはずである。にもかかわらず、この時点では武田信玄の領国は「甲」(甲斐国)と呼ばれ、北条氏の領国は「相」(相模国)と呼ばれていた。既に毛利氏について池享氏は、「「自国」とは版図の拡大に対応して広がるものではな」く、本拠である安芸が意識され続けており、「後の羽柴秀吉との停戦が「京芸和平」と意識されるのも、その延長」とされ、「山名韶熙が、天正三年(一五七五)に毛利氏と和睦したさいには、……「芸但御和与」と表現」され、「双方の本拠である但馬と安芸が「当国」・「貴国」と意識されている」(6)と指摘しておられる。

領国大名と一体化された「国」とは、上記の事例からも推定できるように、単なる勢力範囲ではない。領国大名の、その時点における支配領域を指す言葉としては、しばしば「分国」なる語が用いられた。たとえば北条氏は、「然れども人返しの事、前々は豆州の者に候共、駿・豆各別の時駿州へ相移り、その儘拘へ来る。去巳歳(永禄十二年)駿州当方分国に落着す。翌年午歳譜代の筋目をもつて弥勒寺へ許容は非分に候、……」(「判物証文写」今川二、天正六年十二月二十日北条家朱印状写、戦北三・二〇三九)と述べている。今川氏真の没落により駿河は北条氏の「分国」になった以上、駿河・伊豆共に北条氏の処断に包括されることになり、元は今川領国であった駿河国に欠落ちした伊豆国住民にも、人返しが適用されることになったのである。

「分国」はこのように現時点での現実の支配領域を指している。「分国中諸旦那の儀、相違あるべからず候、自然横合等これあるにおいては、その時承るべく候、則ち披露を遂ぐべく候条、無沙汰あるべからず候」(『萬私用覚帳』三月十三日石巻家種書状、戦北二、九三七)との、「分国」に意味も全く同様に考えられる。

これに対して上記のように、領国大名と一体化、擬人化された「国」の用法は、「分国」とは明確に異なっている。

戦国大名個人の行動様式が、「国」の行動様式とも同一視される局面もみられた。北条氏綱は武田信虎を「甲州之儀も、武田信虎頻りに和談の事、申され候……彼の被官荻原備中守半途へ罷出、これを歎き候間、信虎に対し意趣なく儀候上、先ず申すに任せ候、但し彼の国の事、例式表裏申す方に候間、始末の儀如何」(『上杉文書』〈大永四年〉十一月二十三日北条氏綱書状、戦北一・六五)と評している。北条氏綱にとって、ともすれば「表裏を申す」武田信虎は、「彼の国」すなわち「甲州」そのものであった。

「国」は領国大名と一体視されることしばしばであり、このことは領国大名を「国」に擬人化する表現が珍しくない点に典型的にみられるといえよう。そして重要なことは、勢力範囲を示す「分国」とこの「国」とは内容が異なることである。実質的支配とは別の次元で、領国大名と一体化しているとみなされる「国」が存在していた。言い換えれば領国支配の正当性は、単なる実力のみとはみなされていなかったといえよう。

(2)「国」の構成主体

「国」は、第一に「下民」すなわち「地下人・百姓」を含んでいた。彼らが「国」の状況を左右する決定的要素であったことは、著名な北条氏綱の置文にみられる通りである。

『宇留島常造氏所蔵文書』(戦北一・一八〇)

……万事倹約を守るへし、華麗を好む時ハ、下民を貪らされハ、出る所なし、倹約を守る時ハ、下民を痛めす、侍中より地下人・百姓迄も富貴也、国中富貴なる時ハ、大将の鉾先つよくして、合戦の勝利疑ひなし、……

「地下人・百姓」が「富貴」であるか否かは、合戦の勝敗に関わる重大なことであった。従って北条氏が「百姓」に「礼を尽し」て「分国中諸郷へ徳政を下」して質入れされた「妻子下人」を解放し、「国中の聞立て」すなわち事情を調べて「非分の沙汰」がないように「目安箱を置」いて、「諸人の訴へ」を聞くという政策(『安房妙本寺文書』戦北一・七〇二)は、第一に「分国」の富国強兵と直結していたものと考えられる。「災害や戦争など、世のなかの大きな変動が起きれば、大名にけんめいな徳政策が期待される、というのが普通」(7)だったのは、それが大名の領国支配と直結していたからだと考えられる。

単に「地下人・百姓」が「国」観念の構成要素だっただけではない。「地下人・百姓」が服すべき「国法」は、「権門」と呼ばれる特権者にも例外なく適用されるものであった。たとえば北条領国での著名な政策としての「人返し」は、「権門の地たるといへども、国法の間、急度召返すべき」ことが要求されたのである(『清田文書』〈永禄十二年〉三月二十日北条氏康朱印状、戦北二、一一八四)。

この点と関わって大名の側も住民の側も、等しくその帰属する「国」を意識していたことを窺わせる事例がある。天正十三年、北条氏規は伊豆国平井郷の領主杉崎但馬守を通じて、百姓らが「他国」すなわち出国して居住していると主張しようと、「遠・相両国仰せ合せらるゝの上」は、「何れの郡・郷に居住」していようとも成敗を加えるよう「此の筋目、百姓等に申聞かすべき」ことを指示している(『杉崎文書』、戦北六・四七五五)。

「百姓」の言い分は、自分は平井郷に属する存在ではなく「他国」しているとの理由で、領主杉崎の成敗には服さないというものであり、一方北条氏側の主張は、「他国」していると自称する「百姓」の本国の大名である「遠州」(徳川家康)との協定に基づき、来住した「百姓」であれ、北条氏の手で成敗を加えることができる、というものである。「百姓」がいわば「本国」に属し、その本国の大名の成敗にこそ服すべき存在であることが、両者それぞれに、その主張の前提となっていることは注目すべきであろう。

北条氏が自らの指揮下にある武士に関しても、彼らが、いわば「本国」に属する存在であることを承認していた事例もある。永禄十一年七月、北条氏は自らの配下で戦闘に従事していた梶原吉右衛門尉に対し、「帰国の侘事」すなわち帰国願を「余儀なく候」とした上で、安房里見氏との戦闘は「今・来年の間」が勝負であるので、「来年中」は必ず「在国」することが肝要であること、今帰国してしまえば「年来の忠信」が無になってしまうから、よくよく分別して今暫く「在国」してもらいたいと指示している（『紀伊続風土記』附録一〇、戦北二・一〇八七）。この場合も、梶原吉右衛門尉が「帰国」したいとの言い分に一定の理解を示しており、いわば「本国」への帰属は前提として承認していることが窺える。

「国」が、上は大名から下は「地下人・百姓」に至るまでを構成メンバーとしており、彼らは「権門」であっても例外を認めない「国法」に服すべき存在であり、現在の居住地がどこであるかを問わず本国に属すべき存在であると認識されていたことが想定できる。

（3）「古今の掟」としての「国法」

大名と一体化し、「地下人・百姓」に至る、いわば「国民」から構成され、「国民」の帰属の対象でもあった「国」の秩序がどのようなものであったかが次に問題となる。いわば「国」特有の規範に類するものが共有されていたか否かが、「国」の内実を考える上で重要であると思われる。この点に関しては、管見の限り殆ど史料がないが、次の二つの史料を手がかりに若干の推測を試みることにしたい。第一は伊豆国に関するものである。

『伊達英一氏所蔵伊豆在庁文書』（戦北三・一八七九）

三島五ヶ年廻ニ出之候御祭礼銭之事、申歳以来、不致沙汰郷村有之由、一段曲事候、既十七ヶ条ニ三島御祭銭御法度初、文ニ被遊候、①乍有御国御国法不存者有之間敷候、然而片瀬・稲取毛利（北条高廣）丹後ニ被下候時、号不入、両郷祭銭出間敷之由申ニ付而、……②自古来之儀相背之条、則両郷之百姓雖可有御成敗候、当領主毛利③他国人之事候間、一往御用捨候而、如古来五日中ニ可済之旨、去巳歳以御印判被仰出候事、……難渋之所有之者、百姓押立可越候、存分聞届、可得上意者也、仍如件、

(天正四年)
子

十月晦日

右京亮代　(清水康英)(花押)

村串和泉とのへ

伊豆国三島社の「祭礼銭」の納入に関して、五年前の元亀三年から無沙汰の郷村があることを叱責し、その納入を厳命したものであるが、特に注目されるのは三ヶ所の傍線部分である。最初に三島社の「祭礼銭」に関しては、「十七ヶ条」の成文の「御法度」が存在している以上、「御国にありながら御国法を存ぜざる」者があってはならないとする傍線部①である。「国民」である以上、「国法」を知らないはずはないとの文言から、「国民」は「国法」を承知し遵守すべきである、との認識が窺えよう。

次に三島社の「祭礼銭」に関する「御法度」が、「古来よりの儀」とされている点(傍線部②)である。直接には「十七ヶ条」の「文」に発するはずの法令を、「古来よりの儀」すなわち国の古くからの、いわば伝統とし、単なる現在の法制以上の根拠を付与して国固有の法と主張する点が注目される。

最後に現在の領主毛利氏が「他国人」であり、「国法」を知らない可能性を考慮して「一往御用捨」したと述べている傍線部③である。この点から「国法」とは、「他国人」とは区別された「国民」に限定されて適用されるべきものと認識されていることが窺える。

以上三点から、北条氏支配下の「国法」とは現在の法制以上の意味をもつ「古来よりの儀」と認識され、「他国人」とは区別された現「国民」の義務・資格に関わるものであったことが窺える。「国」固有の、いわば伝統と規範の存在が想定できるのではないか。

第二は、「証人」(人質)として派遣された「遠州衆」の扱いに関わる次の史料である。

『大道寺文書』(戦北五・三八一〇)

遠州衆為証人在府ニ付而申断候、

一、如何様之法外を致候共、他国衆之事ニ候間、当意遂堪忍、則様子可披露事、①

一、不論理非致于及喧嘩之者者、双方生害古今之掟ニ候、拟於此度之掟ハ他国衆ニ候間、一往可堪忍由遂下知処、②

至于背其法者、妻子迄可行死罪事、

八月三日（虎朱印）

大道寺新四郎殿

「他国衆」である「証人」を、「国」住民とは区別して扱うことを指示したものであるが、これもまた傍線部の二点が注目される。まず傍線部①にみられるように、「他国衆」の「法外」は一往容赦すべきであるという点である。この点は傍線部②にも通じるものであるが、傍線部②は「理非を論ぜず、喧嘩に及ぶ者にいたりては、双方生害」という自力救済の否定についてさえ、「他国衆」については「一往堪忍」することを指示している点が注目される。戦国時代には「塵芥集」「今川仮名目録」などで知られている、自力救済の否定という法理でさえ、「他国衆」に対しては特例とされていたことが窺える。

次に「理非を論ぜず、喧嘩に及ぶ者にいたりては、双方生害」という自力救済の否定が、「古今の掟」とされている点（傍線部②）が注目される。現代の我々は自力救済の否定という法理が決して「古今の掟」ではなく、むしろ十六世紀に急速にクローズ・アップされた法理であることを知っているが、問題はこの記述の客観的是非ではなく、自力救済の否定という、むしろ従来の武士の慣習を否定しつつ戦国大名が導入したような法理が、「古今の掟」とみなされている事実である。

ここに戦国大名の創出した法が、単なる現在の支配者の法制としてではなく、国固有の慣習として根付いていることの証左をみることができるのではないか。戦国大名の法が「古今の掟」と認識されていたことに、「国民」がこれを、戦国大名自身を超えた「国法」とみなしていたことの片鱗が窺えるように思われる。

3 「神国」としての「国」

「国」の特徴を、北条領国を中心にいくつかみてきた。その諸特徴は、「国」が大名によって代表されるものと意識されていたこと、「百姓」すなわち平民身分の住民を包含し、その帰属を規定するような共同体であること、また固有の伝統と規範との、一定の蓄積を有するような社会集団であることである。これらの諸特徴は「国」が共同体として、そこに帰属する住民にある種の絶対的な規定性を有していることを示唆するものである。

ところで当時の人々にとって、このような規定性はどのような観念と共に意識されていたのであろうか。日常生活において「国」が住民を規定している以上、当時の人々も「国」観念を意識していたことは想像にたやすい。それはたとえば現代の「憲法」「法令」のような具体的な規約としてではなく、もっと抽象的な、現代の「正義」「人道」などに対応するような言葉で意識されていたことが予想される。そうした、いわば「国」の表象となる観念について以下に考えていきたい。

（1）「国」を支配する神

『多聞院日記』天文十二年三月二十三日条

一、筒井ノアシカルニクリ本ト云物、先年柳本弾正乱入之砌、京ノ物ヲ無縁ニ行合テ、女房ニシケリ、其後年月ヘテアリシ時、或折節彼男狐ヲ食シテ最上ノ薬也ト申シヽ間、女モ始テ食之、ヤカテ物ニ狂出テケリ、而ニ鹿ニ召シタル人仰ラレテ云、此者ハ我国ヲ頼テ来レリ、いか様にも彼命ヲ可申請之由、再三被仰、然ニ彼物狂申事ニハ、御意ハ難去ケレ共、善悪取殺サテハ不可叶、此者ハ我カ氏子ナルカ狐ヲ食セリ、争カ可助之哉ト申時、雖然我国頼ミテ来住スル上ハト色々御侘言アリ、然処彼者申ス様、所詮、然ハ鹿ヲ食セル此国人アラン時、我又命ヲ可申請、如何、トありし時、有無ノ事ヲノタマハス、然間ヤカテトリ殺サレ了、是則京ノ稲（稲）荷明神ニテ御座故、氏子トシテ狐ヲ食スル故ニ、如此御タヽリ也、尊神此国ヱ来ルナレハ、善悪申請、助ケテハ不可叶トノ御儀、幸此国ニ生レ、此寺ニ住スル身ハ誠ニ以タノモシキ者也、……

筒井の足軽であった「クリ本」という者が京都出身の女性と結婚した。夫の勧めにより女性が「最上の薬」として狐を食したところ、「物に狂ふ」ことになった。京都の稲荷明神の使である狐を害したため神罰が降ったのである。そこに「鹿に召したる」人、すなわち春日明神が出現し、大和国に来住した以上保護義務があるとの理由で、女性の救済を依頼した。女性に憑依した稲荷明神の方は、「氏子」すなわち京都住民が、狐を食したことは容赦できない、として今度は春日明神に向かい、春日の使いである鹿を食した「此の国の人」（大和の「国民」）の助命をこちらから頼んだら許容するのか、と逆に問い質したところ、春日明神は引きさがったので、女性はあえなく命を落とした、というものである。

　現実に起こった事実を記した史料とはみなせないことはいうまでもなく、当時巷間に流布した流言ないし風聞の記事にすぎないが、いくつか注目すべき点がある。一つは京都出身者は稲荷明神の支配・保護の下にあり、他方大和「国人」は春日明神の支配・保護下にあると区別してみる観念である。狐を食した神罰は京都出身者にしか降らない。一方もし大和「国人」が鹿を食すれば、春日明神は神罰を降さざるを得ないのである。この点は、たとえば前節でみた、三島社の祭礼参加を「国民」の義務とする一方、「他国者」を例外として容赦する伊豆国の事例とも符合するように思われる。

　二つには大和「国民」あるいは住民が負っている、日常生活の規定性を一方で神への義務と見、他方では加護とみる点である。この点は、春日明神が来住者への保護をも試みている点からも、「尊神此の国へ来るなれば、善悪申請け、助けでは叶ふべからずとの御儀、幸ひ、此の国に生れ、此の寺に住する身は、誠にもつて頼もしき」との言説からも知られる。「国」に生活することは超自然的摂理の下に属すること、という認識は、「国民」であることの規定性が、「国民」自身にどのように認識されていたかを窺わせる。

　このような、「国」の規定性の根源を、その国の神と見なす思考は、戦国大名の支配に関してもみられた。やはり『多聞院日記』の次の記事である。

　『多聞院日記』天正十年三月二十三日条

先段天ノ雲ヤケト見タルハ、信州アサマノタケノ焼タル也、昔モ甲州・信州以下破ル、時ハ焼了間、今度ノ浅間ノ嶽ノ焼ルハ、東国ノ物怪也ト古キ老人語ト此間沙汰アリシト（云々カ）ノ不思議ノ事也、又此間大風・霰・飛火・逆雨以下ハ、内裏ヨリ信長ノ敵国ノ神達ヲ悉被流了、信長本意摂ハ可有勧請トノ事云々、神力・人力不及事也、一天一円可随ト見タリ、抑々、……

織田政権が軍勢を派遣して武田勝頼が滅亡するに至った事件の際に、流れた風評を記したものである。武田勝頼が滅亡した時に信濃国の浅間山が噴火したという。昔から甲斐国や信濃国が滅亡する際に起こる浅間山の噴火は、「東国の物怪（もののさとし、前兆のこと――引用者）」であると古老らが取沙汰したという。さらにそれ以外にも起こった大風、霰、飛火、逆雨などは内裏の祈禱により、織田信長に敵対する「敵国」の「神」を悉く一時的に流罪にし、信長が勝った後に再び勧請するよう取り計らったことによる、との噂が書き留められている。これまた流言・風評の類であるが、「国」の興亡が最終的には神の行動如何によるものという観念は明確にみられる。

そして単なる流言・風評のレベルにとどまらず、戦国武将自身が神の差配による合戦の成否を信じていたことが次の史料から窺える。

『毛利家文書』（〈大日本古文書〉三―七九一）

……偏御神力迄候、当国（出雲国）ハ神国候間、杵築（出雲大社）へ御心願被立候而、可然存候、此以前ニ　上之御付候杵築領之儀、此度茂無相違被相副候而（被相付候而）可然存候、其段申疎候、かほとニ頓被任御存分候事、御天道迄候、目出候〳〵、……

元亀元年の二月二十日付吉川元春書状の一部であるが、毛利家の尼子勝久に対する速やかな勝利が「天道」のなせるわざであり、だからこそ出雲国の神である出雲大社への「御心願」が必要であり、その社領寄付が然るべきことを説いたものである。戦国武将自身が、出雲国の合戦で尼子・毛利のいずれが勝利するかを決定するものが、他ならぬ出雲国の出雲大社の神であると信じていたことが窺える。

通常はこうした観念は戦国武将の「神国」思想とみなされるものであり、[8]このことを筆者も否定するものではない。しかし本章の関心から言えば、吉川元春の認識が、単に神がすべてを決定する力量をもつということ以上に、「国」

を動かす真の力は、大名権力やその軍勢ではなく超自然的な力であるとするものであることが重要ではないか。言い換えれば、「国」は個々の権力者の力や思惑を超越し、彼らの自由にはならないものであるとの認識が、「神国」思想という形式で表現されていると思われるのである。そこには「国」が、その集団に属する、権力者を含む個々人の力を超えた、いわば社会的実体として、個々の人間の力とは別の論理に従って動くものという認識さえ垣間みられるように思われる。

(2) 神に規定される大名

戦国大名が神意を尊重し、それに規定される存在であったことを伝える史料は、特にイエズス会関係史料にみられるように思われる。日本人を規定する宗教に、キリスト教布教に際して殊に注意を払ってきたイエズス会特有の視点といえよう。こうした観点からみた「国」の支配者のあり方を窺わせる史料をいくつか提示してみたい。

『日本通信』一五七八年年十月十六日ルイス＝フロイス書翰（CEV I, f. 426、松田毅一監訳『十六・七世紀イエズス会日本報告集』第Ⅲ期第五巻、同朋舎出版、一九九二年、一〇五頁、一部改変。以下『報告集』Ⅲ五・一〇五頁と略称）

府内の市には、豊後に従属する国々の中でもっとも名高く立派な祭りが二つある。その一つは戦さの神である八幡（Faquîmam）に、また、いま一つは他の神に捧げるものである。国王（elrei）は二つの祭りのいずれにも、絶対の義務により（por obrigação absoluta）、赴き、そして行列に加わらねばならない。第二の祭りでは、彼は四、五万の武装した兵を伴い、己が威厳のいっさいをもって臨み、盛大な儀式を行なう。……

豊後国府内で行われる、八幡及びもう一つの神社の、二つの祭礼に大名（イエズス会宣教師は通常大名を「王」〈rei〉と記す）が参加するという年中行事を記したものであるが、その参加が「絶対の義務」により行われると記されていることが注目される。この記事は大友宗麟とその嫡子義統が、こうした「義務」に背いて参加せず、キリシタンに改宗したことを述べることに主眼があるので、「絶対の義務」の語は、改宗を劇的に記すために誇張された表現である可能性もあるが、少なくとも文字通り解釈する限り、「豊後に従属する国々」の中で最も盛大な祭りに参加することは、大名の義務とみなされたことが窺える。大名は、その領国で信仰される神格に対して、先ほど述べた吉川元春のように、一定の尊崇が、「国民」から要請されていたことが窺えよう。

大名にも信仰を促したこうした神々の正体について、イエズス会は次のように認識していた。

「日本の異教徒が暮しの中で犯している誤謬と主に信じている幾つかの異教の宗派に関する要約」(Sumário dos erros en que os gentios do Iapão vivem e de algumas seitas gentílicas en que principalmente confiã)

まず彼らは、彼らが神と呼び、昔の、この王国の土地に生れた人間（homens humanos antigos e naturaes destes regnos）であったと告白している二〇体の偶像を崇めている。そして彼らはこの土地に都市や村々を建設した最初の者たち（os primeiros que nesta terra edifficarão cidades e povos）であり、それゆえ日本は神々の土地と呼ばれ、そしてこの理由から彼らは崇められ、崇拝がなされるのだと言われている。(9)

「神」とは昔「この王国」の土地に生れ、「都市や村々を建設した最初の者たち」であるとして崇められているという。日本風にいえば「国」の、いわば「主」と観念されたものといえよう。こうした存在が最終的に「国」を動かし、現在の支配者である大名から尊崇を要求するという構図は、日本側史料ととりあえず矛盾するものではない。

さらにこの神について、豊臣秀吉の発言を記した次の史料が注目される。

『日本通信』一五八九年二月二十四日ガスパル＝コエリョ書翰（〈CEV II, f. 258v.『報告集』Ⅰ一、八二～八三頁、一部改変）

最近カピタン＝モール、ジェロニモ＝ペレイラが、関白殿に出した使いによって巡察師が使節としてシナまできたことを知らせると、関白殿は司祭たちに対して和らいだ表情を示し、次のように言った。彼（豊臣秀吉）は常に我ら（宣教師）の友であった。しかし我ら（宣教師ら）が弘めていた法があまりにも日本の神々（Cámis）に反するものであったので、彼は我らを追放した。何故ならこの法は直接に日本の諸侯の栄誉と存在を破壊するものだ。何故なら神々とはまさに日本の諸侯以外のなにものでもなく、彼らはその偉大さと勝利のゆえに神として崇められるようになった。今や日本の諸侯はかつて他の諸侯がそうしたように、できる限りの力を尽して自ら神になろうとしている。それゆえ司祭らの弘めるこの法が神に反するものである以上、それは直接に日本の諸侯に反するものである。それが他のところではよいものであろうと日本ではそうではない。彼（秀吉）が、彼ら（司祭）を追放した所以である、と。

神とはかつての日本の領主であり、今や日本の諸侯の手本であり、信仰対象であるというのが秀吉の発言である。この点は、先ほどみた吉川元春の、出雲国という新たな支配領域が出雲の神の「神国」であるという発言とも符合するものである。

これらイエズス会関係史料の示唆するところは、いずれも大名や「諸侯」の領国に対する対応に、彼ら固有の利害とは別に神の観念が影響を与えている、ということである。このことは戦国大名が、「国」を自らの権力を超越していたものとみなしていたという指摘と少なくとも矛盾するものではないと考えられる。

おわりに

以上、管見の限りの史料による不十分な検討ではあるが、戦国期の「国」観念についてみてきた。少なくとも彼らが、自ら支配する領国を、自身の利害を専一にして支配できるとは考えていなかったこと、むしろ外在的な規範・伝統、あるいは超自然的な摂理の貫徹する対象とみていたことは指摘できたように思われる。

従来の研究の中では、戦国大名は基本的に宗教の呪縛を一定程度克服した合理的な存在であり、従って支配者としての利害を専ら優先する存在と考えられてきたが、それは真実の一面でしかないように思われる。本章では戦国大名が自らの支配する「国」を、大名自身を超越した存在と観念していたという勝俣鎮夫氏の指摘を手がかりに、戦国大名が「国」を、自己利益に服させることの不可能な、超自然的摂理の貫徹する存在とみていたことを論じた。戦国大名にみられる「神国」観の一面としてこうした点は、これまで殆ど注目されて来なかったが、戦国大名の支配を考える上で重要であると思われる。

北畠親房の『神皇正統記』といえば、「神国」思想を展開した書として知られるものである。その一節に「天下の万民は皆神物なり。君は尊く座せど、一人を楽ましめ、万民を苦むる事は、天も許さず、神も幸せぬ謂なれば……」（後嵯峨天皇条）との言説がある。万民は「神」の物である以上、支配者の犠牲にすることは許されない、「神」に対する如く「民」に対すべしとの言説は、「百姓に礼を尽くす」べきことを強調する戦国大名北条氏康の主張とも響き合うものがあるとみても、あながち荒唐無稽ではないのではないか。

註

（1）勝俣鎮夫「戦国法」（同『戦国法成立史論』東京大学出版会、一九七九年、二六一～二頁、初出一九七六年）。

（2）久保健一郎「後北条氏における公儀と国家」（同『戦国大名と公儀』校倉書房、二〇〇一年、一五四～一五八頁）。

（3）池享「戦国期の『国』について」（同『戦国期の地域社会と権力』吉川弘文館、二〇一〇年、初出二〇〇五年）、同「戦国大名領国における『国』について」（前掲書、七二頁、初出二〇〇五年）。

（4）勝俣鎮夫「戦国大名『国家』の成立」（同『戦国時代論』岩波書店、一九九六年、三六～三七頁、初出一九九四年）。

（5）久留島典子氏は、戦国大名の存在意義を下剋上の政治領域観の領国民への定着に求める勝俣説の是非に、あまり言及がなされないのは不思議であるとしておられる（「中世後期の社会動向―荘園制と村町制―」『日本史研究』五七二号、二〇一〇年、五五頁）。

（6）註(3)前掲書（六七～八頁）。

（7）藤木久志「村から見た戦国大名」（同『戦国史をみる目』校倉書房、一九九五年、一三六頁、初出一九九〇年）。

（8）たとえば鍛代敏雄『神国論の系譜』（法蔵館、二〇〇六年、一三九～一四〇頁）。

（9）Juan Ruiz-de-Medina, S.J., ed., Documentos del Japón, 1547–1557, 1990, p. 655.

第二部　土一揆の実像

第一章　土一揆像の再検討

はじめに

中世後期の社会を考える時に欠かすことのできない要素である土一揆について、これまでに膨大な研究が蓄積されてきたことは今更言及するまでもないだろう。そして土一揆が、民衆の重要な組織の一つである惣村・惣郷の基礎となった村落結合に基づくものであることは通説として受け入れられている(1)。たとえば「今日では、たとえば上久世荘の土一揆とか矢野荘の土一揆といえば、少なくとも上久世荘や矢野荘などの関係史料を悉く集めて検討し、そこからとらえられる農村社会、荘園の全体関係の中に問題の一揆を位置づけてみる、という方法が常識化している(2)」という永原慶二氏の発言にもみられるように、村落結合が土一揆の本質にあることはもはや常識とさえみなされている。

土一揆と惣村などの村落結合とを密接に結びつける見解に強力な論拠を提供しているのは、周知のように徳政に関する著名な一連の研究成果である。まず瀬田勝哉氏により在地徳政という事実が明らかにされた(3)。その在地徳政などをふまえて、笠松宏至氏は徳政を、「物のもどり現象」として捉えられ(4)、徳政は、幕府・大名の政令によるものという従来の視点をはるかに超え、中世社会に深く根ざす慣行と考えられるに至った。続いて勝俣鎮夫氏は、売買・質入などによる土地の移転後も本主権が依然存続するという、中世村民の土地所有観念が、徳政要求を支える理念であったことを論証された(5)。

確かに村落結合が土一揆の重要な一要素であることは、さまざまな事例から確認できる。しかし一方、村落結合の産物である土一揆にはそぐわないような諸側面が知られていることも確かである。田中克行氏は、現実の徳政一揆が、村落を結合単位とする地下人の土一揆連合を母体としながらも、「それだけでは済まされない」一面をもっていること、すなわち、各村落の関わり方は複雑であり、また大名の被官なども多く土一揆に加担しており、さらに京都の複雑な政治情勢に大きく影響されていたことを指摘した上で、土一揆と徳政一揆とを分けて考えることを提唱されている。(6) 徳政一揆が農民闘争とみなし難い要素をもつことは、稲垣泰彦氏が一九六〇年代前半に既に指摘されていた。(7) その後一連の徳政研究の進展により、稲垣氏は自説の不備については率直に認めたが、なお村落結合を徳政一揆の本質とする見解に疑問も表明しておられる。(8) 徳政一揆は農民闘争か否かをめぐる、稲垣氏を一方の論者とするかつての論争に「おおきな欠陥があったように思われてならない」という田中氏の指摘には、なお耳を傾ける必要があるように思われる。さらに二十世紀末に至り、藤木久志氏が足軽ら雑兵と土一揆とそれぞれの行動が酷似している点に注目し、両者を共に「中世の社会が生み出した、生命維持の装置（サヴァイヴァル・システム）の発動にほかならなかった」と極めて重要な指摘をされている。(9)

さらに付け加えると、中・近世村落研究の、近年の到達点にたった場合、従来の土一揆像にもまた若干の疑問が生じるように、筆者には思われる。

表1は土一揆の時期的な推移を大づかみにみるために、中村吉治『土一揆研究』(10)により作成した、京都とその周辺の土一揆の年表である。観測点として、特に京都とその周辺を選んだ理由は、第一に京都の政治情勢は、なんといっても日本全体の象徴的な位置にあること、第二に京都には記録を残し得る、当時の日本人の大半が居住しており、かなりの程度正確な記録を期待し得ること、である。

表1　京都・京都周辺土一揆年表

年代	土一揆勃発年						
1420 年代	1428						
1430 年代							
1440 年代	1441	1447					
1450 年代	1451	1454	1457	1458	1459		
1460 年代	1462	1463	1465	1466			
1470 年代	1472	1473	1478				
1480 年代	1480	1482	1484	1485	1486	1487	1488
1490 年代	1490	1493	1494	1495	1497	1499	
1500 年代	1504	1508					
1510 年代	1511						
1520 年代	1520	1526					
1530 年代	1531	1532	1539				
1540 年代	1546						
1550 年代							
1560 年代	1562						
1570 年代	1570						

　ただちにわかることは次の諸点であろう。まず十五世紀の中葉すなわち、応仁の乱勃発の約二〇年ほど前から極めて盛んになること、また、応仁の乱中に激減し、乱後また激増し、十五世紀末に及ぶこと、さらに十六世紀に減少し、幕府をめぐる大規模な政治闘争の時期を除いてみられなくなること、及び入京した足利義昭・織田信長に対する大規模な政治闘争の起こった元亀元年（一五七〇）を最後にみられなくなることである。

　もちろん、現在我々の利用し得る史料が極めて限られていることを考慮すれば、これがそのまま歴史的事実を反映している、と即断することはできないだろう。しかしここに全体の大きな傾向は現れているとみても、大過ないように思われる。そしてこれから判断すると、土一揆は十五・十六世紀に特有の現象であり、特に応仁の乱前後の数十年に偏って、集中的にみいだされる現象と考えられよう。

　ところで勝俣鎮夫・藤木久志氏らの研究によって、近世村落もまた強固な村落結合のもとに一定の自治を行っていたことが明らかになった。(11) また近世村落にも、中世の徳政観念を継承したともいうべき、「無年季質地請戻し慣行」

が広範囲にわたって行われていたことも明らかにされた。(12)同様の慣行は、十七世紀後半から十八世紀前半にかけて山城国葛野郡川島村においてもみいだすことができるが、(13)ここは十五・十六世紀に土一揆の頻発していた西岡地域に属しているのである。さらに近世の徳政観念を示すものとして売券の徳政文言をみると、「天下一道の御徳政或いは乱入誅来(往)、新儀非例の儀御座候とも」(延宝三年〈一六七五〉『中家文書』(14))、「万一御国替、徳政、如何様の儀出来候共……」(文政五年〈一八二二〉『小野寺文書』(補註1)(同))などの事例がみられる。すなわち近世村落においては、村落結合も徳政観念も健在だと考えられよう。それなのになぜ土一揆は、近世を前にして衰退してしまったのであろうか。

近世では「徒党」の結成、「起請文」の作成、「神水を飲み一味同心」すること、すなわち一揆契約が禁止されたのは周知のことであろう。したがって土一揆といえども存続する基盤はなかったのだ、と一応は考えることができる。しかしそれでは村落結合が健在である近世の村では、一揆契約など行われなかったのであろうか。

たとえば近世の村が、村法を制定していたことは、戦後いち早く前田正治氏が詳細にわたって明らかにされている。(15)前田氏によれば、これら村法は「定」「掟」「法度」などと共に、「惣寄合にきわめ申事」「連判状」「誓詞起請文」「惣百姓同心申合連判状」などのタイトルをもっている。村法の制定に際して衆議が行われ、一味の誓約が行われたこと、言い換えれば村の一揆契約が、実際には行われたことを示唆するものといえよう。

一方、近世百姓一揆に関する近年の研究成果は、百姓化した土豪層の一揆が消滅して以後天明年間に至る間は、一揆の文言で呼ばれたのは、家中騒動の一方に百姓らが加担したものや、鑓、鉄炮で武装した百姓による蜂起、あるいは打ちこわしをともなうものに限定されていたことを明らかにしている。すなわち銃を用いない限り、百姓の「嗷訴」あるいは徒党した領主への訴訟も一揆とはみなされなかった。(16)「近世後期に至るまで、当時の人びとは、百姓の領主にたいする抗議運動を、一揆という言葉で呼ばなかった(17)」。

一揆についてのこうした観念は、村民による「一味同心」の運動をただちには一揆とはみなさない、という点で注目される。この観念を前提とすると、近世においては、「徒党の禁止」と村民の自治活動の容認とが両立していたことが予想されよう。

仮にそうだとすれば、近世に姿を消す土一揆は村落結合によるのみではなく、もっと多様な要素から成り立っていたことになろう。土一揆の全体像をいきなり再検討することは、もちろん筆者の力量を遠く超えることであるが、少なくともこれまで余り注目されてこなかった側面にも照明をあてる余地は残されているように思われる。

そこで以下、従来から注目されてきた村落との関係を再検討した上で、従来の研究が個々の事例に限って明らかにしてきた武士的要素をてがかりにしながら、土一揆像を再検討することにしたい。

1　村落と土一揆

(1)　村を通じての取締り

ここでは、中世後期の村落と土一揆とが、どのように関わるかを史料に即して具体的に明らかにしたい。まずは著名な次の史料からとりかかろう。

A『東寺百合文書』京一〇六

山城国中土一揆事、堅被制禁之処、近日西岡辺以下所々土民等、或於白昼立高札、或及夜陰成集会、致徳政之企云々、好而招罪科歟、所詮尋捜去今張本之輩、云在所云交名、共以載起請之詞、速可註申之旨、可被下知寺領名主百姓等之由、被仰出候也、仍執達如件、

長禄二
七月廿八日　　　　　　　　　為数（花押）

東寺雑掌　　　　　　　　　貞基（花押）

幕府が、徳政一揆の張本人や共犯者を注進するよう寺領の「名主百姓」を通じて住民に通達することを東寺に指示したものである。すでに享徳三年（一四五四）九月四日にも、同様に「在所といい、交名といい、共にもつて注申すべきの旨、寺領に相触れらるべき」ことを幕府は東寺に命令していた（『白河本東寺百合文書』一三一、幕府奉行人奉書）。

Aと直接対応するものではないが、このような指示をうけて、村の側では起請文を作成し、幕府に提出したことが次のBなどで知られている。

B『東寺百合文書』を三〇三

（端裏書）「□□世方就徳政事上下庄方へ起請事」

再拝々々　起請文事、

一、子細者、

就今度土一揆蜂起、堅致糺明之処、於当庄上久世庄内、張本人并与力同心之者、雖為一人無之事、

一、此起請文仁判形仕人数之内、更以不加徳政之衆事、

一、於当庄仁徳政之衆、同心之輩、一切不存知仕、又不承及事、

一、自今以後張本人并同心者承及者、不日可召進其身、縦雖為親類兄弟、不可隠蜜事、

此条々内、若雖為一事偽申者、奉始上梵天、帝釈、四大天王、伊勢天照皇太神、八幡大菩薩、……惣日本国中三千余座、案上案下、式内式外、有勢無勢大小神祇冥罰、各可罷蒙者也、仍起請文状如件、

長禄三年九月卅日

上久世待(侍)分　康光

端書者、上下庄共文言　氏吉

同遍也但上久世・下久世ト云注計各別也　道門

上下各待(侍)分与地下別帋也　道仲

正文者、奉行飯尾左衛門大夫　貞盛

方被遣之畢、　久行

（以下一五名略）

………………………………………………

長禄参年九月卅日　上久世起請人数地下分

道善　常音　与次郎

（以下四六名略）

東条

太郎四郎　五郎三郎　彦九郎

（以下一五名略）

南条
三郎五郎　　　　　明あミ　　　　　　三郎四郎
　　　　　　　　　　　　　　　　　　（以下一五名略）

以上八十四人

……

山城国上久世庄住民が、在所に土一揆に加わったものがいないこと、今後そのような者が出た場合には「不日その身を召し進るべし、たとひ親類・兄弟たりといへども、隠蜜（隠密）すべからざる」ことを誓ったものである。なおこれと共に下久世庄の侍分と地下分の署名も行われている。

幕府が荘園や村など地域住民の組織を通じて土一揆を取締っていたこと、このような取締りに村落の側も応じていたことが窺える。

さて、もし村民たちが名主ら村の指導者に率いられ、土一揆に参加するのが普通であるとしたら、このような取締りの方法は、土一揆の張本人に自分自身と仲間の申告を促すに等しい、無意味なものとなろう。逆に村の指導者の指示とは別の契機で土一揆に参加するとしたら、このような取締りもかなり意味があることになる。土一揆の取締りについても、この時代にひろくみられた惣村の自検断をまずは利用する、というのは十分考えられることだからである。幕府が土一揆の実態を全く知らず、見当はずれの取締りを行ったと想定するのはあまり現実的とはいえないから、後者の可能性が高いと考えられる。

事実、土一揆の加担者を、村の指導者を通じて探索するのは幕府に限ったことではなかった。既に文安四年（一四四七）に東寺は、上久世庄の者たちが「徳政張本」であったという落書を得て協議した結果、「先ず上久世の年寄どもを召し、この段の実不を相尋ね」その回答によって「重ねてその沙汰あるべき」ことを決定している（『東寺鎮守八幡宮供僧評定引付』文安四年九月二十七日条）。東寺も「上久世年寄」、つまり村の指導者への召喚と尋問を通じて徳政の張本人の捜査を行っていることが確認できる。この点からみると、かなり多くの場合、村を通じて土一揆を取締ることが有効だったと思われる。従って、後述するように村ぐるみの土一揆の存在ももちろん確認できるが、それのみを土一揆の典型とみなすことには一考を要するように思われる。

この点について次の史料が興味深い。

C『北野社家日記』延徳三年三月二十九日条

鐘鋳事尤雖為敬神之随一、今時分聊延引之儀可然者哉、其故者隣郷千本所々鐘、毎度一揆等求鐘之在所令集会間迷惑条、自去年下之、預置京都云々、……

京都近郊の土一揆らが、一揆結成のために集会を行う場所として「鐘の在所」を求めるので、「隣郷千本所々」では鐘を下ろして京都に預けてしまったという。この点は土一揆のある行動様式を窺わせる。在村の住民たちが村の指導者によって土一揆に組織される場合、通常は村の鎮守ないし惣堂のような神社・寺院の鐘を、一揆結成の手段に使うことが考えられる。彼らにとっては殊更に「鐘の在所を求める」必要はないはずである。一方外部から入ってきた集団が、とりあえず目についた鐘を利用して一揆を結成する場合には「鐘の在所を求める」必要が生じよう。だからこの行動は、一揆衆に村を離れたメンバーが多く、土一揆の指導者も村の鎮守・惣堂と縁遠い存在であることを予測させるのである。

この点は前述の、名主ら村落の指導者を通じた土一揆の取締りが行われたという点とも、つじつまの合うものである。少なくとも村の指導者に率いられた村民が村ぐるみで参加するという形態ではない土一揆も、かなり多く存在したことが想定できるのではないか。一揆結合の本質はさておき、とりあえず形の上で実態を検証した場合、典型的な村ぐるみの土一揆は決して圧倒的な多数派ではないと想定することは許されよう。

そこで次に、従来村民が村ぐるみで土一揆に参加したことを示すとされてきた史料を検討してみる必要があるだろう。次項において、著名な山城国山科七郷の事例を検討したい。

(2) 村民の土一揆参加

室町期の山科郷は、俗に「山科七郷」と呼ばれるように野村・大宅・西山・北花山・御陵・安祥寺・音羽など七つの本郷と、南木辻、大塚、下花山、厨子奥、上野、四宮河原、小山、竹鼻などの枝郷からなっていた。これらの村の領主は大宅郷の山科家を始めとして、醍醐寺三宝院、聖護院、青蓮院、「下司ヒルタ」、賀茂在盛、「花頂護法院」、勧修寺、上野門跡、曼殊院、清閑寺などであった(『山科家礼記』応仁二年六月十五日条)。

この山科七郷が、村で合議を行った上で土一揆に参加した事例は二例ほど検出でき、土一揆研究の上で重要な歴史的事実として知られてきた。村民と土一揆との関わりを検討する上で、この事例を俎上にのせたい。

長禄元年

長禄元年(一四五七)十月に京都で土一揆が起こり、東の口を封鎖し、東寺に立て籠もった[18]。この段階では、領家山科家は地下に対して徳政を行うことを禁止している(『山科家礼記』長禄元年十月二十一日条)。

ところが土一揆と管領細川氏ら諸大名の軍勢との決戦で大名側は大敗して敗走し、京都は土一揆の蹂躙するところとなる(同上十月二十七日条)。幕府軍のあまりのふがいなさに、京都では「冬の夜を寝覚めて聞け(ば脱)御徳政、払ひもあへず逃ぐる大名」との落書が出たほどであった(同上)。十一月一日、京都では徳政が行われ始めた(同上十一月一日条)。

これによって、山科七郷でも徳政に加わるかどうかの議論がなされ、七郷の衆議によって一揆して徳政を行うことが決定された。

D『山科家礼記』長禄元年十一月二日条

東庄より注進候也、徳政同心可仕候哉、今夜七郷同心とてせめ候也、此由申候也、いまゝてかんにんの儀返事ニかへし候也、

この場合、徳政実施が確定的となってから山科七郷は一味同心し、徳政一揆に加わっている。しかも東庄(大宅郷)住民は、「徳政に同心仕るべく候や」か否かを領主山科家に問い合せており、山科家側は、「今まで堪忍の儀」を回答している。徳政一揆のなりゆきが未確定な段階では、徳政一揆に加わることを郷民に禁止し、徳政の実施が確定的となってからゴー・サインを出したのであろう。東庄(大宅郷)住民の側も状況が確定的となり、七郷が土一揆に同心することを決定した段階で、わざわざそれを領家に注進している。言いかえれば、それ以前に出された領家側の禁制が一応は顧慮されていたことになる。

確かに徳政の行動に加わってはいるものの、山科七郷は徳政状況創出のために戦っているわけではない。京都で土一揆が徳政を呼号して幕府軍と対峙している時点で土一揆に連帯して行動してはいない。むしろ荘園領主と緊密な連絡をとりながら、冷静に状況を読んでいたといえよう。彼らが徳政一揆になんら共感をもたなかったとは思えないが、それ以上にのっぴきならない連帯関係にあったのは荘園領主の山科家だったと思われる。

文明十二年

まず八月二十九日に幕府から山城国西岡向日神社で土一揆が徳政と号して蜂起したこと、同意する者については処

罰する旨が山科家と山科七郷の沙汰人に通達され、伝えられた（『山科家礼記』文明十二年八月二十九日条）。京都では徳政一揆により治安が悪化したため、山科家の屋敷を警固するために「いや五郎、小四郎、いほ」など七郷の住民たちが上京している（『山科家礼記』文明十二年九月十四日条）。この段階では、七郷の村民が京都の土一揆に呼応しようとする動きはみえない。

ところが九月十六日、京都では土一揆が質物を奪取するという状況になった（『山科家礼記』文明十二年九月十六日条）。さらに十八日、前に上京していた住民の「いや五郎」が、個人的に本銭の十分一を支払って質物を取り返したという情報が山科にもたらされた。この情報をうけて、京都の大将「キンヤの又」の下に一揆すべく七郷の決定がなされる。

E『山科家礼記』文明十二年九月十八日条

一、いや五郎下、先京にて四貫百文しち取之由いや五郎申、残ハ万里小路之間如何、各十分一ニて取也、

一、過夜七郷の土一キおこり、各可出之由申之、今度の京の大将ハキンヤの又と申候もの也、

こうして京都に向かった七郷の「土一キ」は徳政を行い、二十一日には京都に戻った（『山科家礼記』文明十二年九月二十一日条）。そしてこの行動にかかった費用は、「郷中入り目」すなわち村の公的費用から支出されている（『山科家礼記』文明十二年九月二十九日条）。

以上が文明十二年の徳政一揆における山科七郷の行動のあらましである。郷民の土一揆参加にかかった費用が「郷中入目」から支出されていることは、土一揆参加が村の公式の行動であることを示すものと考えられ、これこそ村ぐるみの土一揆参加を典型的に示す事例であると考えられてきた。もちろん山科七郷が、この時村ぐるみの行動として土一揆に加わったことは疑問の余地がない。

しかし子細にみると、この行動が徳政を求めて立ちあがった典型的な郷民の土一揆であるとは必ずしもいえない点がいくつか目に付く。まず山科七郷の徳政参加は、この年の場合もまた、京都で徳政が既に規定事実となったという情報を得て行われたものである。状況が未確定な段階では、却って荘園領主である山科家の指示をうけて山科邸を土一揆から防衛すべく人夫を派遣しているのである。いうなれば七郷の「土一揆」は、この時も徳政状況を創出するためになんら行動してはいない。

第二に山科七郷に京都で徳政が始まったという情報がもたらされたのは、山科邸警固のために上京していた、いや五郎を通じてである。いや五郎は既に個人的に京都で十分一の金額を支払って徳政の恩恵に与かっており、その経験が山科七郷に伝えられたのだった。とすると徳政実施に加わったいや五郎の行動は、少なくとも山科七郷の、村として団結した行動ではない。敢えていえば徳政一揆への個人参加である。そして、たとえば嘉吉の土一揆における「見物衆」「見物輩」の存在(19)（『建内記』嘉吉元年九月十日条）を想起すれば、徳政状況に際してのこのような個人参加は決して珍しくなかったのではないか。

第三に、徳政行動に参加するに際しては、確かに郷民の間で一揆が行われたが、その大将は日常的な指導者である沙汰人・名主・乙名ではなく、「京の大将」「キンヤの又」という人物であったと考えられることである。その場合、仮に村民の多くが村ぐるみといって差し支えない規模で参加したとして、村落結合に基づいた行動とみることができるだろうか。山科七郷の村民は、村民の算術的総和としては村ぐるみの参加であったかもしれないが、その一揆的結合は、むしろ外部の大将「キンヤの又」の組織力による臨時的なものだったと考えられないこともない。

以上の諸点をふまえると、山科七郷の土一揆参加が村の「公的」行動であったことは間違いないが、その行動を、徳政を要求した闘いと表現することは躊躇される。ありていにいえば、村の「公的」行動として徳政状況という大勢に順応したといえよう。

もちろん、いや五郎のように借金を負った村民（前掲E）は少なくなかったはずであり、山科郷民が徳政を希求していたことは間違いない。しかし幕府の軍勢に対する戦いに加わったこととはまた別である。その意味で土一揆に連帯したものとただちに判断することはできないだろう。むしろこの場合も、徳政一揆とは一線を画した住民独特の慎重な対応が目に付くように思われるのである。

いずれも山科七郷は、徳政が実施されるかどうかの帰趨が明確になってから土一揆に加わっているとみることができる。確かに山科七郷住民は徳政を期待したかも知れない。しかし、その状況を作りだす土一揆の武装蜂起には参加していないし、却って土一揆の破壊活動から領主を守る立場に立つ場合もあった。端的にいえば、山科七郷は土一揆の敵でも味方でもなかった。これが、土一揆と惣村・惣郷との関係が最も直接的にわかる事例として、現在知られているものである。

山科七郷の行動のきめてとなったのは、徳政実施が確定的であるかどうかの政治状況である。その決定的要因は、必ずしも幕府の徳政令発令に限らなかったと思われる。土倉など金融業者が債権放棄に応じれば、その時点で大勢は判断できたのではなかろうか。

文明十七年の土一揆も細川政元、三好という有力武将が土一揆側に加わっており、幕府軍は手も出ないまま引き上げてしまい、京都は「白昼土一揆ら徘徊し、群を成す」（『十輪院内府記』文明十七年八月十四日条）という状況となった。幕府は徳政令を発布していないにもかかわらず（『蜷川家文書』一―二三六、八月二十□日蜷川親元書状案）、土倉は徳政に応じたため、質物を奪取した土一揆は退散した（『大乗院寺社雑事記』文明十七年八月二十二日条）。細川政元の武将安富元家は、徳政実施のルールについて伊勢貞宗の家老蜷川親元に助言を求めている（『蜷川家文書』一―二一五、文明十七年八月三十日蜷川親元書状案)。

そして土倉が債権放棄に応じるか否かは、土一揆と幕府軍もしくは土倉などが組織した軍勢との合戦の勝負如何であったと思われる。たとえば前述の長禄元年に起こった徳政一揆の場合はその典型といえよう。また明応四年（一四九五）九月に京都周辺で蜂起した土一揆と、土倉衆の組織した軍勢や京都の「町人」らとの合戦の一こまであるが、土倉方が敗北した際に京都では「今においては徳政は必定と云々」と取沙汰されていた（『大乗院寺社雑事記』明応四年十月二十四日条）。ところが、二十二日にあった土一揆と土倉の軍勢との闘いでは土一揆側が大敗を喫した。京都では「今の分は徳政行くべからずと云々」（同上十月二十六日条）との噂が流れたという。合戦の勝敗が徳政の帰趨を決定する象徴的な意味をもっていたことが窺える。[20]

すなわち武力を背景に状況を掌握した側が、幕府ないし土倉軍と土一揆とのどちらであるかに、徳政の実現如何がかかっていたと考えられる。この点は、土一揆側が「白昼に高札を立て」て「徳政の企て」をする（前掲A）一方、幕府も徳政の動きに対して「制札を遣はし」、それを「警固」することを命じる（『東寺百合文書』ニ九一、明応四年十月四日幕府奉行人奉書）など、どちらも「高札」「制札」により、自らの状況掌握をアピールしていることからも窺えよう。「取分け当国のことは、何と様なる借物にても候へ、沙汰申すべからず候由、土一揆置定め候間、引掛け一大事に候、沙汰申し始め候はゞ、この庄の難儀にて候べき間、計会この事に候、然るべき様に御申し候て、御扶持に預り候はば、畏り入るべく候」（『東寺百合文書』ヌ二九三、霜月二日岡弘経書状）とは、嘉吉の土一揆の波及した若狭国の徳政状況が、土一揆の武力制圧によって維持されていることを窺わせるものである。

もとより山科七郷の事例のみで、村落一般の状況をおしはかることはもちろんできない。土一揆に対するこのような、いわばドライな対応は、山科家との密着という事情によるものという可能性も考えられるからである。しかしまた状況を判断して強者の側につくことも、村の通常の政治判断だった。「何の御方たるといへども、只強き方へ随ひ申すべきなり。只草の聳くやうなる御百姓」(『政基公旅引付』永正元年四月五日条)「百姓は草の靡き」(『天文日記』七年三月二十一日条)とある通りである。戦乱の中で、特定の政治勢力に加担せず、政治抗争の圏外にいるためには、こうした方法以外なかったともいえよう。

その意味では徳政が確定した段階であれば、むしろ大勢に従って徳政実施の行動に参加することも村の政治判断といえよう。前述した若狭国の場合のように、徳政に同意しない村が土一揆の攻撃を被ることもあり得るからである。従って徳政が確定した段階で山科七郷が参加したことを、土一揆への連帯と一概に断定することはできないのではないか。そこで次に村ぐるみの一揆がもつ意味、もたらす結果などその政治的意味について検討しつつ、村落と土一揆との関係を考えてみたい。

(3) 土一揆と一庄同心

まず次の史料を検討する。

F『看聞日記』永享五年四月八日条

抑自去比炭山堺相論事、未落居之間、地下郷民等柴苅ニ此間山へ不入、仍今日地下人炭山へ押寄云々、沙汰人等も不存知、不可然之間、浄喜、善理等制止ニ馳向、為上令成敗之処、一左右不相待、地下人任雅意之条不可思儀也、浄喜、善理罷帰申旨、炭山郷民等於所々三人已打殺云々、中々無是非次第出来、珍事也、此子細先公方へ為注進、源宰相三条へ罷向、遣書状、……委細達上聞之処、所詮地下張本人可被召進之由承、……張本誰を召捕可進哉、浄喜、善理召前仰之処、周章之外無他、土一揆所行之間、誰を張本とも難申、珍事々々、

伏見庄と醍醐寺三宝院領炭山との相論の一こまである。政所の小川浄喜や公文の三木善理ら沙汰人の指令も聞かずに伏見庄の「地下人」が炭山に押寄せ、武力衝突を起こして炭山の住民を殺害してしまった。幕府に注進したところ、地下の張本人を逮捕して差し出すようにとのこと。張本人を沙汰人たちに尋ねたところ、彼らは「土一揆の所行の間、誰を張本とも申しがたし」と答えた。このあまりにも著名な史料から、張本人のいない、つまり一味同心の、伏見庄地下人の「土一揆」が存在したことが明らかとなる。

もちろん徳政を求めたものではないが、これは村落結合に基づく土一揆の存在を例証する事例のようにみえる。だが、次の事例を比較してみると、この「土一揆」もいささか異なった様相がみえてくるように思われる。

G『看聞日記』嘉吉三年四月九日条

浄喜参、竹田弓笑張本人事仰、一庄同心事之間、誰を張本とも難指申之由申、行蔵菴、重賢朝臣以両人令問答、所詮政所職辞退申ならてハ無了簡之由申、……

三条家領竹田との相論の一こまである。やはり武力抗争に発展した結果、張本人が誰かが問題となった。これについて「一庄同心の間、誰を張本とも申しがたし」という、これまた著名な言葉が発せられる。これは「一庄同心」すなわち、村落結合に基づく一揆であることは疑いない。そして、伏見庄は代償として沙汰人の一人「政所」小川浄喜の罷免を提起し、「降参」を表明している（『看聞日記』嘉吉三年四月二十七日条）ことが注目される。

事実、領主の伏見宮家は「張本人の事糺明しがたきの間、（小川）浄喜政所職を召放、罪科に処せられるべきの由」を三条家側に申し送った（『看聞日記』嘉吉三年四月十日条）。三条家・竹田側はなお張本人の引渡しを要求するも、伏見側は政所の罷免を代償に相論を収めようとし、執拗に引渡しを要求する竹田側に対して、朝廷に働きかけて収拾する（同上四月二十五日条、同二十六日条、同二十七日条、同五月九日条、同二十日条、同二十一日条、同二十三日条、同二十五日条、同二十六日条、同三十日条)。

政所職の小川浄喜を罷免するというのは、彼の個人的な罪科によるものではもちろんなく、伏見惣庄の武力行使の責任をとるためのものである。たとえば摂津国下出灰村が隣村との実力行使をしたことへの制裁として、惣堂を焼却されると共に庄屋が入牢することになった(「中舎家文書」慶長十二年田能村目安案)[21]のと同様のものと考えられる。

ちなみに、永享六年淀と鳥羽との相論において鳥羽側から合力の要請があった。伏見庄側は「かくの如き事、自他たるの間、地下一庄罷向ふべき」ことにした(『看聞日記』永享六年十月二十日条)。これに対して領主伏見宮家は、「然れども公方の儀如何の間、一庄ことごとく罷り向ふべからず、その中の縁者の輩においては少々合力すべきの由」を下知している(同上)。「一庄」の蜂起は政治的立場を明示することになり、場合によっては竹田との相論のように、「降参」の表明という事態が予想されたであろう。伏見宮家ではこうした危険を予め避けるために「一庄悉く罷向ふ」のではなく、仮に荘民の大半が出撃したにしろ、親類の縁で「合力」した形をとらせたかったものと思われる。

さて改めて、炭山との相論における「土一揆」の場合を考えてみよう。幕府の側は「古老の百姓」の名字を注進するよう指示した(『看聞日記』永享五年四月十六日条)。ところがこれを聞いた「両沙汰人」、すなわち小川浄喜と三木善理は郷民を名指しするのを怖がって命令をきかないので、伏見宮家家司である庭田重有が名字を幕府奉行に注進した。また伏見庄から召喚された「召人」二名が侍所に引き渡された(同上)。

そしてこの過程で、確かに「古老の百姓」は責任を分担させられているものの、両沙汰人の処遇は全く問題となっていない。問題の土一揆は、「一庄」の行動であるとは考えられていないと判断される。「一庄同心」に対しては沙汰人が代表として責任をとり、「土一揆」に対しては沙汰人の責任は第一の問題とならなかった。すなわちこの「土一揆」は、実態はどうあれ、村落結合に基づくものとは考えられていない。

事実、この土一揆は伏見庄の指導者である「沙汰人等も存知せず」行われたものであり、沙汰人の浄喜・善理は「制止に馳せ向」っている（F）。「土一揆」「一庄同心」の言葉の違いは、こういう捉え方の違いを反映したものだと考えられる。このようにみると「土一揆」と「一庄同心」の一揆とは、ただちに同一視することは適当ではないと思われる。

もちろん筆者は村ぐるみの土一揆が特殊例である、などといいたいわけではない。村ぐるみの土一揆の例はただちにいくつかあげることができる。たとえば応仁の乱中、守護細川氏の荘園進出に抗し、「おく里村男数一人も残らず罷出候て、御八幡に大寄合仕候て、東寺より外は地頭にもち申まじく候と、大鐘を撞き土一揆を引ならし候」（『東寺百合文書』サ三三九、〈文明元年〉九月二十三日三職注進状）と、決起した備中国新見庄のものがある。また細川政元の被官薬師寺与一が反乱を起こし、淀城で挙兵した際、政元被官の香西又六が近郷の土民に半済を約束し、動員した「近郷土一揆」（『後法興院記』永正元年九月十七日条）は、「当所（北白川同組拾郷）名主沙汰人中」に対して動員されたものであった（『八坂神社文書』永正元年九月十四日幕府奉行人奉書）(22)。

また村ぐるみとは断定できないものの、荘園や村落が深く関わっているものもみられる。たとえば長禄元年十一月、北方から奈良を襲撃した「山城馬借」と共に、南方から奈良を襲撃した「馬借の随一」である「布留郷以下」の土一揆（『経覚私要鈔』長禄元年十一月十七日条）も布留郷という地域が深く関与している(23)。事実布留郷は「去年徳政をやること」「年々の未進無沙汰のこと」「庄々の舛を小さくなすべきこと」の三つの「過条子細」によって「過銭」を課せられ、さらにそれを出し渋ったとして学侶・六方の発向をうけている（『大乗院寺社雑事記』長禄二年閏正月十六日条）。「過銭」という、比較的軽罪に適用される処罰をうけている点が気にかかるが、村ぐるみではないにしろ多数の土一揆参加者が予想されよう。また興福寺の六方・衆徒・国民らが「馬借帳本（張本）人らの住屋」に発向したところ「一庄悉く逃散」したという木津の馬借（『大乗院寺社雑事記』応仁元年五月二十一日条）も、村と深く関わった土一揆とみることができよう。さらに嘉吉の土一揆の折、「鳥羽・吉祥院以下中道より東一《（揆脱）》は東寺に籠る、二三千人これあり、同日丹波口一揆は今西宮に籠る、一千人ばかり、西八条寺には五ヶ庄衆籠る、一千人ばかり、西岡衆二三千人は、宮庁・神祇官・北野・太秦寺に籠る、……」（『東寺執行日記』嘉吉元年九月五日条）というのは、詳細は不明なものの、地域と土一揆との密接な関係を想像させるものである。

ここで指摘したいのは、村落結合による土一揆のみが典型的土一揆とは必ずしもいえないということである。土一揆という言葉は、村の一味同心とただちに対応していたとは必ずしもいえない。土一揆には村ぐるみのものも、そうでないものも存在し、村の参加形態は種々さまざまであった実態が、言葉にも反映していると思われる。徳政要求の基底に、村民の論理があることは承認できるとしても、村落結合によらない、村の事情とは別になされた一揆参加も、当時の土一揆においてはかなりの比重を占めていたと想像される。

それでは必ずしも村の事情に基づくとはいえない土一揆参加は、どのようなものか。まずは大名・武士などの政争に登場する土一揆、武士被官の土一揆に注目したい。

2 大名・領主・武将と土一揆

(1) 大名・領主・武将の動員

徳政を求める反権力的土一揆とは別に、大名・武将の抗争に土一揆が登場することも早くからみられる。

永享四年（一四三二）十二月に、大和国民越智・箸尾を討伐した赤松氏の軍勢を襲った土一揆がその一例としてあげられよう。事の発端は九月二十四日に起こった衆徒筒井と国民越智・箸尾の抗争である。散々に敗れた筒井（『満済准后日記』永享四年九月二十九日条）を援助するために将軍足利義教は越智・箸尾討伐を決定し、畠山・赤松両大名が派遣されることになった（同上十月十五日条、『看聞日記』十月十八日条）。十一月二十七日に出立（『満済准后日記』同日条、『看聞日記』同日条）した両軍は、三十日に越智・箸尾をあっけなく没落させてしまう（『満済准后日記』十二月三日条、『看聞日記』十二月二日条）。

そして勝利を収めて引き上げる筒井・赤松勢を、「軽部辺において土一揆出合ひ」「名字ある程の者六十人討り」が討たれた（『満済准后日記』永享四年十二月二十日条）。『看聞日記』はこの土一揆を「大和悪党」と記し、「長谷雄（箸尾）・越智は交はらざるか、先ず悪党等の所行の由風聞す、然るといへども長谷雄・越智等所行は勿論なり」と記しており（永享四年十二月二十日条）、この土一揆が越智・箸尾によって動員されたものと当時みられていたことを窺わせる。

一方これ以前、九月に越智軍が筒井を攻撃した上、龍田神社を焼き払ったことに対して蜂起し、越智軍を襲った「土一揆」も存在した（『満済准后日記』永享四年十月三日条）。先ほどの「土一揆」と対比すれば、これは筒井方の土一揆であると想像されよう。これらの事実から、越智・箸尾と筒井という、大和の衆徒・国民クラスの武士たちの抗争に土一揆が加わっていることが窺える。

次に山門が土一揆を動員しようとした事例もある。永享五年閏七月、おりからの「山訴」に絡んで、将軍足利義教は「江州辺土一揆の事、蜂起すべきの由、頻りに山門として興行すと云々」との風聞について管領細川持之に諮問している（『満済准后日記』永享五年閏七月三日条）。同様に嘉吉三年（一四四三）二月、加賀守護富樫家の家督争いに絡んで、管領畠山持国が大軍を分国河内から上洛させた際に、山門使節がこれに味方して「馬借」を率いて河原に控えていたという（『建内記』嘉吉三年二月二十七日条）。

さらには長禄三年に、越前国河口庄兵庫郷で国人の堀江氏が、「堀江の沙汰として土一揆を起こし」て豊原寺を発向するという事態もあった（『経覚私要鈔』長禄三年一月二十日条）。

これらはいずれも武士や領主などの手によって、土一揆が動員されることがめずらしくなかったことを示唆する事例といえよう。そこでこれらの事実の一般性が問題となる。確かに武士による土一揆発動の個別的な事例は、この他にも存在するかも知れないが、事例が多いからといって、これが土一揆の本質的な特質であると判断するわけにはいかない。武士や領主の手で発動されるという土一揆像の一般性は、別の形で検証する必要がある。

そこで文安四年（一四四七）に奈良で起こった土一揆を考えてみよう。既に近江・河内・山城などで土一揆が蜂起し、徳政が行われるという状況の中で奈良も土一揆の襲撃に曝されることになった。その折、この土一揆は安位寺経覚が古市と組んで「馬借」を蜂起させたという噂が立ったのである。

H『経覚私要鈔』文安四年七月十日条

伝説云、今度馬借蜂起事、予并古市以下張行不可然、欲滅亡南都造意歟、御造替前悪行至也トテ、衆中令蜂起、予・胤仙加衆勘云々、事実者先代未聞所行無比類者哉、以次沙汰衆懐尊父子同罪科云々、

当時奈良にあって、経覚・古市と尋尊・筒井との対抗関係が存在した(24)。奈良の徳政一揆がこの対抗関係に基づいているとの風評が立ったというものである。経覚本人が心外であると記しているところからも、単なる風評に過ぎなかったと考えられる。

しかし一方、ここには当時の人々に共有されていた土一揆観が露呈しているように思われる。徳政を求めて武装蜂起する馬借、つまり土一揆の背景にはこれをあやつる勢力があり、実は権力者同士の抗争から起こっている、という土一揆観である。根も葉もない風評であるからこそ、却って当時の社会が有していたある種の常識を直接に反映する

場合も少なくない。次の第(2)項でみるように、明らかに権力者の力を背景としている土一揆が存在したことを考慮すると、これを単なる偏見と処理することはできないだろう。

武士や領主に動員される土一揆は決して珍しくなかった。徳政を求める大規模なそれでさえ、しばしばそのようなものとみなされることがあったのである。

地下人の方も、徳政を企て、土一揆を結成する際には、武士と結ぶこともあったと考えられる。享徳元年（一四五二）若狭国太良庄では、地下人の和泉大夫というものが徳政を企て、牢人を引き入れたという理由で守護が荘内に強入部し、和泉大夫を死罪にし、財産を検断して「惣庄所務職」を押領したとして、東寺が訴えている（『東寺百合文書』ハ五〇―五九、享徳元年十月日東寺申状案）。

このようにみてくると、史料上「土一揆の大将」と呼ばれるもので、村落の名主や沙汰人であるものは意外と少ないことに気づく。たとえば寛正三年十月に京都で起こった土一揆の大将として知られる蓮田兵衛は「群盗の魁首なり、凶徒を聚めて東寺を保守す」（『碧山日録』寛正三年十月三十日条）、あるいは「地下の浪人なり」（『応仁前記』巻上）とされている。また延徳二年の土一揆の大将として知られる内田弥五郎というものは「内田弾正子」であり、「鹿笛の上手」であったため、細川政元の寵愛をうけており、自ら土一揆の大将になりたいと願って細川政元から命じられたという（『蔭涼軒日録』延徳二年八月十五日条）。

土一揆の大将ではないが、徳政の張本人として嘉吉三年に「塔森船渡代官山本弥次郎」なるものが誅伐されている（『公名公記』嘉吉三年二月九日条）。「徳政張本人」という記述を、あるいはたまたま捕まった下手人が「張本人」にされたとみる余地ももちろんある。しかしこれが村落結合に依拠した人物ではないからといって、ただちに「張本人」との記述を疑うというのも、やはり適切でないように思われる。

村の武力行使に際しては、山論・水論・境相論など村間相論の場合のように、名主・沙汰人・庄屋など日常的指導者が合戦を指導する場合もあるだろうが、それだけとは限らない。応仁の乱の時、西軍方の出張に対し山科七郷は幕府奉行人飯尾之種を「上使」として迎え、郷民が戦いに動員されて西軍と戦っている（『山科家礼記』応仁二年八月一日条、同八月三日条、同八月四日条）。この他西軍方からの動員命令（応仁二年八月八日条）に対しても、幕府奉行人飯尾之種を惣大将として迎え、村が戦いに向けて結束を行っている（応仁二年八月十日条、同八月十一日条、同八月十三日条）。さらに飯尾之種の命令によって、七郷が一揆し、「連判」して「更に緩怠を存ずべからず。忠節を致すべき」旨を誓約する場合もある（『山科家礼記』応仁二年八月十三日条）。

また和泉国日根庄入山田村槌丸の住民は、守護の軍勢と戦闘中に、在庄している荘園領主九条政基に対し、一揆を結成して守護方と戦うことを伝えて「大将に誰にても給はるべく候、同じく大木村の若衆も仰付けられ給ふべきの由」を申し送っている（『政基公旅引付』文亀元年六月二十二日条）。

すなわち、村民の戦闘においても惣村の指導者ではない大将を、臨時的にたてる場合のあることが確認できる。武士や領主間の争いに地下人が動員される場合、前節でみた半済給与を代償とした動員などの場合を除くと、必ずしも村落の指導者が大将になるとは限らない。わざわざ外部の武士などを指導者にする理由はなお検討されなければならないが、村の指導者にない資質、資格、ないし権威が必要とされていることは容易に想像がつく。

土一揆とされるもののなかには、武士・領主の手により「土民」「郷民」の組織されたものとみられるものがめずらしくなく、しかも当時の土一揆観も、これと大して違うものではなかったといえよう。そこで次に典型的な徳政一揆と考えられてきたものについても、こうした要素を検討してみたい。

(2)　政治的土一揆

京都を襲った土一揆については、近郊の村落や京都の下層住民の土一揆が徳政を求めて幕府と対立し、酒屋・土倉を襲撃したものとする見方が一般的である。しかしそのうちのいくつかについては、背景として幕府にかかわる政治的対立を考慮すべきことも指摘されている。既に嘉吉の土一揆について、その背後に畠山持国の意向があったことを論じた永原慶二氏の研究(25)、また文安四年の土一揆について、西岡地域の畠山氏被官の動向に注目し、やはりこの背後に管領畠山持国の影響力をみる今谷明氏の研究(26)がある。ここではそれ以外の京都を中心とする土一揆について、大名・武士らの政治勢力と密接に関わるとおもわれるものをいくつか列挙したい。

文正元年の土一揆

文正の政変として知られる事件がある。足利義政側近として権勢を振るった伊勢貞親・蔭凉軒季瓊真蘂らが将軍の後継者足利義視を讒訴したことに対し、貞親一派に対立する山名持豊、朝倉孝景、細川勝元などが義視を支持して貞親・季瓊真蘂を失脚させたものである。事件そのものは幕府内部の、将軍後継者争いに絡む政治抗争から発したものであり、応仁の乱勃発に向かう政治対立の、決定的な激化をもたらしたものとみなされている。

ここで注目したいのはこの事件の結果、京都を出奔した貞親・季瓊真蘂一派の屋敷・家来・家来の住居に対して、のみならず土倉・酒屋に対して、山名・朝倉らの家来らや「馬借」が略奪行為を行ったことである(『大乗院寺社雑事記』文正元年九月九日条、同九月十日条)。「伊勢守(貞親)披官の町人、一向生涯《生害》に及ぶ」「洛中人民餓死に及ぶべしと云々」と評されたほど、この略奪行為は凄まじかった。そしてとうとう「京都徳政」となり「一条より三条にいたり雅意に任せ、諸大名土倉・酒屋を打破り、雑物を取散らしをはんぬ、三条以下の事は本銭五分一をもつて質物を請くべきの旨、侍所よりこれを相触るゝと云々」（同上九月十三日条）と、徳政令が出たと噂されるような状況になったのである。そして後年この事件は「文正元年土一揆」（『政所賦銘引付』文明九年二月九日条、『親元日記別録』中）と呼ばれた。

純然たる大名同士の政争であり、当事者の多くが大名被官でありながら、土倉・酒屋が襲撃され、徳政が行われ、土一揆と呼ばれる、それが文正の政変の一側面だった。応仁の乱直前の政争が土一揆蜂起と密接に関わっていることが窺えよう。

文明十七年の土一揆

細川政元被官の三好・物部などの武士が、「馬借」すなわち土一揆の「帳本《(張本)》」となり、「馬借」は東寺に立てこもり「徳政の事もつての外」であった（『大乗院寺社雑事記』文明十七年八月十二日条）。恐らく土倉・酒屋の襲撃が行われたのであろう。あまつさえ、細川政元が館の前で土一揆を閲兵するという著名な事態が起こった（『蔭涼軒日録』文明十七年八月十四日条）。この時徳政が行われたのは既述の通りである。

この事件を「土一揆にあらず、京都大名被官・諸侍・悪党等この事を企つと云々」（『後法興院記』文明十七年八月六日条）とみていた公家もいた。しかしまた『御湯殿上日記』『十輪院内府記』『親長卿記』『蔗軒日録』など「土一揆」と記す証言も多い。なにより細川政元の配下で動いていたのは、前述のように「土一揆」であった。

文明十八年の土一揆

文明十八年八月に京都で土一揆が蜂起し、徳政を呼号して東寺あたりで集会を開いた。ところが、将軍足利義尚が細川政元に被官人のこのような行動を禁止するよう命令したところ、一揆は収まったという（『長興宿禰記』文明十八年八月二十五日条）。この事件を記した大宮長興は、「近年毎年当折節に蜂起せしむ、曲事なり」と日常化した細川被官らの一揆蜂起に嫌悪を露わにしているが、細川被官らが、主の力を頼んで土一揆を起こすこと頻繁だったことが窺えよう。

長享二年の徳政の沙汰

これもまた細川被官の起こした徳政張行である。長享二年（一四八八）八月、京都では「徳政の沙汰」があり、明日から一揆が蜂起するかという取沙汰の中で「細川の所行か」と噂された（『大乗院寺社雑事記』長享二年八月二十日条）。そして果たせるかな、足利義政が細川に命じてやめさせた結果、徳政の沙汰は終息したのである（同上八月二十五日条）。

以上、政治抗争の中で一方の側の示威運動として起こった、土一揆蜂起や土倉・酒屋の襲撃などの徳政行動も見逃せない。なぜ「土民」の行動と武家被官の行動とは酷似してくるのだろうか。次に足軽と土一揆との類似性に注目しつつこの問題を考えたい。

(3)　足軽と土一揆

室町時代には土一揆と足軽とを同様のものとみる見方がかなり一般的であった。次の著名な史料がこの点を物語っている。

Ｉ『大乗院寺社雑事記』文明四年二月十二日条

京都、山城以下ヤセ侍共一党、号足白、如土民之蜂起、令一同、是近来土民等号足軽、任雅意故、如此儀云々、所詮亡国之因縁不可過之、

記主尋尊が「足白（足軽と同じ歩行兵）と号し土民の如く蜂起し一同せしむ」、つまり「足白と号し」土一揆を結成す

ることと、「足軽と号し雅意に任せる」こととを同一視している点が目につく。事実「足軽共の沙汰」として「京都徳政これを行」ったことも知られている(『大乗院寺社雑事記』文明四年八月五日条)。

このような両者の類似が最も目立つのは、その「略奪」行為においてであろう。足軽のそれはまず兵粮米調達を大義名分として行われた。文明十一年に奈良で、越智・古市の配下を「召仕」うことが決定された時、尋尊は「日々夜々に足軽共自他へ罷出で向ふべし、扶持を加ふべき粮米等これあるべからざる間、京都の如くに打破り、乱入する事、許可すべきの間、奈良中一切あるべからざるの条勿論々々」と記している(『大乗院寺社雑事記』文明十一年閏九月十七日条)。足軽に兵粮米を給与する代わりに奈良の町からその徴収を許可すれば、京都でみられたような略奪が行われるのは必定である、というわけである。足軽は軍事集団として、奈良中に「棟別銭」を賦課したりもした(『大乗院寺社雑事記』文明十一年十一月二十八日条)。武士たちが軍備の調達を大義名分にして略奪を行う例は嘉吉の変の際、赤松討伐に向かう山名氏の兵が「陣立」を理由に土倉を襲撃して質物を強奪したこと(『建内記』嘉吉元年七月十二日条)にもみられる。すなわち足軽の「略奪」行為には、それなりの正当性の主張がともなっていた。史料I(前掲)にみえる「足白と号す」「足軽と号す」との表現はこうした文脈で考えることができよう。

こうした点は土一揆にもみられる。文明十二年九月に京都で蜂起した土一揆は「酒屋・土倉に兵粮を懸け、伏見殿・右府の許等より酒肴料を懸取」ったという(『宣胤卿記』文明十二年九月十五日条)。彼らは確かに「徳政」を号するものの(同上九月十一日条)、目的は「兵粮」「酒肴料」にもあったと考えられよう。この年の同じ頃奈良でも土一揆が起こったが、興福寺は内々で「酒直」を与えて退散するよう申しつけたところ、「近日無音」となったという(『大乗院寺社雑事記』文明十二年十一月十九日条)。土一揆もまた足軽と同様な「兵粮」「酒直」の強要を行っていた。

この点からみると、「徳政」と「兵粮」「酒肴料」の調達とは、ほとんど区別できなくなっていることが想定できる。

土一揆も「兵粮」を強要し、足軽も前述のように徳政を行った。ともに大義名分をふりかざした金品の強要ともいえよう。奈良に向かう「京都の足軽」を「只今の土一揆」の類と見なし「寺社に乱入せしめ、物共を取り候はんずる由心算」である、との噂も流れていた（『大乗院寺社雑事記』文明十二年十二月二十一日条紙背文書）。

両者の類似性はその取締りのやり方にもみられる。文明三年正月頃、遍照心院領の住民で足軽大将の馬切衛門五郎なるものが京都の八条で「足軽取立」を行った。東寺領からもこれに加わる者が出ることを危惧した東寺では、寺家の「公人、諸坊中に居る少者《(ママ)》、力者、境内百姓等」が足軽に加わらないように不動堂の前で起請を行わせた。その結果、以前足軽に加わった者がいたことも判明したという（『廿一口方評定引付』文明三年正月二十五日条）。足軽大将の「取立」により足軽集団が組織される点など、これと同一視される土一揆の形成過程を示唆していて興味深いが、ここでは東寺の内者、領民が土一揆の場合とおなじく起請によって取締りを受ける点に注目したい。さらに東福寺では「寺家被官」や「門前住人以下」が「足軽と号し、近年悪行を致す」との噂があり、幕府はその禁圧を東福寺に求めている（『東福寺文書』文明九年十二月九日幕府奉行人奉書）。東寺や東福寺にみる取締りの方法は、第一節でみた土一揆の取締りにも通じるものといえよう。

一条兼良は「超過したる悪党」である足軽の取締りのため、「をの〳〵主々にかけられて糺明あるべし、又土民商人たらば、在地に仰せつけられて罪科あるべき制禁をおかれば、千に一もやむ事や侍べき」（『樵談治要』）と述べている。主人を通じて、あるいは在地に命じての取締りが土一揆にも共通することは、前述してきた通りである。

さらに参加の事情も似通ったものがある。東福寺門前の住民の御厨子というものは、畠山義就の配下に属し「家業を事とせず、しかして頗る勇悍を好み、軽卒の徒を聚め、もつて東陣の路を塞」いだという（『碧山日録』応仁二年八月六日条）。家業を捨てて武士となり、足軽大将となっていく経緯が知られる。一方民衆が土一揆に加わる経緯も似ていた。『文正記』はこの時代の「凡下の者」が「税賦を抑留し、公道を蔑如し、農業を棄て、武芸を習ひ、系図を買ひ、……盗賊の棟梁に成り、国家の怨敵をなし、徳政張本を基とし、悪行の根源を倣す」と述べている。これはまた御厨子と、何とよく似ていることであろうか。

以上数点にわたって足軽と土一揆との類似が指摘できる。すなわち、一揆集団とみなされていること、「徳政」を行うが、その内実はしばしば、「徳政」ないし「兵粮」「酒肴料」「陣立」などという大義名分に依拠した「略奪」であること、「家業」「農業」を棄てて集団に加わる場合が珍しくないこと、主をもつものも珍しくないこと、などである。

土一揆に加わることも足軽となることも、この時代の民衆が共有する事情から生じるものであることはたやすく予想できる。特に目につくのは「家業を事とせず、しかして頗る勇悍を好み」「農業を棄て、武芸を習ひ」とあるように、足軽も「徳政張本」も村民の立場を離れて戦場へと向かっている点である。そして土一揆には、村民の集団参加と共に、本拠地の村から離れて加わったものの存在が窺われる場合も少なくない。

たとえば長禄元年十月に京都で起こった土一揆により、多くの金融業者が質物の放棄に応じたが、その際一揆のうちの「田舎者は只取り、竹田・九条・京中者は十分一を出し、これを取」ったという（『経覚私要鈔』長禄元年十一月一日条）。今後も日常的に京都の金融業者と関係をもつ必要のある京都およびその近郊の住民は、借金の十分の一を支払って質物を請出したが、そうでない「田舎者」は只取したという。一揆の中に京都の金融業者とは無関係な遠隔地の出身者の、恐らくは村落結合によらない参加が想定できよう。

また明応八年（一四九九）の土一揆の際に幕府は、張本人以下の者が徘徊していた場合には誅伐するか、逮捕して引き渡すべきことを命じた上、「同意与力なきの族においては、商売等の洛中出入り、その煩ひあるべからざる」ことを境内に下知するよう、東寺に命じている（『東寺文書』六芸・数一〇―一三、明応八年十月十一日幕府奉行人奉書）。

商売などの目的で洛中に出入りする者がともすれば、土一揆メンバーと混同されたこと、言い換えれば土一揆の中に、上京してきた洛外の者が少なくなかったことが予想できよう。

京都の酒屋・土倉と直接に債権債務関係をもつもの以外に、本拠地を離れて上京してきた地方出身者も土一揆の中には少なくなかったとすると、彼らが「徳政」を号するのは自分自身の債務のためではないだろう。「徳政の盗」（『碧山日録』寛正三年十月二十一日条）「群盗」（同上十月三十日条）との評価もあるが、それにしても彼らはその「盗」をなぜわざわざ京都へやってきて行うのだろうか。一見「盗」ともみえる行為を正当化する理由が京都という都市にあることが予想される。飢饉による「難民」と土一揆と足軽の三者を、「巨大な生命維持装置」としての京都という都と関連づけて考える藤木久志氏の見解が改めて注目される。(27)

飢饉の時には村民が村を離れ、上京して施しを乞うことが普通に行われた。たとえば応永二十七年（一四二〇）からの飢饉の時は、京都近郊の伏見庄からも「飢饉により地下人首陽に赴く」という事態となった（『看聞日記』応永二十八年三月二十四日条）。(補註2) そしてその際、村にいる時には「地下人」と呼ばれた人々が京都では「非人乞食」と呼ばれ、幕府や諸大名の施行を受けたという。(28) 飢饉のため村を出た人々は京都で施行を受けることを期待したのであろう。言いかえれば村の生活が立ち行かなくなれば、京都に出て「非人」として施行を受けられるはずだ、という認識は村民に浸透していたことが窺える。事実、大旱魃にあって村を捨て「流民」として、「乞食」をしながら都に来た河内出身の母子のことも知られている（『碧山日録』寛正元年三月十六日条）。

さらに土一揆の起こる契機の一つとして、飢饉が想定されることは周知のところである。たとえば著名な正長元年の土一揆の年がそうであった。またやはり土一揆で著名な嘉吉元年は飢饉とこそいわれないものの、麻疹・赤斑瘡など疫病が流行り、洪水・大雨・大風の被害があった年である。表1の土一揆勃発年を、最近の研究成果である藤木久志氏作成の「日本中世における風損・水損・虫損・旱魃・疫病に関する情報」[29]で調べてみると、土一揆勃発年の殆どに飢饉の原因となるような災害が起こっていることに気づく(表2参照)。特に十五世紀後半にこの傾向は著しい。

土一揆の起こった年の殆どに、不作、疫病などの理由によって上京し施行などの救済を求める「流民」が多数、都に流入したことは十分想定できるように思われる。そうなると、土一揆の群衆にこれら「流民」の存在を想定してならない理由は何一つないのではないか。そして起こった酒屋・土倉の襲撃、すなわち大規模な徳政。ここに、貸借関係の破棄という徳政と共に、「流民」たちによる「仁政」つまり施行の強要ないし強奪という意味合いも混在していたとみる余地はないだろうか。

表2　京都周辺土一揆と災害相関年表

土一揆勃発年	災害の内容
1428	飢饉・三日病・洪水
1441	麻疹・赤斑瘡・洪水・大雨・大風
1447	日照り・三日病
1451	大水・大雨
1454	大雨
1457	日照り・大風
1458	日照り
1459	飢饉・日照り(旱魃)・大風・洪水
1462	凶作(寛正の飢饉)
1463	疫病・大雨
1465	大風・大雨・洪水
1466	風雨・地震・雷雨・雹
1472	飢饉・水災・炎旱
1473	旱魃・疫病
1478	洪水・炎旱・旱魃
1480	大風・炎旱
1482	風損・洪水・暴風雨
1484	はしか・疫癘・大風・地震
1485	流行病・炎旱
1486	大雨・洪水・暴風
1487	大雨・洪水
1488	大水・流行病・三日病
1490	大風・洪水・風損
1493	暴風雨・地震
1495	疱瘡流行・洪水
1497	炎旱・地震
1499	飢饉・疫癘・洪水・炎旱・虫害
1504	飢饉・疫病流行・炎旱・寒気
1508	
1511	洪水・地震・暴風
1520	
1526	(虫損)
1532	
1539	洪水・不熟・虫損
1546	霰・雹
1562	
1570	(近江疫癘病死多数)

「日本中世における風損・水損・虫損・旱魃・疫病に関する情報」(藤木久志氏作成,『日本中世後期・近世初期における飢饉と戦争の研究―史料所在調査と年表作成から―』1997〜99年度科学研究費補助金基盤研究A(1)(研究代表者・佐々木潤之介氏)成果報告書に収録)をもとに作成.

この点について残念ながらてがかりは一つしかない。嘉吉の土一揆の際、土倉を襲撃した一揆衆が覆面をしていたという証言がある（『建内記』嘉吉元年九月十四日条）。これは日常的に酒屋・土倉などと関係のある住民が顔を知られないためのもの、と従来は考えられてきた。確かに債務をもつ住民にとっては顔を隠す必要はあったかも知れない。しかし今みてきたように、土一揆にはそれ以外の地方出身者も少なくなかったのだから、「各覆面を垂れ顔を露はさず」という総覆面の必要はなかったのではないか。むしろ、これは勝俣鎮夫氏が一揆の装いとして指摘された「非人拵」[30]と想像される。幕府による施行を要求する資格をもつ「非人」であることを自らアピールしていたとみることも、全く可能性のないこととは思われない。

仮にこのように想定することができれば、土一揆の「略奪」は独自の正当性をもつことになる。土一揆や足軽をこの時代社会の上層階層はおしなべて、「盗」「悪党」と罵倒している。確かに「盗」とみえるかも知れない。だがしかし、彼らにはその「盗」を堂々と行う理由があった。なぜなら彼らは村を離れ、流亡し「非人」となったのだから。そして都とはその「非人」に施行してくれるはずのところだったのだから。

そしてまた足軽との共通性もみえてくるように思われる。村を捨てて上京した者にとって、土一揆に加わり、「徳政」を大義名分として土倉・酒屋を襲撃することと、大名被官となり、「兵粮」「陣立」を大義名分として土倉・酒屋を襲撃することと、一体どんな違いがあっただろうか。この二つは各々区別しがたいかたちで、「流民」たちの行動様式として一般化していたのではないだろうか。

さらに都における政治抗争と兵員をかき集める軍備競争とに、こうした「流民」が吸収されていった過程として、応仁の乱前後における土一揆の頻発を説明できるのではないか[31]。ともあれこれらの想定についてはすべて今後の研究を待つ他ない。

(4) 土一揆を組織する

大名・武士の戦いに加わる土一揆はどのように組織されるのであろうか。ここで一向一揆に注目したい。護法をスローガンとする本願寺の檄によって蜂起する一向一揆がしばしば土一揆と呼ばれているのである（この点は第二部第三章で詳述する）。

たとえば文明六年加賀で起こった一向一揆[32]では、本願寺門徒が大きな役割を果たしている。しかし、この戦いの折に本願寺門徒の棟梁として越前吉崎にいた蓮如は、「今度加州一国の土一揆となる」とこの戦いを評している（『柳本御文集』）。

また永正三年（一五〇六）の全国的争乱は細川政元に味方する勢力と、京都を追われた足利義稙に味方する勢力とが各地で衝突し、本願寺は政元方だったため、各地で一向一揆が蜂起する。[33]その際、朝倉貞景の領国越前でも加賀から一向一揆は「越前土一揆一向衆、又甲斐牢人、去十三日より蜂起す」（『宣胤卿記』永正三年七月二十一日条）と記され、本願寺門徒と甲斐氏牢人たちの蜂起が「土一揆」と呼ばれているのである。

さらに享禄五年（一五三二）から天文四年（一五三五）まで、畿内を中心に、本願寺を巻き込んで繰り広げられた、細川晴元と細川晴国や本願寺など反晴元勢力との抗争の中で、本願寺は「土一揆大将分本願寺、大坂辺に城を構へ、近国の一揆蜂起せしめ、雅意に任す、細川殿已下没落せられをはんぬ」（『蓮成院記録』天文二年四月条）といわれた。ここでは本願寺が「土一揆大将分」とよばれているのである。

一向一揆の蜂起に本願寺門徒の信心が関わっていることは間違いないとしても、形態からみればまさに「土一揆」だったのである（第二部第三章）。ところで、一向一揆はもちろん村落結合によって蜂起するとは限らない。門徒団は惣村・惣郷のような地縁よりも、むしろ親族集団などを通じて形成されるものだからであり、通常は武士層も「百姓」層も寺院などを中心とする一つの門徒団に混在するのが普通である。(34) たとえば、元亀三年近江国三宅・金森に六角承禎父子と共に立て籠もった一向一揆に加担しないよう織田信長が近隣の村落を通じて門徒を取締ったことをみて(35)も、一向一揆が通常、村落結合を基礎として蜂起するものではないことが窺えよう。一向一揆は武士層と「百姓」層との混成軍であったと考えられるが、土一揆もそうしたものが多かったことが類推される。

それではこうした点を考慮に入れて、土一揆の実態を思い描く手がかりはないであろうか。ここで『北肥戦誌』（原題「覚書」、一名「治乱記」）の「土一揆合戦の事」が目につく。文明元年に肥前で起こった、千葉胤朝と岩部常楽との戦いを描いた部分である。肥前の武将千葉胤朝は、家老中村胤明の讒言によって配下の国人岩部常楽に謀反の疑いをかけ、岩部氏は起請文を捧げて無実を訴えたが、胤朝は聞き入れず、結局両者の合戦となった。

J『北肥戦誌』七、土一揆合戦之事

……然るに岩部は、弥府中に居住し、当秋佐嘉北郷の年貢を免許し、土民を撫育する事大形ならす、斯る処に千葉介胤朝、猶々岩部を誅戮すへしと思立、軍兵を卒して、九月九日仁戸田近江守を大将とし、府中へ差向る。仁戸田即日尼寺へ到り、先つ時の声を上たり、然るに岩部か兼て撫育せし百姓共、……此鬨の声を聞て、爰こそ岩部殿の厚恩を報する所よと、郷民の司三人、山伏、悪僧、百姓共一万余人取集り、鯨波を合する事二、三回、山川震動して夥し、仁戸田近江守思ひしに相違し、大に驚て、敵は大勢なるそ、退くへしと、一戦にも不及、……中村様々計策を以て、岩部に與したる土一揆共を賺し語らひしかは、土民百姓の浅猿しさは、頓て又中村か申すに同心し、岩部を追出す、……

さてここにみられる土一揆の編成は、「郷民の司」、「山伏、悪僧」らに率いられる「百姓共」ということになる。一旦岩部方として蜂起した土一揆が、胤朝の家老中村の計略によって寝返ったことを「土民百姓のあさましさ」と形容している点からみて、少なくとも土一揆の主力は「百姓」身分であると考えられよう。それを率いる「郷民の司」は惣村や惣郷の指導者とみて差し支えないと思われるから、村落結合による一揆もその一部をなしていたとみてよい。しかしそれと共に、「土民百姓」のリーダーとして「山伏、悪僧」などが存在することも見逃せないだろう。これらは宗教的指導者とみることもできるし「悪僧」などには、むしろ畿内の土一揆の大将となった牢人や盗賊の棟梁などのような存在も想定できよう。さらにこれら「土民百姓」が日常的に岩部に撫育されて、その指揮によって蜂起している点も注目される。既に第(1)、(2)項でみた武士や支配層の組織する土一揆にも通じる特徴とみることができよう。

(5) 小括

土一揆は「土民の徒党して軍を起すものを名づけて土一揆」(『続応仁後記』)とされるように、あくまでも主体は「土民百姓」であった。しかし、彼らが常に日常的な指導者である名主・沙汰人に率いられていたとは限らない。むしろ領主ないし牢人などの武士や僧侶たちに率いられて武装蜂起する場合も決して珍しくはなかった。

こうして組織された土一揆は徳政を求めて武装蜂起する場合ばかりではなく、武士階級の政治抗争や大規模な戦争に動員されて武力行動をとる場合も多かった。だからこそ大名被官もその中で活躍し、京都での酒屋・土倉の襲撃を目的として上京した「流民」も「徳政」「兵粮」を理由に活躍し、僧侶や山伏に率いられた信徒も戦った。

だからまた徳政を求める彼らの背後に畠山持国や細川政元のような大立者がいても、奈良の古市や経覚のような有力者がいても少しもおかしくはなかったのである。別の見方をすれば、土一揆は自力救済の慣習の中で行われた、特に大名や武士の私闘すなわち実力抗争と密着した存在であったと考えられる。近世を前にして土一揆が衰退していく理由はここらへんにあるのではないだろうか。

おわりに

十六世紀になると京都とその周辺では土一揆が徐々に衰退していくだけではなく、「土一揆」の語自体があまり使われなくなる。たとえば天文十五年（一五四六）の土一揆を、「土一揆」の名で記録するものは、管見の限り『厳助往年記』のみであり（天文十五年十一月日条）、一方『後奈良天皇宸記』『兼秀公記』などが単に「一揆」と記していることが注目される。そして永禄五年（一五六二）、元亀元年（一五七〇）のものについては、土一揆の語を記す史料は管見の限りみいだせない。

一方、十六世紀前期までは土一揆の語で記されていたような事件が、単に「一揆」の語によって記述されるようになる。たとえば「今夜一揆、下京に貝を吹き、騒動なり」（『後奈良天皇宸記』天文十五年十月五日条）「また徳政の札、嵯峨釈迦堂大門に（永禄五年）四月十一日これを打つ、梅津正法院一揆等これを破らる、同十六日一揆等悉く上り寿寧院を責む、それより後日々倉方これを責む、……京中徳政悉く行くなり」（『長享年後畿内兵乱記』）「西岡の一揆発る、東之山下へ千人ばかり発向して鯨浪を揚げ、殊なる事なくこれに打入る、武家として徳政行はると云々」（『言継卿記』元亀元年十月四日条）など。「はじめに」で触れた「一揆」の近世の用法が徐々に定着してきたこと、言い換えれば、土一揆が十六世紀前半までにもっていた社会的な意味合いが変化してきたことが想像される。

もちろん土一揆が単に「一揆」と呼ばれるようになったからといって、その実態にただちに変化が生じたわけではない。第二部第四章で述べるように、「一揆」と呼ばれながらも、その実態は依然として存続していた。しかしやはり土一揆の語の消滅は、それを取り囲む社会状況の変化を予測させるものである。

これまでわれわれは土一揆と村民の「一味同心」とをあまりにも即自的に結びつけてきたのではないだろうか。本章ではこうした疑問から考察を進めてきたが、いくつかの問題は未解明であり、さらに新たな問題を提示することになった。そのすべてに取り組むことは現在のところ出来ないが、以下二点については考察して行きたい。第一に十六世紀に至って土一揆の語が消滅に向かうのはなぜか、という問題であり、これについては前述したように第四章で取り組むことにしたい。第二に本章でも既に少し触れたが、大名の軍事動員と徳政との関係については第二章・第三章で考えることにする。

註

(1) たとえば池上裕子「戦国時代の村落」(『岩波講座日本通史』中世四、一九九四年)が「惣村・惣郷が山論・水論で武力を行使し、かつ土一揆を闘い、守護・国人・寺院等の武力と戦ったことは、中世史の中の一時代を画す現象である」(九八頁)と述べていることにも端的に現れている。
(2) 永原慶二「中村吉治先生のこと」(中村吉治編・久留島典子校訂『中村吉治収集土一揆史料集成』下、校倉書房、三四七頁、一九九八年)。
(3) 瀬田勝哉「中世末期の在地徳政」(『史学雑誌』七七―九、一九六八年)。
(4) 笠松宏至「中世の政治社会思想」(同『日本中世法史論』東京大学出版会、一九七九年、初出一九七六年)。
(5) 勝俣鎮夫「地発と徳政一揆」(同『戦国法成立史論』東京大学出版会、一九七九年)。同『一揆』(岩波新書、一九八二年)。
(6) 田中克行「土一揆と徳政一揆」(同『中世の惣村と文書』山川出版社、一九九八年、初出一九九五年)。
(7) 稲垣泰彦「応仁・文明の乱」(同『日本中世社会史論』東京大学出版会、一九八一年、初出一九六三年)。
(8) 註(7)前掲書、あとがき。

（9）藤木久志「応仁の乱の底流に生きる―飢饉難民・徳政一揆・足軽たち―」（同『飢餓と戦争の戦国を行く』朝日新聞社、二〇〇一年、八二頁、初出二〇〇〇年）。なおこれに対して土一揆を、村住民の惣村結合に基づく武力闘争とみる視点を依然堅持する論者もある（たとえば酒井紀美『応仁の乱と在地社会』同成社、二〇一一年）。
（10）中村吉治『土一揆研究』（校倉書房、一九七四年）。
（11）勝俣鎮夫『戦国時代論』（岩波書店、一九九六年）。藤木久志『村と領主の戦国世界』（東京大学出版会、一九九七年）。
（12）白川部達夫「近世質地請戻し慣行と百姓高所持」（同『日本近世の村と百姓的世界』校倉書房、一九九四年、初出一九八六年）。
（13）拙稿「近世における山城国革島氏の活動基盤」（同『一向一揆と戦国社会』吉川弘文館、一九九八年、初出一九八七年）。
（14）熊取町史編纂委員会編『熊取町史』（史料編Ⅰ、熊取町、一九九〇年、六一六頁）。
（15）前田正治『日本近世村法の研究』（有斐閣、一九五〇年、八頁）。
（16）保坂智「百姓一揆」（『岩波講座日本通史』一三、一九九四年）。
（17）白川部達夫『近世の百姓世界』（吉川弘文館、一九九九年、二〇二頁）。
（18）註（10）前掲書、二七〇頁。
（19）九月十六日には、幕府軍は土一揆を撃退することができず、土倉側も質物の放棄に同意している（『長興宿禰記』文明十二年九月十六日条、註（10）前掲書三五八頁）。いや五郎も徳政に同意した土倉から質物を受けとっただけなのか、それとも土一揆の土倉襲撃に参加していたのかは不明である。
（20）酒井紀美氏は、洛中に入ろうとする土一揆に全力で防戦していた幕府の軍勢が、いったん洛中に攻め入ってしまった土一揆に対して、排除のために目立った行動を展開していないことに注目し、防衛戦が象徴的な意味をもっていたことを推測しておられる（同「徳政一揆と在地の合力―村落間交渉の視角から―」『日本中世の在地社会』吉川弘文館、一九九九年、九六頁、初出一九九四年）。これは土一揆と幕府などとの合戦の象徴的意味に言及した研究として、管見の限り最初のものと思われる。
（21）藤木久志「村の惣堂・村の惣物」（藤木註（11）前掲書、初出一九八八年）。
（22）田中克行「村の『半済』と戦乱・徳政一揆」（田中註（6）前掲書、二三七頁、初出一九九三年）。
（23）馬借という言葉は土一揆の意味で用いられることが多い。『日葡辞書』では「馬借、すなわち一揆、暴動」とある。また土地売券の徳政文言に「設ひ天下一同の御徳政、馬借、地発の類あるといへども、この領においては更々違乱改変の儀あるべからざるものなり」（『天理図書館保井文庫所蔵文書』文明十六年四月十九日某売券）とある。さらに天正十二年（一五八四）「馬借張行」を理由として捕えられ、処刑された「トヤ」なる人物の辞世の歌は「めこ（妻子）共よ、後に負ひ目はよもあらじ、馬借と連れて我はゆくなり」というものであったと『多聞院日記』は記している（天正十二年十月十六日条、藤原重雄氏の御教示による）。いずれも「馬借」が土一揆のことと考えられていたことを示すものであろう。

(24) 今谷明「文安土一揆の背景」（同『室町幕府解体過程の研究』岩波書店、一九八五年、一〇六頁、初出一九七四年）。

(25) 永原慶二「嘉吉徳政一揆の性格について」（同『日本中世社会構造の研究』岩波書店、一九七三年、初出一九七〇年）。

(26) 今谷註(24)前掲論文。

(27) 藤木註(9)前掲論文。

(28) 西尾和美「室町中期京都における飢饉と民衆―応永二十八年及び寛正二年の飢饉を中心として―」（『日本史研究』二七五、一九八五年、五四頁）。

(29) 『日本中世後期・近世初期における飢饉と戦争の研究―史料所在調査と年表作成から―』一九九七～九九年度科学研究費補助金基盤研究Ａ(1)（研究代表者・佐々木潤之介氏）研究報告書（二〇〇〇年二月）に収録。

(30) 勝俣註(5)前掲『一揆』、一二二―一二三頁。

(31) 以上の仮説に立った場合、応仁の乱中土一揆が極端に減少する理由については、藤木氏が註(9)前掲論文で説明されている通り、戦乱が「流民」を足軽として吸収したから、として説明できるように思われる。

(32) この戦いについては註(13)前掲拙著第一章を参照されたい。

(33) これについては拙著『信長と石山合戦』（吉川弘文館、一九九五年、五一―五六頁）を参照されたい。

(34) 註(13)拙著、序章。

(35) 註(33)拙著、一〇五―一〇六頁。

（補注1）「小野寺文書」文政五年十二月日治郎右衛門田地売券（『小浜市史』社寺文書編、三一頁）。

（補注2）「首陽に赴く」は死ぬことで、この解釈は誤り（清水克行『大飢饉、室町社会を襲う！』吉川弘文館、二〇〇八年、一七二頁）。一方やはり『看聞日記』応永二十八年二月十八日条には「抑去年炎旱飢饉の間、諸国貧人上洛し乞食充満す」とあるので、論旨を修正する必要はないようである。

第二章　訴訟としての土一揆

はじめに

本章では土一揆の、徳政令を求めて幕府に訴訟するという行動様式に着目し、土一揆の一側面に照明をあてたい。土一揆の行動をみる時まず目につくのは、前章でみたように、土一揆にしばしば大名被官、牢人など武士が加わり、戦っていること、場合によっては彼らが土一揆の「張本」「大将」と呼ばれるような、重要な役割を果たしていることである。ところで、これらの侍身分の武士たちはなぜ徳政を求める土一揆に加わり、どのような役割を果たしているのであろうか。藤木久志氏は、飢饉により京都に流入する流民たちの生き残りをかけた行動として、彼らが足軽となったり、「大将」に率いられて土一揆に参加していることを指摘され[1]、それを前章でも確認したが、一揆や徳政要求における侍身分の役割は検討していない。

従来は土一揆を惣村の特徴的な活動として来たため、土地の本主権を主張する徳政を村民たちが求める行動として、行動とスローガンとの連関を説明してきた。しかし前章で述べたように、必ずしも惣村に特徴的な活動でないとすれば、徳政というスローガンと一揆蜂起という行動形態との関係はどのように説明できるのかが改めて問われよう。そこで土一揆の訴訟集団としての側面に注目しつつ、この侍身分の参加を考えてみたい。

第二に徳政令といわゆる私徳政との関係である。学問的に「私徳政」と呼ばれる、酒屋・土倉などの金融業者を土一揆が襲撃し、借用証文を破棄し、質草を強奪するなど実力で債務破棄を強行する行為は、土一揆の集団が「徳政と号」すること、すなわち自ら強行する徳政が正義であることを公然と主張するものとして、つとに研究者の注目を浴びてきた。

村田修三氏は、「徳政の問題を徳政令に収斂させてとらえると、事態の一面しか見ることができない」とされ、徳政令の発布より「「徳政と号する」――徳政だ、と叫んでまわる民衆の一種の熱狂状態（「地起し」）の現出の方が決定的な要素」であることを指摘された。(2) これを承けて勝俣鎮夫氏は「公権力の承認なしに」徳政要求が正当化される状況（村田氏の「徳政状況」）の実態を解明され、代替りなどをきっかけに土地が本主へ取り戻されるという、在地徳政とも通底する、在地慣行に根付いた中世の徳政観念を明らかにされた。(3)

しかし一方で、土一揆が幕府に徳政令の発布を要求したことも紛れもない事実である。著名な嘉吉の徳政令の際に、土一揆は「洛中洛外堂舎・仏閣に楯籠り、徳政行はれざれば焼払ふべきの由」訴訟した（『建内記』嘉吉元年〈一四四一〉九月六日条）。さらに幕府が、徳政実施は「土民においては子細あるべからざるの由」を裁許したところ、土一揆側は「土民等殊なる借物なく、殊なる質物なし。公家・武家の人々切迫の条、痛はしく相存ずるの間、張行するところなり。悉皆同じく許さるべきの由」を訴えた（『建内記』同年九月十二日条）。土一揆が執拗に幕府徳政令を求めたことは疑いない。

もちろん土一揆が徳政令発布以前に浄蓮華院で債務破棄を強行し（『建内記』同年九月七日条）、出雲路の龍禅坊という土倉や松蔵という河崎の土倉を襲撃している（『建内記』同年九月十日条）こともまた紛れもない事実である。一方では幕府徳政令という公権力の裁許なしに「私徳政」を行いながら、他方では公権力に徳政令を要求する、この二つの行動様式がどのような関係にあるのか、これまでの研究では問題にされてこなかった。既に徳政状況の到来を呼号して「私徳政」を行っている土一揆に、さらに徳政令が必要であったのはなぜか。その手がかりは「訴訟」と称する土一揆の行動形態にあるように思われる。

以下、上記二つの点を考えていきたい。最初に武士との関係である。

1　天文十五年の土一揆

天文十五年（一五四六）十月、十一月に起こった土一揆は、土一揆に参加している武家被官の役割を知る上で有力な手がかりになると思われる。十月には土一揆が内裏に押しかけ、天皇から幕府へ徳政令を発布するよう命じてほしいと訴えた。結局天皇から将軍へはこのような命令は行われなかったが、訴訟集団としての土一揆を考える上で注目すべき行動といえよう。さらに十一月、土一揆は再蜂起し、幕府に徳政令を発せさせることに成功した。この二つの事件を順次にみていきたい。

(1)　内裏への訴訟

十月五日より京都で土一揆の蜂起がみられ（『兼秀公記』天文十五年十月五日条、『後奈良天皇宸記』同日条）、郷人らが禁裏へ立て籠もるらしいとの噂が立った（『兼秀公記』同日条）。広橋兼秀は「雑説勿論たるべし、但し聊か不審の子細あり。末世たるに候間、恐怖なきにあらず」（同上）と懸念を表明している。そして十月七日、とうとう土一揆は内裏の四足門の南に押しかけたのである。『兼秀公記』を中心にこの事件をみてみよう。

A『兼秀公記』天文十五年十月七日条

……一揆可立籠禁中之由風聞、此事定可為例雑説由存知候処、可為事実歟云々、其子細武家奉公者并奉行中両三人被憑彼□加意見云々、不宜所行、沙汰限也、然者可推参候条、無擬(疑)歟、為之如何、乍驚参内、参御前御湯殿上直有申入旨、又被仰下、今夜一定可推参之由、自方々申入云々、……一揆蜂起一定由有沙汰之間、戌刻計改朝衣、着夷衣、如案亥刻計一揆数千人着四足南申案内、徳政事被仰出武家之無御裁許者、立籠禁中、各可自害候由存定殆(殉カ)心云々、先代未聞儀、末代作法、非所及言語、為之如何、……

……勅答又御裁許也、三条・予支申云、為後代□、当時世上嘲□(嘲哢)、旁以可有御思惟事也、□只尚堅可仰出由申之、仰云、若令乱入者可為珍事、予申云、令乱入者、不及申題目也、推参門外之儀狼藉千万也、尤雖可追払□夜為俄事之間、官軍無人、若失利者如何候間、先以武略為御問答、猶以令乱入者、何不追払哉、雖多勢一揆不可有□事之由申之、然者御返事程、公武不被出合事也、雖然可歎申者、白昼可申歟、夜中強訴弥以狼藉也、可罷退之由可仰歟、然者其旨可仰云々、仍仰三人仰一揆等、不開御□(門)自築地上仰候処、一揆尤候由申之、各可帰之由申、罷退了、于時巳刻計歟、

一揆はもし天皇が幕府に徳政を命じなければ、内裏に立て籠もり自害すると訴えた。内裏では、一揆の要求を入れるかどうかについて議論したあげく、正当な訴訟を行うなら白昼に行うべきであるのに「夜中に強訴」するとは狼藉であり、まずは退散せよと申し渡したところ、一揆は「尤も」と承知して退散したというのである。一揆が政治的駆け引きに相当に長けた指導者に率いられる、高度に統制のとれた集団であったことを窺わせるが、この顚末については、『後奈良天皇宸記』(天文十五年十月七日条)にも『御湯殿上の日記』(同年十月七日条)にもこれ以上のことは記されていない。

ここで注目すべきは、内裏へ訴訟するという一揆の行動が、「武家奉公の者ならびに奉行中両三人」が味方を一揆

から頼まれて、「意見を加」えた結果であると噂されたことである。果たして事実かどうかは判らないが、土一揆と奉公衆や奉行など幕府関係者との連繋を想定する噂自体、当時の土一揆の実態を考える上で興味深い。この点は翌月の徳政令発布においてさらに明確になる。

(2)　一揆への徳政令発令

十一月四日ごろから徳政一揆が再度蜂起する（『兼秀公記』天文十五年十一月四日、五日、七日条、『後奈良天皇宸記』同年十一月五日、六日、七日条など）。そして九日ごろから一揆は東山にいて京都に入らず、一揆が大体望みを達したとの噂が流れはじめた（『兼秀公記』同年十一月九日条）。そして十日、幕府が徳政令をわざわざ一揆の大将にも渡すという形で徳政令が発布されるという結末に至るのである。引き続き『兼秀公記』によってこの点をみてみよう。

B『兼秀公記』天文十五年十一月十日条

午刻計徳政札、懸上下京云々、伊勢守披官佐々木朽木正了房□二郎両人持向之、於一条艮町遣一揆大将三井男云々、文言不違先例候、此間土倉等依歎申、過分礼銭諸奉公衆納取之、皆済以後又取次一揆之儀、又取礼銭、剰夜々自身交一揆責倉、結句申沙汰札之条、先代未聞猛悪、沙汰限云々、……

まず第一に、幕府の徳政令は札が懸けられて公示されるとともに伊勢貞孝の被官朽木正了房らが、一条艮町の一揆大将「三井男」に渡すためにもっていったことが知られる。一揆側の徳政訴訟に、幕府が具体的にどのような形で対応したかを窺わせるものである。

第二に幕府の奉公衆の動きが具体的に知られる。土倉からの防禦の依頼を引き受けて多くの礼銭をとりながら、他方で一揆の訴訟を取り次いで、一揆からも礼銭をとった。それどころか自ら一揆のメンバーとして土倉を攻撃し、徳政令発布に向けて圧力をかけたというのである。一揆が幕府の奉公衆を通じて訴訟を企てていたこと、それを引き受けた奉公衆自身が一揆に加わっていることが知られる。土一揆に加わっている奉公衆など武家の被官が一揆の訴訟を取り次ぐ役割を担う場合のあったことが知られる。

将軍の近習が徳政の訴訟を行った例は他にもみいだされる。一〇〇年近く以前のことではあるが、享徳三年（一四五四）十一月の分一徳政令が発布された要因の一つに、土一揆蜂起に対して九月に土倉が債務破棄に応じたのに対し、幕府は当初徳政禁制を行った（『東寺執行日記』九月二十九日条）にもかかわらず、「負物のこと人々愁訴を企て、御奉書を申請ふべきの由、密々その聞えあり、……公方近習の輩一揆の訴訟を致すと云々。又諸家より申請はるゝの子細あるの由、ある仁語るなり」（『康富記』享徳三年九月三十日条）とあるように、徳政令を望む声が高まったことがあげられる。その徳政令を望む声の一つに「公方近習」の「一揆」した訴訟がみえるのである。

こうしてみると徳政を求める訴訟を奉公衆が取り次ぐことは十分あり得たといえよう。従って武家の被官が一揆の中に混じっている理由の一つとして、彼ら自身が一揆の訴訟を斡旋する役割を担っていたことを想定することができよう。

この徳政令は一揆以外の京都住民には反発も多く、「質物の事、制札の旨に背き、拘惜せしめ、或いは人数を籠置き、或いは町人を相語らひ、物忩に及ぶ」（『蜷川家文書』天文十五年十一月十六日幕府奉行人奉書）動きもあった。しかし幕府は十分一を納入した上での徳政を容認し、事実多くの者がこれに従い、徳政ないし徳政免許の利益に与ったことは周知のところである（『賦引付并徳政方』）。

以上天文十五年冬の徳政一揆についてみてきた。注目すべきは、幕府の奉公衆が一揆の訴訟を取り次ぎ、また一揆蜂起に加わっていることである。土一揆における武士の役割が幕府への訴訟の取次ぎという形で具体的に知られる。

このことと前にみたように、噂ではあれ、幕府内に一揆の参謀がいて、内裏への訴訟を指示している形跡がみられることを考えると、幕府への訴訟という目的に関して、一揆の中で武家被官の参加がかなり重要な意味をもっていることが窺える。

2　幕府要人との接触

次に土一揆が蜂起する一方で幕府と接触したことが知られる事例として、延徳二年（一四九〇）三月の土一揆がある。これは土一揆が北野社に立て籠もり、鎮圧に向かった幕府軍との戦いの中で北野社が炎上するという事態になったものである。三月十七日、北野社と千本釈迦堂（大報恩寺）に閉籠（『北野社家日記』延徳二年三月十七日条）した。翌十八日に幕府は追討命令を出し（同年三月二十日条）、二十一日に細川政元の武将安富元家の率いる軍勢に加えて畠山政長、武田元信の軍勢が北野社を攻略し、一揆勢は北野社に火をかけて自害した（『親長卿記』同年三月二十一日条）。

(1)　土一揆からの接触

まず第一にこの時、北野社に立て籠もった土一揆の大将が上野元治の被官河頬、上山、及び、日野政資被官の渡辺源五であったことが知られる（後出C）。この他に大将として越前という「セイカツシ《(清閑寺ヵ)》承仕」を記している史料（『北野社家目代日記』延徳二年三月十七日条）もある。一揆の大将が、武士や公家の被官などであったことがその大きな特徴である。このような名前が史料に記されるに至ったのは、土一揆の側から幕府の大立者細川政元に接触を求めてきたからであった。次の史料をみてみたい。

C『蔭凉軒日録』延徳二年三月二十日条

土一揆未散、太嗷々也、……新見来云、就土一揆蜂起、自公方以諏方信濃守(貞通)、可払旨被仰付于安富(元家)、々々云、可応上命、雖然右京兆(細川政元)在摂州、相尋御返答可白云々、時自京兆中沢越前守(泰綱)・荻野次郎左衛門尉為両使、被相尋于安富云、一揆張本質之、可白云々、安富密相尋、則彼大将河頬玄番頭(玄蕃頭)被官・上山同前・渡辺源五日野殿(政資)被官此分也、両使云、自彼一揆衆中白京兆亦此仁体也、以故不覆蔵其仁体可被白之云々、

土一揆が蜂起した当時、細川政元は摂津におり京都を留守にしていた。留守を預かる政元の被官安富元家に幕府から土一揆を鎮圧すべく命令が下る。一方摂津の政元から中沢泰綱と荻野次郎左衛門尉の二人の使が上京して安富に会い、一揆の張本人の名を尋ねた。安富が調べたところ、上野元治被官の河頬、上山、日野政資被官の渡辺源五の名があがったのである。ところが中沢、荻野の両人が言うには、一揆側から細川政元に通知してきた者と同じであるというのである。

すなわち一揆は、一方で北野社や千本釈迦堂に閉籠するという実力行使に出ると同時に、他方では「大将」とみなされる指導者らが、幕府の管領をも務める最有力者の細川政元と接触していたことが知られる。土一揆は武力による北野社占拠を行うと共に、幕府要人とも接触していたのである。

(2) 被官関係と訴訟

さらに延徳二年のこの蜂起は、一揆の「張本」ないし「大将」が主人による保護を当てにしていたことが推測される。次の史料をみたい。

D『実隆公記』延徳二年三月二十七日条

抑細川玄蕃頭（上野元治）今度土一揆張行厳密成敗之間、余党等相引率之、可馳籠禁中之由、兒・女子謳歌、仍御所中警固衆事等被仰出武家、中沢備前守（之綱）奉行之云々、外様衆少々参仕云々、凡不可説事也、

一揆の首領の中には上野元治の被官がいたことは前述の通りであるが、彼らの一揆蜂起に対して当の主人の上野が、自分自身の被官によるものであるにもかかわらず土一揆を厳密に成敗したので、土一揆の一味が、今度は内裏に働きかけようとしている、という噂が立ったというものである。土一揆の首脳部が、土一揆の訴訟に自分の主人が一定の理解を示すもの、と見込んで、一揆蜂起を企てたことが窺える。

以上のことをふまえると、この土一揆の蜂起については細川政元、上野元治、上野被官という主従関係がよりどころの一つになっていることが想定できよう。こうした人脈が土一揆の、幕府への訴訟に有利であったことは言うを俟たない。有力な武将と被官関係にあるものが、土一揆の中で重要かつ中心的な役割を果たすことは何の違和感もなく理解できよう。

このようにみてくると、土一揆が主人の保護をよりどころにしていることを窺わせる例は他にもあげることができる。

たとえば、細川政元の被官内田弾正という者が延徳二年閏八月の土一揆の大将となっている事例である。内田は「鹿笛の上手」であり、これによって細川政元の寵愛をうけており、自ら「一揆大将」を望み、細川政元から任命されたという（『蔭凉軒日録』延徳二年閏八月十五日条）。もっともこの土一揆は「京兆より成敗の故」に退散したとの噂（『北野社家引付』同年閏八月十五日条）もあり、政元との主従関係が有利に作用したかどうかはわからない。しかし、大名と被官関係をもち、その寵愛をうけて土一揆を組織するようなケースも考えられる状況があった、とはいえる。

また細川政元が文明十七年（一四八五）八月、京都で土倉が債務破棄に応じる中で（『後法興院記』『実隆公記』）、細

川政元が「屋形」の前で土一揆の「点撿」、すなわち閲兵を行っていたのは著名な事実である（『蔭凉軒日録』同年八月十四日条）。この時蜂起した土一揆の「張本」ないし大将の一人は、細川政之の被官三吉というもの（『後法興院記』同年八月九日条、『十輪院内府記』同日条、『蔭凉軒日録』同日条）であった。

三吉は幕府方の軍勢に追われて細川政之の屋敷に逃げ込み、政之自身が屋敷を囲んだ幕府方の軍勢に対して「徳政張本人の事三吉一人にあらず、細川ならびに備中守護（細川勝久）被官人等これあり。各生涯《生害》せしめば、三吉事生涯《生害》致すべき由」弁明した（『後法興院記』文明十七年八月九日条）とも、「三吉を誅すべき」旨受諾した（『蔭凉軒日録』同日条）とも、「逐電と称」した（『十輪院内府記』同日条）ともいわれる。ともかく三吉はその後も徘徊し「傍若無人の体」（『蔭凉軒日録』同日条）だったという。恐らくは主人細川政之の庇護のもとで活動していたのであろう。

以上の事例にみられるような幕府要人と「張本」「大将」とのつながりが、一揆の活動を存立させる要件の一つだったと考えられる。（補註）

3　訴訟と武装蜂起

(1)　閉籠という行動様式

土一揆が幕府への伝を求めて訴訟する集団だとすると、その武装蜂起もまた、土倉・酒屋への襲撃や、それを鎮圧しようとする幕府軍との抗争のみを目的としているとは考えにくい。訴訟という目的に適った何らかの行動をともなっていることが予想される。その一つが寺院や神社（先ほどの例でいえば北野社）への閉籠であると考えられる。

嘉吉元年の土一揆と寛正六年（一四六五）の土一揆の場合、閉籠の目的が具体的に知られる。嘉吉元年九月、東寺に閉籠した土一揆は「徳政の事、公方様へ訴訟仕る。この事叶はざれば伽藍に火を懸くべきの由」宣言したという(『廿一口供僧方評定引付』〈天地二七〉嘉吉元年九月二十四日条)。閉籠が、徳政令の発布という要求が実現されることを目的とした行動だったことが知られるが、より鮮明に知られるのは次の寛正六年の場合である。

E『廿一口供僧方評定引付』(け一七)寛正六年十一月十二日条

一、土一揆等自去十日戌刻閇籠当寺之、其旨昨日十日注進両寺奉行方之由披露了、

一、同十日土一揆等申云、為訴訟居住于当仕《(当寺カ)》者也、万一払衆被発向、可被開針貫《(釘貫)》之由雖被申、放不可開之《(ママ)》、且其旨此方江可承也、若無其儀者可懸火於堂舎也、次於境内者更々不可致濫妨狼積《(狼藉)》也、万一左様之事仕者有之者、急承テ堅可致成敗也、曾不可致無理之儀云々、此旨委細披露了、

一、同十一日又申云、当寺ニ閇籠之由ヲ急有御注進于公方様ニ、早々可被打御法之札也、依其御返事可退散云々、同披露了、

一、同暁兵粮所望事、同披露了、但是ヲ不食者也、

一、同暁退散畢、其旨又両寺奉行方へ注進之了、

東寺を占領した土一揆は、第一に訴訟を目的とした占拠であり、幕府の鎮圧軍の要求に応じて釘貫を開いてはならず、幕府軍の意向を土一揆方へ知らせること、もしそうしなければ東寺の堂舎に火を懸けることを警告している。第二に一揆側から東寺の境内で乱妨・狼藉をしないことを保障し、もし一揆内部にそのような行為に及ぶ者がいたならば、東寺からの訴えがあり次第、一揆の手で処罰することを請合っている。そして第三に翌日にも土一揆が閉籠したことを幕府に注進して、早期に「御法の札を打たるべき」こと、すなわち徳政令の発布を行うよう働きかけることを要請している。

ここには一揆の武力蜂起が、そもそも徳政令を発布するよう幕府へ働きかける手段であり、幕府の権威や権力を攻撃するためのものではないことが表明されている。現代人の眼からみれば、幕府軍との戦いを予定した武力蜂起は、幕府の権威や権力を否定する指向性をもったもの、とみえるが、土一揆は何ら幕府の権威も権力も否定していない。却ってその権威、権力による徳政令が実現することを第一の目的にしていると考えられる。

ちなみに徳政を求める土一揆が東寺に閉籠したのは、応仁・文明の乱以前に限っても、この二例以外に文安四年（一四四七、『建内記』七月十八日条）、享徳三年（一四五四、『東寺執行日記』九月三日条、『廿一口供僧方評定引付』九月十一日条）、長禄元年（一四五七、『経覚私要鈔』十月二十五日条）、長禄三年（『廿一口供僧方評定引付』十一月十日条）、寛正三年（一四六二、『碧山日録』十月三十日条）などの例がみられる。文明十八年に至っては、閉籠した土一揆と幕府軍との交戦で東寺は金堂以下七宇が焼失したのであった。

土一揆が自ら要求する徳政令の発布を実現するための圧力として、東寺など寺院に閉籠するという行動様式がかなりしばしばみられることが確認される。このように考えると土一揆の武力による行動は、少なくとも徳政状況を主張のみを眼目としていたわけではなく、徳政令の発布もまた土一揆のめざした重要な目標だったと考えなくてはならない。徳政令の要求と私徳政の強行との間には、なんらかの関連があったとみることができる。両者を関連させる論理はどのようなものであったか、以下これを考えてみよう。

(2)　土倉との抗争

十五・十六世紀の京都周辺で徳政を求める土一揆が蜂起した事例をみてみると、徳政が果たして実現するか否かは、土倉を襲撃して債務破棄を強行しようとする土一揆と、これを阻止して土一揆を駆逐しようとする土倉との戦闘の勝敗如何による場合がかなり多いように思われる。このような印象は、たとえば明応四年（一四九五）十月に京都で蜂起した土一揆については次のような観測がなされていることからも裏付けられる。

すなわち十月二十一日の時点では、「西院辺において倉方合戦に及ぶ。大将細倉なり。打負け、高屋倉打たれをはんぬ。子手を負ふ。内者一両人打たる。聟手を負ふ。倉方迷惑なり。……今においては徳政必定なり」（『大乗院寺社雑事記』明応四年十月二十四日条）との観測がなされたものの、二十二日になり「京都土民と倉方合戦、土民打負け、数百人頸を取ると云々、今の分は徳政行くべからずと云々」（同年十月二十六日条）との、逆の観測がなされるようになった。このことに端的にみられるように、徳政の実現は土一揆と土倉との合戦の勝敗如何と、当時の社会ではみなされていたことが予想される。

さらに徳政令発布の如何にかかわらず、土倉が債務破棄に応じた時点で徳政が始まる場合も目に付く。たとえば享徳三年九月の土一揆の際には土一揆が土倉に押し寄せて鬨の声を揚げ「諸人の質を出すべきの由攻徴《（マヽ）》」したので、土倉は受諾し「明日より質を出すべきの由を請負ふの間、土一揆等退散」したという（『康富記』同年九月十一日条）。これは著名な分一徳政令の発布される二ヶ月近く前のことであった。

そしてまた徳政の実施に際して必ずしも幕府の徳政令が発令されるわけではない。たとえば文明十七年の土一揆の際、土倉の債務破棄は行われたけれども、幕府は徳政令を発令した覚えはなく、「御存知の如く、土一揆等御制止に応ぜず、雅意に任せ緩怠を致したる事」である、との立場を崩していない（『蜷川家文書』文明十八年八月蜷川親元書状）。幕府によって徳政令なしの徳政実施が、現実にはしばしばなされたとみることができる。

結局のところ徳政の実施如何は、土一揆と土倉との力関係によりきまるものとみることができる。徳政要求は両者の相論の始まりであり、私徳政は両者の相論の形態であり、そして徳政の実現は何よりも両者の相論の結果だとみることもできる。こう考えれば相論の大きな成果であるはずの幕府徳政令を、私徳政と対立的なものとみることは必ずしも妥当ではないように思われる。ここで嘉吉元年九月に徳政令の出された経過をみてみたい。ここでは土一揆の私徳政が、かなりの役割を果たしているとみられるのである。

F①『建内記』嘉吉元年九月十日条

今度土一揆蜂起事、土蔵一衆先訴管領、出千貫賄賂、元来為政道止濫吹、可防戦之由、領状之処、今不防得之、諸大名《畠山等》且不同心人々在之、仍管領返千貫、止防禦云々、但為政道争可聴土民之濫吹哉、仍可任彼等申請之由、不及下知云々、

F②『建内記』嘉吉元年九月十二日条

土一揆猶以発向、所々揚時声、嗷々以外也、大略任申請可被行徳政云々、於土民者不可有子細之由裁許之処、土民等無殊借物、無殊質物、公家・武家人々切迫之条、痛敷相存之間、所張行也、悉皆同可被許之由、土民猶申之、仍滞偏（滞停）云々、土民及此儀者、恐後日之罪科、頻不論尊卑、可被裁許之由申請云々、

まず幕府管領細川持之に対して土倉から「千貫の賄賂」を贈る働きかけがあり、細川持之は土一揆の攻撃に対する土倉の防衛を了解したものの、畠山持国など諸大名の同心が得られず、土倉の防衛は実現せずに終わり、持之は結局賄賂を返却するはめになった。ただし、それでも「土民の濫吹」を許すわけには行かないとの理由で、十日に万里小路時房が情報を得た段階では土一揆の要求する徳政の容認には至らなかった。しかしその後も土一揆の「発向」すなわち私徳政が収まらず、十二日の情報では幕府は徳政容認に傾くに至った。さらに土一揆は自分たちの私徳政容認のみならず、万人に適用される徳政令の発布を要求し、結局それが容れられることになったことは周知のところである。

以上から次の点が知られる。まず土一揆も土倉も、共に幕府へ働きかけていること、すなわち両者の相論にあって

幕府の意向が大きな意味をもっていたことが知られる。先ほどみた天文十五年の土一揆蜂起の際に、土倉側も土一揆側も共に奉公衆に礼銭を渡していること（B）も同じ文脈でとらえることができよう。

第二に幕府の内情から土倉の防衛ができなくなっても、ただちに徳政容認となるわけではなかったものの、土一揆の「発向」「物々もつての外」という私徳政の盛り上がりが大きく影響して、幕府が徳政の容認に傾いていったことが窺える。土一揆の土倉への攻撃が私徳政の実現のみならず、徳政令の実現を展望したものであることが想定される。前述のように、土一揆の訴訟を取り次いだ奉公衆が一揆に交じって夜な夜な土倉を攻撃していること（B）も同様に考えられる。土倉との相論において、幕府への訴訟を有利に進めるためには相論の相手を直接武力でたたき、譲歩を引き出すことも有効な手段だったと想像される。

こうしてみると私徳政を徳政令発布への働きかけとして理解することは、十分可能であるといえよう。一方で幕府に訴訟しながら、他方で徳政の主張を受諾させるべき相論の相手を攻撃するという行動は、現代人には少なからず理解しにくいことである。しかし中世にあってみられないことではない。

一例として、嘉禄三年（一二二七）に行われた山門による法然の弟子たちを中心とする専修念仏者への「弾圧」をあげることができる。この事件は通常、山門による宗教的弾圧とみられているが、山門は朝廷への訴訟を行っており、両者の相論による訴訟という性格を有していた。平雅行氏の研究（4）によると事件の概略は以下の通りである。

元仁二年（一二二五）に延暦寺の僧定照が『弾選択』（法然の『選択本願念仏集』弾劾の書とみられる）を著し、これが京中に披露された。これに対抗して法然の弟子隆寛が『顕選択』を著し、その弟子によってこれが東国に披露された。東国の「無智道俗」は皆『弾選択』を誤りとしたため、「是非を決せんがため」定照は両書を山門に送り「三塔の碩徳、一山の衆徒」に披露したところ、大いに動揺が起こり、嘉禄三年六月に三度三塔の集会が開かれ、専修念仏の停止を朝廷に奏聞することになったのである（『金網集』五・浄土宗見聞・下）。ところで朝廷への奏聞後に、朝廷から山門に次の綸旨が発せられた。

G『金網集』五・浄土宗見聞・下

専修念仏事、任奏聞之趣、欲有計御沙汰之処、衆徒等下遣所司於末寺内、擬破却彼等住坊之由、有其聞、事若実者、定喧嘩事出来歟、還不可有沙汰之詮哉、早可被停止此企候、……綸言如此、仍言上如件、頼隆誠恐頓首謹言、

七月四日辰剋　　右中弁頼隆　奉

進上　天台座主大僧正御房政所

朝廷への奏聞が既になされ、目下訴訟の途中であるにもかかわらず山門衆徒が部下を末寺に派遣し、専修念仏者の住坊を破却せんとすることを停止するよう命じたものである。Gから山門が、朝廷に訴訟すると同時に、専修念仏を掲げる法然の弟子集団へ攻撃を加えるという、両様の方針を実行していることがわかる。

こうした事例を考慮すると、土一揆の幕府に対する徳政令発布の訴訟と、相論の相手である土倉・酒屋に、債務破棄に応じるべく加える武力攻撃とを、殊更相互に異質なものとみる必要はないのではないか。自力救済の中世にふさわしい形態の訴訟が、土一揆によってなされた、とみることもできるように思われる。

(3)　和睦としての徳政令

前節で想定した土一揆の、土倉への攻撃（自力救済）と幕府徳政令の要求（訴訟）とが混然となった行動を別の面から検討するために、土一揆と幕府軍との交戦に注目してみたい。徳政実現のきっかけとして注意を惹くのは、土一揆が私徳政の鎮圧に出撃してきた幕府軍を撃破する場合である。享徳三年九月の土一揆の際には土一揆鎮圧に向かっ

た斯波氏の軍勢が「雲霞の如き」土一揆をみて退却したため、「下辺で土倉質物これを取るなり」という事態になり（『師郷記』享徳三年九月十一日条）、翌日には「今日上辺の土倉質物、今日より西へ《ママ》これを取る」という結果となった（同年九月十二日条）。

長禄元年（一四五七）十月の土一揆では、二十七日に土一揆鎮圧に向かった管領細川氏を始め山名、一色ら諸大名の軍勢が、土一揆に大敗を喫してしまう（『経覚私要鈔』長禄元年十月二十七日条、『山科家礼記』同日条）。翌日土一揆は「四条の仏師所を破却し、公方勢の下るを相待」ったが「今日は昨日と相替り、早鐘・時《関》の声断絶、事のほか静かなり」という状況（『経覚私要鈔』同年十月二十八日条）であり、翌々日の十一月一日から土倉の質物返還と債権放棄が始まったのである（『経覚私要鈔』同日条、『山科家礼記』同日条）。

幕府軍は攻撃を停止してしまったが、土一揆側は幕府軍の出撃に備えており、依然幕府軍に抗して私徳政を強行する姿勢を保っている。一方で幕府の裁定を仰ぎ、他方では幕府軍と交戦するという行動も現代人には少なからず理解困難であるが、土倉が幕府軍の敗北をきっかけに土一揆に譲歩した事実は前述の通りである。幕府軍との交戦が土一揆と土倉との相論において、土一揆側に有利な結果をもたらしたのはなぜだろうか。土倉がこの段階で債権放棄に応じたのは、どのような事情に基づいているのだろうか。

ここで注目されるのは幕府が嘉吉元年と永正元年とに、二度の徳政令を、しかもそれぞれ異なる性格と思われるものを出している事実である。(5) まず嘉吉元年である。

H①『建内記』嘉吉元年九月十四日条

定　徳政事、

右、可為一国平均之沙汰之旨、被触仰訖、早可令存知之由、所被仰下也、仍下知如件、

嘉吉元年九月十二日
　　　　　　　　　　　　　　　　　　中務少輔源朝臣（京極持清）

H②『建内記』嘉吉元年閏九月十二日条

徳政条々　嘉吉元　閏九　十

一、永領地事、

任元亨例、過廿箇年者銭主可領知、至未満者可被返付本主、但為凡下輩者、不依年紀領主可相計之、

……

一、土倉以下流質事、

過約月者、任法可為銭主計、

H①は前述のように、諸大名が一揆鎮圧の命令に従わず、一揆の攻勢が衰えないことにおされて出されたもの、H②はさらにその一月ほど後に「永領地」、幕府発給の証文のあるもの、「売寄進地」など種々の売却地・債権に関する規定を定めたものである。なぜ後者の徳政令が出されたのかについて従来の説明は、一揆の動きが「ひととおり落着いたところで詳細な規定を発表した(6)」というものである。しかし『建内記』は以下のような事情を記録している。すなわち土一揆がなお訴訟をやめず「永代沽却地・年紀契約」などすべて徳政を実施しようとしたため、債権者側が抵抗するに至った（嘉吉元年閏九月三日条）。幕府は左右弁官局に先例を問い合わせるなどして（同上）H②の徳政令発布を行ったという（同年閏九月十二日条）。

しかしH②では、土一揆の要求する永代売買地の徳政は無条件に許容されていない。さらに、この後山門の訴訟によって永代売買地は徳政適用外となったのは周知の事実である。H①が一揆に押されて発布されたのとは対照的とい

えよう。このようにみると、二度目の徳政令は単に細目を規定したというだけではなく、むしろ最初の徳政令による紛争を収拾する性格の強いものだと考えられる。H①を土一揆に妥協した徳政令とすれば、H②は徳政による紛争を収拾するための徳政令とみることができよう。

次に永正元年（一五〇四）の徳政令は次のようなものである。

I①『二水記』永正元年九月十一日条

今日為武家徳政之成札《制札》ヲ被打、

I②『蜷川家文書』（『中世法制史料集』二、三二二―三二三）

徳政条々

一、神物事　限伊勢・熊野・日吉講銭

不可有改動之儀　但、不載彼神名者、難被信用歟、

一、永領地事、

同前　但、為出銭主返状之年紀内者、不及其沙汰、

……

右条々慥被定置之上者、各守此状、収納彼分壱、可給奉書、……

永正元年十月二日

I①の方は、細川政元の家臣薬師寺元一の謀叛が露顕し、元一は淀藤岡城に走り、西岡衆が蜂起する、というなかで発令されたものである。ただしこの段階では、幕府は別段土一揆の攻勢に追い詰められて発令した形跡はみられない。この後京都近郊の住民に半済を免除することを条件に、香西又六の手で土一揆が動員されるなどして、薬師寺元

一の乱が鎮圧されたことはよく知られている。[7]これに対してＩ②の発令の契機はよくわからないものの、恐らく徳政実施をめぐる紛争であったことが想像される。[8]

Ｉ②の徳政令は、これまで幾度も発令されたものと大同小異のものであり、嘉吉の場合のように、幕府に発令の準備がなかったとする想定は困難である。従ってそれ以前に発令されたＩ①の徳政令は薬師寺元一の反乱とそれにともなう蜂起に対する極めて戦術的な性格の強いものとみることができよう。

このようにみると「天下一同」の徳政実施を主眼とするものではない、土一揆との駆け引きの中で戦術的に出される幕府徳政令の存在したことが窺えよう。幕府は土一揆に対する戦術的観点から、その要求に譲歩・妥協して徳政令を発布する場合もあったと考えられる。言い換えれば、軍事的打撃などにより生じた、政権の存亡に関わる非常事態とは必ずしもいえないような状況においても、土一揆の武力行使に譲歩して徳政要求に応じる場合もあったということになる。現代にあっては想定の難しい、武力を行使した要求に対する政権による公然たる戦術的な妥協が中世には行われていたことが予想されよう。

こうした状況をみた場合、土倉が幕府軍の敗北を徳政実現へ向かう情勢の一ステップと判断したことは極めて自然に思われる。また土一揆にも幕府の鎮圧軍に対する武力行使が、幕府の妥協による徳政令を引き出し得るとの展望が存在したと想定することができよう。従って土一揆が訴訟を称しながら、一方で相論の相手や裁定者に武力行使をするということがなかば公然と行われていたのだと想像される。[9]

さらに幕府以外にも、徳政を求める土一揆の武力行使に対して、これと対峙する側が妥協し和睦するために徳政令を発した事例をあげることができる。

Ｊ「社頭之諸日記」（『集古文書』五八至六〇）

……

一、廿五日山城賀茂待《侍》、彼御得政事御中人アリ様、
一、見質本三分一ニテ可請事、
一、憑支大小ヤフルヘキ事、
一、五ヶ年以前ノ借書ハタヽ、可出事、
一、去年以前地子ノ未進ナスヘカラサル事、
此分ニテ定了、雖然ワキ〳〵ノアイテニヨリ本ハカリヤ、又半分ニテ弁、

正長元年（一四二八）に奈良で発せられた著名な徳政令である。この徳政令発令の経緯は今までなぜか注目されていない。しかしこれは土一揆と対峙する興福寺衆徒など、奈良側が土一揆との和睦を意図して発したものであることが知られる。奈良を取り囲む「馬借」すなわち土一揆と対峙する中、南方の宇陀などから、土一揆が襲撃をかけて徳政を強要し、中にはこれに応じる寺院も出るようになった（『東大寺転害施行日記』）。戦況が奈良にとって不利となったため、山城国加茂の侍たちが「中人」すなわち和睦の仲介者となって両者の交渉が行われ、土一揆の要求する徳政を実現することで折り合いがついたのである。

しかし発令後にも「債務の三分の一」の支払いによる債務破棄という徳政令の規定に従わず、債務の元本や二分の一を支払った者もいた。この徳政が必ずしも地域全体に歓迎されたわけではなく、むしろ土一揆との和睦・妥協という側面の強い徳政令であったと想定することもできよう。この事例からも戦術的な妥協の産物として徳政令が発せられることが、中世後期にあっては決して珍しくなかったことが窺われる。徳政令の発令が軍事的要因によることを指摘した最近の研究(10)ともあわせ、興味深い事実と思われる。

おわりに

寛永十五年（一六三八）正月、肥前国南有馬の原城に立て籠もるキリシタン一揆に対し、これを包囲する幕府軍の総大将松平信綱は、武装蜂起して籠城したことを詰った上で「しかしながら天下に恨みこれあるや。又長門（島原城主松倉勝家）に一分の恨みこれあるや、その恨み一通りにてこれあらば、如何様とも望みを叶へ、和談を遂げさせ、下城仕り、本所の家宅に帰し」耕作を許し、飯米を与え、その年の年貢を免除することを提案した（『新撰御家譜』正月中旬松平信綱証状）。これに対し一揆側は、今度下々の者たちが籠城したことは「国家をも望み、国主をも背」くためでは更々なく、「天下様より数ヶ度御法度」すなわちキリシタン禁制に「度々迷惑致し」ており、厳しい禁制のために信仰を捨ててしまえば「今度の大事」つまり神による救済が「空しく罷りなるべき処、悲歎身に余り候故、かくの如き仕合に候」と矢文で回答したという（「城内矢文」[11]）。

天草・島原一揆の武装蜂起が訴訟を目的としたものとみなされており、一揆側も自らの武装蜂起が信仰容認の訴訟を掲げてのものと主張したことについては、第二部第四章で詳しくとりあげたいが、これもまた土一揆の訴訟と同様の性格を有していたことを物語るものである。その点で「此度の騒動、寛永、慶安の頃、天草四郎や由井正雪等の類の一揆にはあらで、嗷訴のことに候へば、手道具を持たざるは勿論のこと」（「信達騒動記」）にみえる百姓一揆の訴訟（「嗷訴」）とは異なる訴訟と考えられる。

そして一方、これまで述べ来たったように、十五・十六世紀の土一揆は武力蜂起をこととしながら訴訟という性格をも色濃く併存させていたと考えられる。それは一揆の中で行動した武家被官が、幕府への訴訟を媒介するという側面にも、土倉・酒屋に対して一方では既に武力による私徳政を行いながら、他方では幕府へ徳政令発布を訴えるという側面にも、さらにその幕府軍にも実力で抗するという側面にも窺うことができる。そしてここには「訴訟」という言葉から現代人が想定するのとはかなり異なった、中世独特の訴訟の姿が現れているように思われるのである。

註

(1) 藤木久志「応仁の乱の底流に生きる―飢饉難民・徳政一揆・足軽たち―」(同『飢餓と戦争の戦国を行く』朝日新聞社、二〇〇一年、初出二〇〇〇年)。
(2) 村田修三「惣と土一揆」(『岩波講座日本歴史』中世三、一九七六年、一六二頁)。
(3) 勝俣鎮夫「地発と徳政一揆」(同『戦国法成立史論』東京大学出版会、一九七九年)。
(4) 平雅行「嘉禄の法難と安居院聖覚」(『日本中世の社会と宗教』塙書房、一九九二年、初出一九八五年)。
(5) 永正元年に二度にわたり徳政令が発布されたことについては、桑山浩然氏がいち早く指摘しておられる(同「室町時代の徳政」、稲垣泰彦・永原慶二編『中世の社会と経済』東京大学出版会、一九六二年、五二〇―五二一頁)。
(6) 中村吉治『土一揆研究』(校倉書房、一九七四年、二〇九頁)。
(7) 田中克行「村の「半済」と戦乱・徳政一揆」(同『中世の惣村と文書』山川出版社、一九九八年、初出一九九三年)。
(8) 『実隆公記』九月二十五日条に「徳政の事法を定めらるゝの之上は、質物等これを取る、松田豊前頼亮これを相談じ、成敗を加へをはんぬ」とあり、徳政実施について幕府の奉行人が動いていることが知られる。
(9) 当時「訴訟」と呼ばれたものは武力行使と無縁な行為とは限らなかった。永禄八年(一五六五)五月の足利義輝暗殺事件を描いた『永禄記』は、暗殺を実行した三好義継一党が「公方様へ訴訟あるよし申触て、三好訴状を捧げて、条々御点を申請る。その間に御構へ人数を入るゝなり」と記す一方、義輝母慶寿院が「訴訟叶へ給ふにおいては公方様御恙あるべからず」と考え「御点は如何様にも加へ給ふべきよし」意見したと述べ、「訴訟」主体が武力行使を行うことを計算に入れて行動する様が描かれている。
(10) 阿部浩一「戦国期徳政の事例検討」(同『戦国期の徳政と地域社会』吉川弘文館、二〇〇一年)。

（11）　鶴田倉造編・松本寿三郎監修『原史料で綴る天草島原の乱』（本渡市、一九九四年、一〇五三号文書）。『綿考輯録』寛永十五年正月十三日城内矢文。

（補註）　土一揆においては一揆に参加し、少なからぬ場合主導的位置を占める武家の被官が、幕府への訴訟に大きな役割を果たしていたのに対し、やはり民衆の組織体である村が幕府へ訴訟する場合には、管見の限りでは村の荘園領主を介して、幕府への訴訟を行う場合が目立つように思われる。

たとえば、村の行動に対して後日幕府などによる処罰が予想される場合、村は荘園領主に保護を求めたと思われる。次の事例をみてみたい。

『北野目代日記』明応八年十月三日条

一、はゝ（馬場）の地下人皆々上候、申子細者、さる間土いき（土一揆）今日北野へ入候ハんする由申候、定而来候ハヽ、火も付、くわんたいを仕候へく候間、出銭を仕候て大しやう（大将）の方へも侘言を可申心中、諸祠中又宮仕中皆々御同心候ハヽ、少事つゝの出銭をも御合力候て可然候、又いかゝとおほしめし候ハヽ、御返事承へく候、又来候て人を出候へと申候ハんする時、同心と申、若物をも出候ハヽ、くるしかるましく候へ共、万日（万一）以已後曲事之由御意候てハめいわくまゝ（ママ）申入候、いつれも〳〵御返事を承候てかくこ仕へく候由申候、

一、松梅院（禅予）ヨリ御返事、出銭之事ハ中々御同心あるましく候、つちいき来候て緩怠仕候ハヽ、たうさつくのいにて候間、若衆一二人もしたて、出候へ、もし御や方（細川政元）ヨリくせ事の由候ハヽ、此方ヨリ申わけられ候へく候由候、そうしやかへとの、則此旨はゝのちやう人まこ左衛門皆々申候、

明応八年九月に京都周辺の各地で土一揆が蜂起した時のことである。北野社領の馬場では、土一揆が侵入して放火、掠奪などを行うことが予想されたために、土一揆に示談金を払うと共に、土一揆が陣夫など人夫徴発を行った場合に若衆を提供する方針を決め、出銭については北野社に合力を依頼したいこと、また後日に人夫徴発に応じたことを幕府から咎められた場合の対応を北野社に依頼した。

これに対して荘園領主である北野社家は、地下人の出銭に合力はできないけれども、人夫徴発に応じる方針は了承し、後日「御屋形」、すなわち細川政元より咎められた場合には荘園領主自身が弁明をすると回答した。

村が自衛するための法的手段としては、荘園領主の存在が有力であったことが窺える。この他にもこの時、鹿苑院領の松崎・福

枝が、土一揆に対する幕府の鎮圧軍の攻撃により類災が及ぶことが予想された際、荘園領主の鹿苑院が幕府政所の伊勢氏と接触し、制札を獲得している（『鹿苑日録』九月二十八日条）。村にとっては多くの場合、荘園領主という強力なパイプが存在した。幕府関係者との被官関係を手がかりとする土一揆との差異がここに現れていると考えられる。

第三章　一向一揆と土一揆

はじめに

戦国時代に本願寺門徒により組織され、武装蜂起した一向一揆は宗教一揆とされているが、その内実は未だ十分明らかにされたわけではない。「宗教一揆」という言葉からさしあたり考えられるのは次の二つの要素である。第一に一揆集団の結合がある特定の宗教への帰依に基づいていること、第二に一揆の構成員がある特定の宗教的信条に基づいて武装蜂起していること、の二つである。

前者についてはいくつかの事例を指摘することができる。たとえば加賀一向一揆の組織は、「江沼郡」「能美郡」「石川郡」「河北郡」と称される本願寺門徒の一揆であった(1)。また元亀・天正年間、織田信長の軍勢と戦った石山合戦の際、本願寺が発した軍事的指令は「相州坊主衆中・武州惣門徒中」(『相州文書』大住郡上落合村長徳寺所蔵六月十三日顕如消息)、「湯次誓願寺惣門徒中」(『富田文書』正月二十五日下間頼廉奉印判奉書)、「越中坊主衆中・門徒惣中」(『勝興寺文書』五月十五日教如消息)などのように、「坊主衆中」「門徒衆中」や某寺「門徒衆中」のように、明らかに門徒の組織とみられるものに宛てられている。

問題は武装蜂起の方である。本願寺門徒の軍勢に属していたものは、すべて門徒であったと考えてよいのだろうか。僧侶が「敵の方へ懸る足は極楽浄土へ参ると思へ、引退く足は無間地獄の底に沈むと思ひて、一足も退くべからず」

と軍勢を鼓舞した、という伝説（『賀越闘諍記』）からみると、軍勢が宗教的信条で結束していたとみることもできる。だが一方、元亀三年（一五七二）六角承禎らを擁して近江国三宅・金森を拠点として蜂起した本願寺勢力に、「真浄坊」という「他宗」の僧が参加していた（『福正寺文書』正月十九日下間正秀書状）という点をみると、武力の総体が門徒のみとみるわけにはいかない。さらに武力動員という観点からみた場合、一向一揆とはいえ、その戦闘に傭兵や「食うために」従軍した流民たちが全く干与していない、とは想定しにくい。(2)

また仮に宗教的信条に支えられて蜂起したとしても、その信条が日常的な師檀の関係に培われたものであるかどうかは疑問の余地がある。近江国芦浦金乗寺（草津市）の伝承では、同寺の開基は遠藤左近という武士であり、本願寺顕如に従い、織田信長と戦った後、真宗に深く帰依するようになり、明乗と名乗って道場を開くに至ったという。(3)信仰をもつ以前に教義による檄に従った武士が存在したことを暗示するものである。

またこれも宗教一揆として知られる島原の乱の戦場となった原城から、銃弾を鋳潰して製造した十字架が多数発見されている点も注目される。(4)少なくとも、原城籠城前に十字架を保持していなかった籠城者の存在が想定できるのではないだろうか。宗教的救済をアピールした指導者の檄に応じ従軍した場合にも、一揆に従軍する以外選択の余地がない状況の下で武装蜂起に従った、という者も案外少なくないように思われる。

戦国時代に宗教一揆とされている、武装蜂起の実態はどのようなものであったのか、未だ解明されていない点は多いと思われる。この点に関わって一向一揆がしばしば「土一揆」と呼ばれていることを手がかりに、一向一揆の武装蜂起の実態を垣間みてみたい。

1 「土一揆」と呼ばれる一向一揆

最初に一向一揆がしばしば「土一揆」とみなされていることを確認しておこう。第一に文明六年の加賀国における、東軍方の武将富樫政親を擁する本願寺門徒と、西軍方の加賀国守護富樫幸千代及びこれと結ぶ真宗高田派の門徒との戦いである。この戦いを本願寺門徒側の蓮如は「今度加州一国の土一揆となる」（『柳本御文集』）と記している。また『大乗院寺社雑事記』が「加賀国一向宗土民〈無碍光宗と号す〉侍分と確執し、侍分悉くもつて土民の方より国中を払ふ」（文明六年〈一四七四〉十一月一日条）と記している。「一向宗土民」「土民の方」との表現から、「土民」の蜂起すなわち土一揆とみられていたことが窺える。

第二に永正三年（一五〇六）に越前で起こった朝倉氏に対する本願寺門徒勢力の蜂起をあげることができる。足利義澄を擁する細川政元と政元から追放された前将軍足利義稙との対立により各地で武装蜂起が起こり、本願寺が政元に味方したため、本願寺門徒も各地で蜂起した。越前の蜂起もその一つであり「越前土一揆一向衆、又甲斐牢人去十三日より蜂起す、国衆勝ちを得、一揆一万人に及び死すと云々」（『宣胤卿記』永正三年七月二十一日条）と記されている。「一向衆」と「甲斐牢人」（朝倉氏に追われた甲斐氏方の武士）による武装蜂起が「土一揆」と呼ばれているのである。

これに関連すると思われる武装蜂起が五月に美濃国で起こっている。「玄清法師、松田豊前等来る、濃州一揆蜂起の事これを語る。驚き入るものなり」（『実隆公記』永正三年五月八日条）「隆永朝臣の状濃州より到来、使僧なり。土一揆の事なり」（『宣胤卿記』同年五月十六日条）と記される。この蜂起が本願寺門徒によるものかどうか疑問の余地はあるが、永正三年に「或いは京都より発向、或いは土民一向宗蜂起につき合戦」が起こったとされる「所々」に「美

濃」が含まれている（『東寺光明講過去帳』）点、これも本願寺門徒の蜂起を土一揆と呼んだ事例といえるかも知れない。(5)

第三に享禄五年（一五三二）奈良で起こった本願寺門徒の蜂起が上げられる。これは「享禄・天文の争乱」とも呼ばれる享禄五年から天文四年（一五三五）にかけての畿内の争乱の一こまである。細川晴元とこれに対立する細川晴国や本願寺など反晴元勢力との戦いのきっかけとなった蜂起であるが、これは「去年土一揆」（『蓮成院記録』天文二年三月五日条）と記されている。さらに天文二年二月堺における晴元と本願寺勢との合戦は「土一揆大将分本願寺、大坂辺に城を構へ、近国の一揆蜂起せしめ、雅意に任す、細川殿已下没落せられをはんぬ」（『蓮成院記録』天文二年四月条）と記されている。『快元僧都記』は「奈良興福寺、一向宗一揆蜂起、悉く焼亡す」（享禄五年七月十七日条）と記している。

また京都では天文元年八月二十四日に法華宗徒の率いる京都住民により山科本願寺が焼き討ちされるという事件が起こったが、この時の本願寺勢は「土一揆」（『本満寺文書』七月二十三日大館高信書状）、あるいは単に「一揆」（『本満寺文書』十月十一日大館高信書状）と呼ばれている。さらに享禄・天文の争乱を通じて、本願寺門徒の蜂起を単に「一揆」と呼んでいる史料がしばしばみられる（『言継卿記』など）。これもまた「土一揆」「一揆」という呼称が一般的であったことを窺わせるものといえよう。

以上みてきたように、本願寺門徒の武装蜂起は「土一揆」または「一揆」と記されている。『続応仁後記』は、いわゆる一向一揆を「檀那の土民」による「土一揆」（巻第二）とか、「一向宗土一揆」（巻第三）とか記している。宝永八年（一七一一）に刊行された小林正甫の著作『重編応仁記』の一部であるが、足利義昭没落以前の史料を基礎に叙述されたとみられる点は、すてがたいものがある。(6)そもそも「一向一揆」という熟語の名称は管見の限り同時代史料に現れない。一方上述したように「土一揆」ないし「一揆」の名称はしばしばみられるのである。そして十六世紀後期には、土一揆は単に「一揆」と呼ばれるようになっていた（第二部第一章・第四章）。こうしてみると仮に一向一揆が宗教的信条により武装蜂起したにしろ、当時の人々からは土一揆とみなされていたと想定することもできそうである。

以上のような見方に立つと、むしろ一向一揆がなぜ「土一揆」ないし「一揆」と呼ばれていたのか、を検討する必要があると思われる。本願寺門徒の戦闘を具体的に示す良質な史料はほとんどないが、わずかのてがかりによってこの点を推測してみたい。

2　武装蜂起の実態

まず武装蜂起の実態が窺える希有の例として、『大乗院文書』に収められた「享禄・天文之記」がある。これは前節で述べた、享禄五年七月に奈良で蜂起した一向一揆に関する史料である。[7] ここでは武装蜂起のかなり具体的な動きが知られる点注目される。

A「享禄・天文之記」（『大乗院文書』内閣文庫蔵）

一、享禄五年丙辰七月十七日寅刻ヨリ一揆乱入由聞へけれハ、禰宜衆老若共ニ、女房・子共社頭廻廊、御門、又本宮へ上ル処ニ、辻衆、谷、白毫寺、忍辱山、大平尾、セイタリン（誓多林）此衆本宮江上リ、禰宜衆ヲ剝取、刀・蔵物悉取、方々へニクル、其内新薬師堂内福禅・了春両人大将也、然ル処ニ侍衆ノ世ニ成テ、両人中坊へ搦取テ被誅、僧坊ヲハ大略焼払、十七日辰剋ニ西里ヨリ一揆衆催シテ数千騎、社頭五ヶ屋ヲ打破ル、禰宜衆ハ各々細蔵ノ前ニ集ル、然ル処ニ火焚殿北ノ門ヲ此間消テ見ヘス禰宜若キ衆思ニ切テ、西ノ屋六道マテヲイクツス、禰宜衆小勢ニ候間退リ此間見ヘス観禅院焼アトマテ御陵党、寺僧コロス、社頭黒絵屋ニ有ルアツケ物・蔵物有ヲシリテ、入水門、幸知并伶人ノ衆相挍ル、禰宜衆門ヨリ内ト外ト取合処ニ、カリカ子屋、白カタヒラニテ一人社頭へ上リテ、中人シテ罷帰ル、人数ヲハ六道ニヲイテ、廿一日ニハ禰宜衆各中吊ヘヨヒテ門ニイ、廿二日常住院殿ヲ焼払、此時高畠へ上リテ辻衆相交テ、社中奥殿ニアツケ物有ヲシリテ、料足并我物悉取、勝願院奥殿、カン次郎カ家焼ク、廿二日鷹取ヘ禰宜衆陣立、番ニヲリテ立宿陣番久山ノ寺、此時年号替ル、天文元年八月八日堂場・森屋・新屋敷・今井焼払、鷹取ヘ取懸、セムル処ニ、九日十日一揆衆ノ陣破ル、吉野井ンカイ《飯貝カ》マテ落、九日十日ニハ寺僧并侍衆奈良へ入テ、悉地下焼ル、奈良衆東西南北ヘニクル、又一揆衆集テ、カリカ子屋大将トシテ、井ンカイ《飯貝カ》ヨリ八月廿二日各催シテ数千騎、奈良へ上ル処ニ、吐田郷ニテ布施、倶戸羅、越智衆トシテ悉打死ス、カリカ子屋カ頸ハ奈良ヘ上ル、禰宜衆ハ一人モ不手負シテ罷帰ル、……

本史料の内表紙には「亨録《享禄》天文之記、院務御所隆遍御代、飛鳥御所御記録所」と記されている。隆遍は十八世紀中ごろの大乗院門主であり、このころ本史料が書写されたと推定される[8]。

「享禄・天文之記」とあるものの、内容は享禄五年の奈良一向一揆から永禄十年（一五六七）四月の筒井氏の没落と松永久秀の多聞山入城までを年次順に記したものである。本史料の成立年代は書写以前の原型が不明である以上推定は困難であるが、戦闘の際に一揆を迎え撃つ武士勢力が優勢になったことを「侍衆の世に成て」（A）と表現するなど、中世風の表現がみられ、また装飾的な表現が一切みられないことなどから、十六世紀に成立した年代記をもとにしているとみることは可能であるように思われる。そこで本史料の信憑性を探るために、『続南行雑録所収二条寺主家記抜萃』の記事と比較してみたい。

B『続南行雑録所収二条寺主家記抜萃』(『続々群書類従』第三)

天文元年……七月十日暁、奈良中一揆令蜂起、寺僧悉以没落、早朝菩提院方、恵心院、阿弥陀院以下焼払了、十七日未刻寺中焼失、悉以落了、観音院、清浄院、南角院、瓦坊者残置、壊取了、三蔵以下切破、一切経并法事道具悉以取散々一時頓滅、同春日社へ込入、蔵并五箇屋以下悉打破、神物皆取、其外禰宜、社家住屋破却了、前代未聞也、寺僧両人殺云々、雖然伽藍ハ無焼失、此段歎ノ中ノ悦也、同八月九日夜寺僧出張、皆以日中ヨリ落了、九日夜奈良中不残一宇被焼払了、高畠計残了、一揆越智高取城為攻七月卅日被懸了、八日ニ寄衆崩了、奈良衆皆以吉野へ落云々、八月廿二日中出篭シ(出張カ)、吐田ニテ越智衆ト合戦、一揆数百人被打了、頸共南都へ上セラレ被梟者也、従越智被上頸十一、奥村玄蕃、中市雁金屋スガハラ願了、カサ、ギ又七、与五郎入道円覚父子、室院ノ新九郎、油ウリ与七、タカマノ賢丞、其外八百人計、……

Aに述べられた事件がいくつかここにも記されており、対応すると思われるのは次の五点である。第一にAに「十七日日辰剋に西里より一揆衆催して数千騎、社頭五ヶ屋を打破る」とあるものがBの「十七日未刻、寺中焼失……同じく春日社へ込み入り、蔵ならびに五箇屋以下悉く打ち破る」と対応し、第二にAに「禰宜衆小勢に候間、退り……寺僧殺す」とあるものがBの「社家住屋破却しをはんぬ、前代未聞なり、寺僧両人殺すと云々」と対応し、第三にAに「九日十日には寺僧ならびに侍衆奈良へ入りて、悉く地下焼くる」とあるものがBの「九日夜、奈良中一宇残らず焼き払はれをはんぬ」と対応し、第四にAに「八月廿二日各催して数千騎……吐田郷にて布施、倶戸羅、越智衆として悉く打死にす」とあるものがBの「八月廿二日中出篭し(出張カ)、吐田にて越智衆と合戦、一揆数百人打たれをはんぬ」と対応している。第五に共にこの時「雁金屋」の頸が梟首されたことを記す。

以上の点からみて、Aは当時の比較的確かな情報に基づいて記録されたものとみて大過ないように思われ、この記述をもとに一揆の行動を検討することは可能であると考えられよう。以下Aに基づいてその特徴をあげてみる。

第一に一揆が辻、谷、白毫寺、忍辱山、太平尾、誓多林などの村々から動員されたものであり、「禰宜衆を剝ぎ取り、刀・蔵物悉く取り、方々へ逃ぐる」とあるように掠奪をこととしていること、彼らが「その内新薬師堂内福禅・了春両人大将」とされるように「大将」に動員された一揆であることである。大将によって村民が動員され、春日社に掠奪に向かうという行動は、第二部第一章でみたように、土一揆のそれと酷似している。特に一揆勢が春日社に保管された「預け物、蔵物」の存在を知り、それを掠奪の標的にしている点からも土一揆に酷似した行動様式をとっていることが窺える。

辻、谷、白毫寺（奈良市）、忍辱山（同上）、太平尾（同上）、誓多林（同上）はいずれも奈良近郊の村落とみられ、白毫寺はこの在所にある白毫寺が「一乗院殿知行の在所」（『大乗院寺社雑事記』明応六年十一月十五日条）であるので、一乗院領と考えられる。大平尾は一乗院領（『春日神社文書』応永六年正月十八日興福寺造営料大和国八郡段米田数帳）としてみえ、誓多林も一乗院領（同上、『大乗院寺社雑事記』文明十一年五月十三日条）としてみえる。従って蜂起した村のいくつかは一乗院領であった可能性がある。

従来の見方では村が一向一揆として蜂起するといえば、その村の村民がほとんど本願寺門徒となっているか、村民の指導者層が本願寺門徒によって占められているとみるのが普通であった。(9)しかしこの六ヶ村の中に一乗院と密接な関係をもつものがあり、その一乗院は大和国の「一向宗」を取締る興福寺の有力院家であることを考えると、これらの村民に門徒が多かったとは考えにくい。のみならず辻衆、谷衆は永禄九年（一五六六）十二月に春日社の「禰宜衆、社中衆」と協力して「石切途」の「盗賊・悪党」を追い散らしている（「享禄・天文之記」）から、春日社の動員にも応じる村であったと考えられる。従って彼ら村民が本願寺門徒だから動員されたとは考えにくく、単に村の政治的判断として「大将」の「新薬師堂内福禅・了春」に応じたとみるほうが自然であろう。ただし、この二人が本願寺門徒であったかどうかは不明である。

第二に掠奪を行う一揆に対して「カリカ子屋《（雁金屋）》」という奈良の有力町民と思われる人物が大きな影響力をもっていることである。春日社に乱入して掠奪を行う一揆に対して一人で「中人」すなわち仲裁を行い、退去させることができると同時に、一方では一揆の大将として「井ンカイ《（飯貝カ）》」から奈良へ攻め上ることもできるのである。この雁金屋の家には永正十八年に本願寺円如（本願寺住持実如の当時の嫡子）が寄宿しており（『春日社司祐維記』永正十八年二月十二日条）、本願寺門徒と考えられる。『増補筒井家記』では雁金屋民部、『続応仁後記』では雁金屋願了（巻第三）と記され、一揆の有力メンバーであったと叙述されている。

この二つの点からみれば、この一向一揆の蜂起は本願寺門徒の指揮下に動員された土一揆であり、その構成員は周辺村落の住民を含んでおり、その行動の特徴は他の土一揆と同様に、殺戮を含む掠奪であったとみることができる。この武装蜂起の、一向一揆としての特徴を考えた場合、それは蜂起の主導者が本願寺門徒であったことであり、動員された軍勢の内実は他の土一揆と変わらないとみることができよう。

このようにみると、一向一揆と呼ばれる武装蜂起について二つの要素を分けて考える必要があろう。第一に武装蜂起を指揮するのは本願寺門徒とみられ、その門徒は寺檀組織や講などの一味同心の門徒集団に属している場合が多いだろう。一方武装蜂起において動員される軍勢の構成員は多様であり、周辺地域の村民を含んでいるがこれは真宗の信仰を有するとは限らないと思われる。むしろ戦国大名や武将らの村民動員と同じような、通常の土一揆と同じ形態であった可能性が高い。この点は本願寺末寺の寺院による軍事動員をみることで、さらに明らかになると考えられる。以下二つの事例を検討する。

第一は天正十年（一五八二）の近江国日野興敬寺に関するものである。周知のように天正十年六月、織田信長は本能寺で斃れ、近江国は明智光秀の軍に制圧されたが、近江国日野にいた蒲生賢秀・蒲生氏郷は光秀の誘いを拒絶して織田方についた上、本願寺とも通じ、本願寺末の興敬寺に「一揆を催し」て明智光秀を討つことを呼びかけた。次のCである。

C『興敬寺文書』

覚

一、今度　上様御果口無是非儀候、仍明知当国江下向幸ニ候、催一揆可打果、然者御褒美之段可有訴訟候、聊無如在疎意馳走可申候事、

一、皆共忠節在之様ニ被仰出候へとの旨、本願寺殿へも申上候事、

一、御本所様（織田信雄）・三七郎様（織田信孝）、徳川殿、其外歴々可被達御本意候造意、無御油断候間、御出張不可有程候、然者皆々所可被参候事、

以上

（附箋）「蒲生飛騨守筆」

ここから、蒲生氏が第一に興敬寺の「一揆を催」す動員力に期待していたことが窺える。また第二に「御褒美の段、訴訟あるべく候」とあるように、従軍に対する褒美を約束していたことも知られる。そして第三に「皆共忠節あるの様に仰出られ候へとの旨、本願寺殿へも申上げ候事」とあるように、蒲生自身の動員令が「本願寺殿」の了解に基づいていると強調している点が注目される。

すなわちこの動員は宗教的信条によるものではなく、通常の戦闘におけると同じく、従軍者に蒲生自身が恩賞を約

束するようなものであった。にもかかわらず期待されたのは本願寺の権威であり、門徒を有する興敬寺という本願寺派寺院の動員力であった。

実際にこの時興敬寺が「一揆を催し」たかどうかはわからない。しかし明智滅亡後、蒲生氏が本願寺に対して「御入魂せらるべきの由」飛脚によって通知したことに対し、本願寺側から家老の下間頼廉が感謝状を送っている（『興敬寺文書』六月十八日下間頼廉書状）ことから推測すると、興敬寺による門徒を含めた動員がなされた可能性は十分ある。興敬寺は近江に多くの門徒をもつ有力末寺であり、その力が世俗的な軍事動員に発揮される可能性は十分考えられよう。門徒たちによる一向一揆が、「土一揆」とみなされた一面を窺わせるものといえよう。(10)

本願寺末寺による動員のありさまが窺えるもう一つの事例は天正十一年の、いわゆる賤ヶ岳の合戦の時のものである。羽柴秀吉軍と柴田勝家軍が対峙する中で、柳瀬に陣取る柴田勝家の動静を近江国尊勝寺称名寺は探索して秀吉に注進している（『称名寺文書』〈天正十一年〉三月十三日石田三成書状）。これを承けて羽柴秀吉は、称名寺にさらに探索を続けることを命じた上（同上）、戦場を避けて山に逃げ込んだ「土民・百姓」に、戦闘となった後、必ずや敗走するであろう柴田軍を追撃するよう触れることを命じた。次のDである。

D『称名寺文書』

已上

到敵陣取、急度出馬おしつむへく候、寔北国者はいくんたるへし、然時ハ余呉、丹生其外在々所々の山々にかくれいる土民・百姓以下、こと〳〵くまかりいて、あとをしたひ、ちうせつをはけまし、くひをとるともからにをきてハ、あるひハ知行をつかハし、あるひハたうさのいん物を可出、もしのそミの儀あらハ、しよやくめんちよすへく候、此むね相心得、申ふれらるへき者也、仍如件、

天正十一
三月十五日　　　　筑前守
　　　　　　　　　　秀吉（花押）
称名寺

称名寺は、浅井氏のもとで織田軍と戦った本願寺門徒勢の中核となった「湖北十箇寺」の一つである。ここでも秀吉は、称名寺の「土民・百姓」に「申し触れる」ことのできる力量に期待していることが窺える。さらに「首を取る輩においては或いは知行を遣はし、或いは当座の印物を出すべし。もし望みの儀あらば、諸役免除すべく候」と述べ、戦国大名が行った軍事動員と替るところのない恩賞を約束している。要するにこの動員は、戦国大名が行った軍事動員と同様のものであるが、その指導者として本願寺末称名寺の力量を期待しているものでもあることが窺えるのである。称名寺がこれに応える動員力をもっていたと考えられ、一向一揆が「土一揆」とみなされた一面を物語るものといえよう。

ちなみに、この直後本願寺は「賀州一揆を相催」して「忠節」を尽くすことを秀吉に申し入れていた（『本願寺文書』〈天正十一年〉四月八日羽柴秀吉書状）し、事実本願寺門徒が越前まで従軍していた（『本照寺文書』五月十七日慈敬寺顕智消息）。賤ヶ岳合戦において本願寺は一向一揆を動員したと考えられる。(11) この点をみると称名寺が秀吉から受けた「土民・百姓」の動員令と、本願寺が賤ヶ岳合戦に介入し、門徒を動員したこととはあるいは関連しているのかも知れない。

3　徳政興行と軍事動員

前節では本願寺門徒や末寺による武装蜂起と村民などの動員がわかる事例を検討した。ごく限られた事例ではあるが、武装蜂起のために動員された人々が村民などを含む「土民」であり、しかも本願寺門徒に限られるものとはいえないこと、すなわちその軍事動員は土一揆のそれと変わらないとみられることを述べてきた。もとよりこれらの例は余りに断片的であり、一向一揆のごく特殊な側面のみにしか触れていないとみる余地はある。

しかしたとえば「江州にこれある大坂門家の者一揆を起し、尾・濃の通路止むべき行仕候へども、百姓の儀に候間、物の数にて員ならず」(『信長公記』巻三)のような記述をみると、「大坂門家の者」による「百姓」の動員はそれほど特殊なものとはいえないように思われる。そこで本節では本願寺門徒による、門徒のみには限られない「土民」の動員がどの程度一般化できるかについて、てがかりを探りたい。

本願寺門徒が「徳政」を行ったことを窺わせる史料が二点ほどみいだせる。一つは年代不明の本願寺第八代住持蓮如の本蓮寺宛書状写であり、「今度加賀国中において条々悪行を企つる次第の事」として「人質」「堂社・仏閣破却」「咎なき寺庵に煩ひを懸ける事」「預物と号し諸公事の沙汰の事」「年貢無沙汰」と並んで「徳政」を上げ、これらを行うものは「永く門徒たるべからず候」と破門を勧告している(『粟津家記録』十二月十九日蓮如書状写、『真宗史料集成』第二巻、諸文集三〇六)。詳細は不明であるものの、加賀門徒が「徳政」を行い、蓮如から叱責されていることが窺える。

もう一つは天文六年(一五三七)の、八月二十三日付の「石川郡中」宛証如消息であり、「当国永代徳政の儀、その催をなす由、言語道断の次第に候、この段申触れ、本人を尋ね探り、成敗あるべく候」と述べている（『明厳寺文書』）。これは本願寺に敵対した加賀の本願寺一族寺院若松本泉寺の攻撃を、石川郡一揆が撃退したことを賞した上、この戦いに関わって露顕した「別心の面々」の粛清を指示したものである。ここでも本願寺が門徒による「徳政」の「催し」を禁止していることが知られる。

特に後者の場合、石川郡一揆内の規律の乱れとして最初に取り上げていることが注目される。この後に取締りの必要な他の行為として「具足懸」（武力行使）、寄合への欠席、本願寺の命令の通達不徹底、『御文』以外の奥義を求めるような信仰上の不統一、信仰の欠如による紛争などをあげていることから考えて、「徳政」の「催し」を、本願寺が以前から禁止していた「具足懸」（『今古独語』）以上に重視している印象を受けるのである。

なぜ本願寺が、門徒による「徳政」の「催し」に神経を尖らせるのであろうか。阿部浩一氏が明らかにされた、「戦況を有利に導こうとする、一種の利益誘導策としての徳政」が注目されよう。阿部氏は久保田昌希、新行紀一両氏が明らかにされた、三河一向一揆への政策として行われた松平（徳川）家康による徳政を挙げ、「戦術の一種」[12]と規定した上で、他に自軍（自国）の支持を取り付ける惣徳政、敗戦に直面した戦国大名が領国民の支持をとりつける徳政、戦後処理策としての徳政を論じておられる[13]。

特に、加賀を自治により支配していた「石川郡中」による「徳政」の「催し」は、若松本泉寺勢力との戦闘に関わっていると想定される点、阿部氏がいわれる戦況に関わる徳政として注目される。それではなぜ徳政が戦闘に意味をもつのか。加賀門徒のように非合法に徳政を行う場合にも意味はあるのか、また領国大名の地位にいない者でも戦争に徳政を用いることが可能なのか、このような点については次のEが注目される。

E『毛利家文書』一―一四七

東西条事、号徳政、地下仁等相催方々残党候之由、其聞候間、堅固対安富左衛門大夫行房被申付候、定自彼方其分令啓候哉、若任雅意徳政之儀張行候者、有御在郡、一途可有御成敗候、縦至隣国雖物忩候、於当郡者、可被任京都御左右候、……

十月廿三日

高石三川守
重幸（花押）
（二名略）
陶
弘護（花押）

毛利殿御宿所（豊元）

この「徳政」は、文明三年（一四七一）大内氏に味方する西軍方が東軍方を破った後、東軍に心をよせる「地下人」が、「方々残党」を動員する手段として行ったものとされる。(14)「徳政」が「地下人」による「雅意に任せ」た非合法なものであるにもかかわらず、有効な戦闘への動員手段であることが窺える。「徳政」に、戦闘における動員手段としての側面を想定することができよう。これに関わって興味深いのは次のFである。

F『武州文書』比企郡旧松山町要助所蔵文書（『戦国遺文後北条氏編』五―三六六一）

制札

此度之於陣中夜はしり、夜盗、致□のいか程も所用ニ候、おのこゝを立、すくやかなる者、中谷領ハ不及申、いつれの私領の者成共、領主ニきつかいなく陣中へきたり可走廻候、……此以前於当家中、科あるもの成共、又借銭・借米有之者成共、此度之陣へきたり走廻ニ付てハ、相違有間敷候、……

（天正十八年）
寅

二月廿八日　　　　　　　　　　（上田）憲定（朱印）

戦時の動員には夜盗をも動員する必要がある。そのため「科ある者」も「借銭・借米これある者」も動員に応じれば、処罰や負債を帳消しにするというのである。処罰を甘受すべき境遇からの解放、負債取立てから解放は、戦闘に従軍し勝利へ向け尽力するか否かにかかっていたことが窺える。こうした展望のもとに多くの「土民」が従軍した可能性は想定しやすい。徳政が戦闘動員の手段としてかなり有力であった可能性も考えられる。

永正八年（一五一一）八月に一旦丹波に逃れた後、京都奪回を企図した将軍足利義尹（義稙）が「上賀茂一揆中」に対し「山城国徳政」を「仰せ付け」た上で、忠節に励むことを命じていること（『賀茂別雷神社文書』五四、永正八年八月二十日幕府奉行人奉書、東大史料編纂所架蔵写真）も同様の文脈で考えられよう。

このようにみれば、加賀一向一揆の組織である「石川郡中」が「徳政」の「催し」をした事情は容易に推測できよう。要するに「石川郡中」は軍事動員をした、しかも本願寺のそれのように「仏法」を守るという名目によるのではなく、「徳政」を名目に行ったのである。このことは、本願寺門徒による土一揆の動員が、決して稀とはいえなかったことを問わず語りに物語るもののように思われる。

おわりに

以上限られた史料によってではあるが、一向一揆の武装蜂起が、戦国期の当時なぜ土一揆とみなされてきたのかを探ってきた。結論的にいうと、通常一向一揆といわれる武装蜂起の実態は、本願寺門徒によって、必ずしも宗教的信条に訴える形ではなく動員された、村民を始めとする「土民」「百姓」身分の軍事動員であるとみることができる。

もちろん、本願寺が門徒を動員する場合には「仏法」を理由とする動員が行われ、本願寺門徒が宗教的信条によって従軍したと考えられ、本願寺門徒が形成する軍事集団も宗教的信条を紐帯としていた事例はままみられる。しかしこうした門徒のみで戦闘が行われたわけではない。雑兵や村民の動員は戦国期の戦闘に不可欠ではないだろうか。こうした場合には、本願寺門徒といえども「徳政」を理由に動員する場合もあったとみられる。信仰による結束が一向一揆蜂起の中核にあったことは事実としても、軍勢を構成するためには、さらに俗的な動員手段を用いるという二重構造が存在したように思われる。

しかしそれにしても大名や城主格の武将ではない門徒にも、こうした動員が可能だったのはなぜだろうか。この点は本章で扱った問題の範囲を大きく逸脱する大問題であり、現在のところ正面から論じる用意はない。ここでは一つの想像を述べるに留めたい。

中世は自力救済の時代とされるように、大名、武士など領主層に限らず、広く武力行使が行われた時代だった。しかしこうした武力行使のすべてが、当事者のもつ自前の武力のみによって行われたとは想定しにくい。自前の武力のない人々は少なくなく、彼らは外部の武力を動員せざるを得なかったと想像される。このようにみる時、対立する二つの集団の相論にしばしば「悪党」とよばれる集団が動員されている事実が目につく。

たとえば村同士の相論として著名な近江国菅浦と大浦方との争いにおいて、大浦が「悪党」を動員して菅浦方の松平益親を殺害しようとしたと訴えられていること（『菅浦文書』松平益親陳状、滋賀大学日本経済文化研究所史料館刊行本、三一八号）は著名である。大和国信貴山の北座衆と南座衆との相論にも「悪党」が動員されており（『大乗院寺社雑事記』文明十六年九月六日条）、雨乞いの道場として著名な神泉苑をめぐる東寺と長福寺僧永尊との管理権をめぐる相論にも、永尊側が「方々悪党を相語ら」っている（『東寺百合文書』コ一、明応八年四月二十七日幕府奉行人奉書）。他にも同様の事例をみいだすことは困難ではない。

自力救済行為のための、いわば助っ人として「悪党」が活躍していることが窺えるが、土一揆が「悪党」としばしば同一視されていること（たとえば『東寺百合文書』ヶ一九七号、明応三年九月二十三日幕府奉行人奉書）をみると、土一揆の動員も自力救済行為の一環として行われたと想定することはできる。言い換えれば、広範な人々による自力救済と土一揆とは密接に結びついていたと考えられる。そのための軍事力資源が恒常的に利用し得た事情が次に問題となるが、その具体相は未詳である。(15) 他日を期したい。

註

（1）拙著『一向一揆と戦国社会』（吉川弘文館、一九九八年、第一章）。

（2）藤木久志『雑兵たちの戦場』（朝日新聞社、一九九五年）。

（3）『近江国栗太郡誌』（栗太郡役所、一九二六年、巻五、四二四頁）。

（4）服部英雄「原城の戦いと天草・島原の乱を考え直す」（丸山雍成編『日本近世の地域社会論』文献出版、一九九八年）。

（5）この時のものと思われる、近江国明照寺に宛てられた三月五日実如消息（『明照寺文書』）は次のようなものである。

今度濃州江下候人数共、色々懇ニ扱呉、難在憑敷候、殊ニ人数四百人斗候つる由其聞候、……

三月五日　　　　　実如（花押）

明照寺殿

これが関連するものとすれば、本願寺から軍勢を美濃に派遣したことになり、五月の「土一揆」「一揆」は本願寺門徒の関係した蜂起とみることができる。

（6）著者による宝永三年の「『重編応仁記』発題」（国民文庫刊行会刊、一九一二年による）に、「其の時の人」の撰述をとり「後人の偽作」を排し、「偏に旧記の名を除かず」と述べられるように、永禄十二年で終わる本書の記述に対応し、足利義昭没落以前の史料が精選され、叙述の基礎となっている形跡がみられる。たとえば織田信長の名乗りも当時の「織田上総介」「織田弾正忠」が用いられ（ちなみに「発題」では「信長公」を用いる）、また当時の史料によることが明白な部分（巻第五の足利義晴死去の部分など）も散見される。

（7）『平成2年度奈良女子大学教育研究学内特別経費（奈良文化に関する総合的研究）報告書』（一九九一年）に翻刻がある。ただし引用は東大史料編纂所架蔵写真による。なおこの史料の性格については、安田次郎氏から貴重な御教示をいただいた。特記して謝意を表する次第である。

（8）やはり表紙に「隆遍御代」と記されているものに、興福寺蔵の『図絵類聚抄』（内題「肝要図絵類聚抄」）がある。これは杉田喜昌が「君命を奉じて」筆写したもので、宝暦六年の奥書には杉田自身が「右図絵一巻は、旧記の差図等多く虫損し、見え難きの間、後世のためこれを新集し書写しをはんぬ」と記している。本書の筆跡・書風と「享禄・天文之記」とのそれは類似する部分が多く、あるいは杉田喜昌の書写かも知れない。

（9）註(1)前掲書、二八頁。

（10）『興敬寺文書』「江州蒲生日野牧仁正寺村松原興敬寺門徒末寺之次第」には十六世紀後期成立と推定される門徒末寺書上であるが、ここには六十余ヶ所の門徒・末寺が記され、近江国の蒲生・犬上・甲賀・栗太・野洲・神崎・愛知・高島・志賀の諸郡及び伊勢国に分布する。永正八年の段階で日野を始め蒲生、甲賀、野洲、栗太、志賀、高島諸郡の近江国内に三〇ヶ所以上の門末を有し、摂津にも門徒を有していた（『興敬寺文書』永正八年十一月二十八日興敬寺教明・門徒惣代教則連署門徒改め）。

（11）註(1)前掲書、二九一〜二頁。

（12）久保田昌希「戦国期松平権力と徳政令」（小和田哲男編『徳川氏の研究』〈戦国大名論集一二〉吉川弘文館、一九八三年、初出一九八〇年）。新行紀一「一向一揆と徳政令」（北西弘先生還暦記念会編『中世社会と一向一揆』吉川弘文館、一九八五年）。

（13）阿部浩一「戦国期徳政の事例検討」（同『戦国期の徳政と地域社会』吉川弘文館、二〇〇一年、五二一—五五頁）。

（14）『広島県史』（中世・通史Ⅱ、一九八四年、四六一〜二頁）。年次比定は同書による。

（15）藤木久志「応仁の乱の底流に生きる—飢饉難民・徳政一揆・足軽たち—」（同『飢餓と戦争の戦国を行く』二〇〇一年、朝日新聞社、初出二〇〇〇年）は慢性的飢饉による流民の存在を指摘しているが、土一揆の軍事力資源の存在と関わって興味深い。

第四章　土一揆としての島原の乱

はじめに

本章では十七世紀前半期に九州の島原、天草地方で起こった島原の乱が、中世に頻発した土一揆と同質の性格をもつ武装蜂起であることを明らかにしたい。このキリシタンによる大規模な武装蜂起は、江戸幕府の三代将軍徳川家光の時代のものであり、時代区分からみても近世の出来事と考えられてきた。従って殊更中世の土一揆と関連づけて捉えることは、これまでなされてはいない。しかし筆者は、十六世紀後期から十七世紀初期の、いわゆる中近世移行期にみられる、民衆による「一揆」に注目することにより両者の同質性を指摘することは可能だと考えている。

島原の乱が近世の出来事とされたことから、これを領主の苛政に抗する「百姓一揆」と同質の「農民一揆」とみる見解も提起されてきた(1)。しかし近年の百姓一揆の研究水準にたてば、この見解は疑問とせざるを得ない。保坂智氏は、近世の百姓一揆を島原の乱とは明確に異なるものとしておられる(2)。すなわちたとえば「此度の騒動、寛永、慶安の頃、天草四郎や由井正雪等の類一揆にはあらで、嗷訴のことに候へば、手道具を持たざるは勿論のこと」(「信達騒動記」)との記述にみられるように、「嗷訴」とされる百姓一揆と、「一揆」とみなされた島原の乱などとは明確に区別されていた。保坂氏の指摘されるように、近世のいわゆる百姓一揆は、近世後期に至るまで「一揆」とは呼ばれなかったのである。

一方島原の乱は、乱の当時「一揆」と呼ばれていた。この呼称は史料上では、織田政権期にみられる一向一揆に対しても用いられ、また慶長・元和の大坂冬の陣・夏の陣における、武士層の村民を率いた武力蜂起を指しても用いられている。この点に注目すると島原の乱は、「一揆」という呼称が使用されていない百姓一揆よりも、「一揆」の呼称で呼ばれた、中世末から近世初期の武力蜂起と類似する性格をもつのではないかと予想することは可能であろう。

しかし仮にこのような想定が可能であったとしても、果たして島原の乱を土一揆と関連させる必要があるのか、との異論も当然予想される。なぜならば第一に「土一揆」の語は管見の限り、十六世紀半ばを境にみられなくなるからである。「一揆」と呼ばれるものを土一揆とただちに同一と即断することはできず、この点については検討が必要であろう。

また十五・十六世紀に京都周辺で頻発した、徳政を要求する「土一揆」と呼ばれる蜂起と、中近世移行期に武士や土豪などに組織された村民の「一揆」とを同列にみなすことについて、疑問とする向きも多いと思われる。これまでの研究では、徳政を要求する土一揆の実態を理解するための枠組みとされてきたのは、近世の百姓一揆であり、(3)大名・国人などの武士、あるいは土豪らに、戦闘のために動員される土一揆はほとんど視野に入れられてこなかったからである。しかし第二部第一章で詳述したように史料上では、徳政を求めるものばかりではなく、国人や大名など武士に動員されたものも同じ呼称で呼ばれていたことを指摘することができる。この点からみれば中近世移行期にみられる「一揆」には、「土一揆」と呼んで差し支えないものを多数みいだすことができると予想されるし、また島原の乱を、中世後期の土一揆ないし「一揆」とみることも、不可能なことではないように思われる。

以上述べたような視点から島原の乱を考察していきたい。もちろん島原の乱にはキリシタンの信仰という大きな要素があり、これは単に土一揆ないし「一揆」という観点のみから考察できないものであることは自明であり、ここではこの点に触れることはできないことを予めお断りしておく。しかし島原の乱に、土一揆の側面と宗教一揆のそれとが併存しないわけではないだろう。この点は、一向一揆が戦国期に「土一揆」の呼称で呼ばれたという、第二部第三章で述べた点からも明らかであると思われる。島原の乱を土一揆としての側面に限って考察することも一定程度可能であるとの観点から論を進めていきたい。

島原の乱は幕府と九州諸藩が鎮圧に関わったため、幕府への戦功の申告などの必要から、厖大かつ詳細な記録が熊本藩を始めとする諸藩、武士の家などに残されている。その意味では、中世では望むことができないような、豊富な史料に恵まれた希有な民衆蜂起といえよう。以下その島原の乱について考察するが、この作業を行う前に、土一揆と「一揆」と呼ばれる中近世移行期の武装蜂起との関係を、今少し具体的にみておく必要があろう。島原の乱を、土一揆の範疇に入れることが妥当か否かを検証するためにも必要な作業であると思われるので、まずは中近世移行期の「一揆」について簡単にみておきたい。

1　一揆と土一揆

(1)「百姓」の一揆

まず前述のように、十六世紀半ばを目途に土一揆の語が史料からみられなくなる点が問題となる。京都近郊の「土民」が徳政を求める一揆蜂起も、十六世紀には目立って減少している。にもかかわらず徳政を求める武装蜂起は十六世紀後期にも存在し、それが「土一揆」の語に替えて、「一揆」と呼ばれていることが次の史料から知られる。

A『言継卿記』元亀元年（一五七〇）十月四日条

禁中に、御近所六町々人為御警固小屋懸之間、廻覧之、次内侍所へ立寄了、次西岡一揆発、東之山下へ千人計発向、揚鯨浪、無殊事打入之、為武家被行徳政云々、

元亀元年には三好三人衆の蜂起と連携して浅井・六角・朝倉など諸大名が蜂起し、足利義昭とこれを擁立する織田信長との政権に対する大規模な武装蜂起がみられた。その混乱に乗じて京都郊外の西岡で「一揆」が蜂起したため、幕府が徳政を宣言したのである。ここでは、徳政を求める武装蜂起が「一揆」と呼ばれていることが確認できる。

この事例からみれば徳政を求める土一揆は、その呼称と共に消滅したのではなく、十六世紀後期には、専ら「一揆」の呼称で呼ばれていたとみることができる。そして土一揆が十六世紀後期まで存在し得たことが確認できる以上、「一揆」と呼ばれる武装蜂起の中に、かつて「土一揆」と呼ばれていたものが包括されていると予想することができよう。

このようにみてくると次に、十六世紀後期になって「一揆」は「百姓」のものという認識が存在していたことが目につく。次の二つの史料をみたい。

B①『信長公記』巻三

又江南表の儀、佐々木左京大夫承禎父子、甲賀口三雲居城菩提寺と云ふ城まで罷出でられ候へども、人数これなく候て、手合せの躰ならず候。江州にこれある大坂門家の者一揆をおこし、尾濃の通路止むべき行仕候へども、百姓等の儀に候間、物の数にて員ならず、

B②『陰徳太平記』巻七二、豊前国宇留津城没落事

豊前・肥後両国の敵城共は一揆の城也とは雖、土民には非、皆国人共也けれど、一国の大将なく、皆各々に一城に拠て在ける故、人之を一揆と称す、

B①は元亀元年、浅井氏と六角氏が足利義昭・織田信長に反旗を翻し、蜂起した際の、六角方の蜂起を描写したものである。「人数これなき」六角方に味方した「大坂門下の者」の「一揆」、すなわち一向一揆は、「一揆」であるがゆえに「百姓」風情の烏合の衆であり、ものの数ではない、というわけである。ここには「一揆」は「百姓」のもの、との観念が明確に現れている。

B②は天正十五年（一五八七）の豊臣秀吉の九州攻めにおいて、その先鋒として黒田・小早川・吉川らの軍勢が豊前国を攻撃した際の戦闘を記したものである。これらの先鋒隊に抗する「敵の城」は「一揆の城」であった。だからといって籠城していたのが「土民」というわけではなく、皆れっきとした国人たちが籠城していたが「一国の大将」とみなすにふさわしい指導者の指揮によらず、皆がそれぞれに籠城していたため、「一揆」とみなされたというのである。

ここからやはり「一揆」が「土民」のものとの観念がみられると共に、「一国の大将」とみなすにふさわしい指導者がいないことも「一揆」の特徴とみなされていたことが窺える。『陰徳太平記』は近世に成立する軍記物であるが、「一揆」を「百姓」固有のものとする観念は、後にみるように、牢人ら侍身分に指揮された島原・天草のキリシタン一揆が、「大略百姓」から構成された集団であり、その中には「牢人の者共」も「五千三千これあり候といへども、大将がましき者これあるまじ」き集団であるとみなされたこと（後出Ⅰ）をみれば、近世初期に遡り得るものとみることはできよう。然るべき大将のいない「土民」の集団が「一揆」とみなされているのである。

周知のように中世にあっては、上は大名から下は「土民」に至るまで一揆を結成することが普通であり[4]、一揆といえば殊更「土民」「百姓」のものとみなされることはなかった。その意味で十六世紀後期にみられる「一揆」は「土民」「百姓」のものという観念は、中世にあっては特異なものとみることができよう。ここにみられる「一揆」は、

「一味同心」の結束をもつ一般的な集団ではなく、「土民」「百姓」の集団を指しているのである。これは、中近世移行期に至り、中世の土一揆が「一揆」という名称で呼ばれるようになったという経緯を推測させるものではないか。少なくともAでみたように、この時代に徳政を求める土一揆が単に「一揆」と呼ばれていることと矛盾してはいない。

仮にこのように想定できるとして、こうした経緯はどのような過程を経ているのであろうか。この点に関して興味深いのは次のCである。

C『続応仁後記』巻二・畠山上総介義英自害事

凡古へハ花一揆、或ハ桔梗一揆ナント云テ、旗ノ紋ヲ一同ニシ、侍ノ組々一手一手ヲ分ケ定テ、其品々ヲ一列ス、何ノ比ヨリカ此作法絶果テ、土民ノ徒党シテ軍ヲ起ス者ヲ名付ケテ土一揆ト云ナラハス、民ノ字ヲ略セル者ナラン、然ルニ近年ハ土民ノ徒党毎度蜂起シ、皆人土ノ字ヲ略セシメテ、其ヲ只一揆トノミ云ナラハス、……

これは、第二部第三章で述べたように十八世紀初頭に成立した軍記物であるが、中世の一揆の変遷を述べたものとして注目される。直接には享禄五年（一五三二）に畠山義宣（義英は誤記であろう）を滅ぼした一向一揆についての記述であるが、南北朝期の国人一揆、室町期の土一揆の隆盛、さらに戦国期の「土民」の「一揆」頻発という変遷の記されていることが注目される。すなわち中世に侍、土民を問わず一味同心の集団を指していた「一揆」という呼称が、特に「土民」のそれを指すように変化していったことが明快に述べられているのである。さらに「土民の徒党」して「軍を起す」ものである「土一揆」が、近年は頻発したために、単に「一揆」と呼ばれるようになったとの記述は、土一揆が十六世紀に至り、単に「一揆」と呼称されるようになるという検討結果とも一致する。少なくともこの記述によれば、十六世紀に「土民」「百姓」のものとみなされた「一揆」は、まさに土一揆そのものであると想定することができる。

こうした想定に関連して、十六世紀の武士層に一揆への批判的見解のあることが注目される。伊勢貞頼は「只上をのみ仰ぎて、私の一揆などはなきこそよき事なれ、小人は比すとて、わろき者集りて党を立て、よき事をも申し破る事は、返す〳〵悪しきことなり」と「一揆」を批判し、一揆は「只合戦の時のわざ」であるべきものとしている（『宗五大草紙』、古人の申ける事）。武士層から一味同心の団結がなくなったというわけではなく、そもそもこの時代の武家の家中が、一揆の構造を有していることが指摘されている。(5) しかし戦国大名の登場により、武士層の多くが大名家臣として「一国の大将」とよばれるにふさわしい、城代、寄親など然るべき武将の配下に日常的に所属することが一般的となったことは想定できよう。戦乱に際して彼らが殊更一揆を結成する必要はなくなり、「一揆」結成の必要性は、「土民」「百姓」に限定されるようになったとの推測も可能である。

以上推測部分が多いものの、土一揆はその呼称がみられなくなる十六世紀後期にも、その実態は依然存続し、単に「一揆」と呼ばれたとみることができる。それではなぜ土一揆が依然存続し、「一揆」の呼称を独占するようになったのであろうか。十六世紀の土一揆をめぐる社会状況を簡単にみておきたい。

(2)　村民の「一揆」と大名

まず十六世紀の社会で、大きな役割を果たした戦国大名が、自らの武力の一部として村民の武力を重視していたことがあげられる。通常戦国大名は、分国法などにみられるように村民の一揆など自力救済のための武力を抑制するようになったとされる。これは確かに戦国大名の支配の一面を的確に捉えた見解であるが、その一方で戦争に際して、村の武力を動員していることも確かである。たとえば上杉謙信は、元亀四年（一五七三）に加賀一向一揆や越中椎名氏との抗争に際して村民の武力を動員した。(6)

元亀四年五月十四日、河隅三郎左衛門（忠清）、庄田隼人という二人の家臣に宛てて上杉謙信は境、市振、玉ノ木、宮崎辺の者たちに鑓や小旗を用意させ、近辺の村々が団結して、船で襲来する敵を追い払うよう命じ、「敵一人も見え候へば、散り〳〵に逃げ候間、よき事と心得、村々へ働き、焼き回り候、旁向後は、地下人も身だめに候間、鑓・小旗用意申すべきよし、申しつけべく候」（「岡田紅陽氏所蔵文書」『上越市史』別編一・上杉家文書集一―一一五八、「横沢文書」『越佐史料』巻五、一八〇頁）と指示している。上杉謙信が村民に武装し、一揆蜂起して自衛することを命じていることが知られるのである。

同様の、戦国大名による村民の一揆の動員は、有名な次の史料からも知られる。

D『原川文書』

一揆ニ可罷立在々

一、方上（現焼津市）惣郷、一、大覚寺（同上）、一、八楠（同上）、一、越後島（同上）、一、ふち（策）牛らち（現焼津市）、一、せき方（同上）らち、右之郷中有談合、大はた壱本、面々之こしさし壱本つゝ、もんハ中くろ、もち道具者、弓・てつほう・やり、其支度候て、十五をはしめ六十をかきり、壱人も不残、御一左右次第可罷立候、何れも年寄分者のりくら、物主者原河新三郎ニ被仰付候間、彼人指図次第、はしりめくりあるへく候、陣取之儀も、新三郎一所たるへく候、以上、

申（天正十二年）八月廿六日　　駒帯（駒井勝盛）（黒印）

坂豊（坂本貞次）（黒印）

右之郷

年寄衆

徳川家康が、駿河国志太郡と益頭郡の六郷の「年寄衆」に対し、「十五を始め六十を限り、壱人も残らず」という全

村動員の形で「鉄砲・鑓」で武装した蜂起を、「郷中談合」の上で行うよう指令したものである。「年寄衆」など村の指導者に率いられた、武装した村民の戦力が、戦国大名にとって重要な戦力であることを物語るものといえよう。

一方で村民の側も、情勢をみながら、自ら武装蜂起する必要があった。戦場となる村々が軍勢による掠奪、放火に曝されるため、村にとっても自衛のために一方の勢力に味方し、その保護を求める必要があった。この点を典型的に物語るのは、遠江国見附町の住民が延宝二年（一六七四）に提出した由緒書である。(7)

これによると見附町の住民は徳川家康が浜松城に入ってから、甲斐の武田信玄来襲の際に、一貫して家康方として忠節を尽くしたという。来襲を知らせる狼煙、家康の身辺の護衛を始め、信玄軍による「夜打・乱取」に耐えて信玄方への年貢納入を拒否し、二俣より夜討ちに来た信玄の軍勢が撤収するところを待伏せして襲い「追掛け、切殺申」し手柄をたて、さらに信玄軍と戦う本多忠勝の撤退を助けるために「見付の者共町に火を掛け自焼仕」ったこともあったという（『成瀬文書』）。

事実、村による軍事的忠節として次のような事例をみることができる。

E①『遠江国風土記伝』巻八（『静岡県史』資料編中世三―五一六）

〇御判

去四月四日夜、敵懸候所ニ、早足に二俣へ越候事、忠節無比類候、棟別諸公事以下可有御免也、但仍国衆之時者可出之也、尚々可致奉公所如件、

永正七

五月廿三日　　　　自二俣城

小俣
形丸百姓中

E②『唐津小笠原文書』（『静岡県史』資料編中世三―三四七七）

遠州地下人等事、最上左衛門佐遣置、重而各両所廻文ニ而過半属旗下候、祝着畢、於有忠信者、名字士ニハ可出知行、地下人田畑可取之、寺社等へハ山林可付置事、相違有間敷条、忠信人等依其趣、各両証拠状可被出置也、其文後日相改、悉可宛行者也、

御書判（徳川家康）

（永禄十一年）九月五日

小笠原（貞信）信濃守殿

同（貞慶）喜三郎殿

E①は、「小俣、形丸」両村の「百姓中」が、敵の来襲に応じて二俣城へ馳せ参じた忠節を賞したものである。村側が戦況を自発的に判断して軍事行動をとったことが知られる。E②も永禄十一年（一五六八）今川・北条連合軍との戦いの中で徳川家康が、「遠州地下人」らが小笠原貞信・同貞慶らの廻文に応じて「過半旗下に属し」たことを賞し、さらに「名字士」「地下人」「寺社」ら、それぞれの忠節に対する恩賞を約束したものである。ここでも情勢によって村民らが自発的に軍事行動を起こしたことが知られる。このような事例が十六世紀に一般的であったことは容易に首肯されよう。

このような戦国期村民の村ぐるみの武装蜂起をみると、十五世紀後期の文明元年（一四六九）九月、備中守護細川氏の代官入部を拒否した東寺領新見庄の村民が、「奥里村男数一人も残らず罷り出で候て、御八幡にて大寄合仕候て、東寺より外は地頭にもち申すまじく候」ことを決議し、「大鐘を撞き、土一揆を引きならし」たこと（『東寺百合文書』サ三三九）が想起されよう。これもまた、政治情勢をみて自発的に東寺という領主を選ぶという点では、情勢を判断して特定の戦国大名に忠節を尽くす、戦国の村民の「一揆」と共通した特徴をもっているとみることができる。

また「本所」東寺を支持する新見庄村民の土一揆が、守護の軍隊から村を防衛するために蜂起したものであったことも、戦国期の村民の、戦国大名に対する次のような「忠節」と共通の動機をみることができると考えられる。

F『秋葉神社文書』（『静岡県史』資料編中世四―九一五）

（朱印）〔印文「福徳」〕

彼郷百姓等令忠節之条、郷中放火并濫妨狼藉不可致之、若於違犯之輩者、可処厳科者也、仍如件、

天正三年亥

七月十三日　（遠江国周智郡）領家郷

徳川家康が領家郷「百姓等」の「忠節」の代償に与えた制札であり、「郷中放火」と「濫妨狼藉」からの安全を保障したものである。村民の戦国大名に対する「忠節」が何を最大の動機としていたのかを物語るものといえよう。十五世紀の「土一揆」と十六世紀の「一揆」が、武装蜂起の目的においても共通点をもっていたことが窺える。

以上のようにみてくると、「近年は土民の徒党毎度蜂起し、皆人土の字を略せしめて、それを只一揆とのみ云ひ慣はす」という『続応仁後記』の記述（C）を、全く史実を離れたものとみるわけにはいかないであろう。少なくともこうした記述に対応するような事実を指摘することはできると考えられる。従って十六世紀後期の「一揆」を、十五世紀の土一揆と同質のものとみなし得る可能性は十分にあるように思われる。次にこのような「一揆」の、徳川政権の初期における実態を簡単にみておきたい。

(3)　十七世紀初期の「一揆」

徳川政権初期の一揆として、慶長八年（一六〇三）十一月、土佐国で起こった本山一揆や、慶長十九年から翌元和元年（一六一五）にかけての、いわゆる大坂冬の陣・夏の陣の際に豊臣秀頼を擁立する大坂方に呼応して蜂起した一揆などが知られている。後者については、大坂方の大野治房が大和国郡山に出撃したのに呼応した「土民」の一揆蜂起（『慶長見聞書』）や、慶長十九年十一月に大和国吉野、紀伊国北山、熊野などの地域で起こった北山一揆をあげることができよう。

本山一揆の方は土佐に入部した山内氏の代官に対して高石左馬助が年貢納入を拒否して籠城し、汗見川、大川内の村民に「一揆の廻文」を送っている（『本山一揆覚書』）。北山一揆もまた新宮城を攻めた一揆の大将津久が、北山の在々の庄屋や「その村にて口をも利く程の者共」を語らって一揆の計画を進めたと伝えられる（『北山一揆物語』）。どちらも武士によって村民が動員された一揆であったとみることができる。

そこで比較的史料に恵まれた北山一揆について、その実態を簡単にみておきたい。慶長十九年十二月十二日には、吉野・北山・熊野の一揆が新宮城へ出撃したところを新宮城留守居戸田勝直が迎え撃って撃退した。戸田はさらに一揆を鎮圧するため出陣したが、その際中藤左衛門ら木本村の有力者に(8)「四村の者共打取り候様に御才覚尤に候」と指示する一方「一揆と一味仕りたる在々百姓共、草の靡き苦しからず候間、立帰り候様にこれ又尤に候」と指示している（『山本文書』十二月十四日戸田勝直書状）。この一揆が吉野「四村の者共」を中心とし、「草の靡き」すなわち一揆の武威により同意した「在々百姓共」を含んでいたことが窺えよう。北山一揆の新宮を攻めた勢力は百姓身分を主力として動員したものと考えられる。

一方で新宮城の戸田勝直の方も一般住民を動員したとされる。戸田は「町中の人質を取り、郷民二千人を率ゐて、新宮川を渡り攻戦」したと記され（『譜牒余録』）、戸田もまた戦国期と同じく住民を武力の一部として動員したことが想定される。浅野忠吉が戸田に宛てた書状の中で「そこもと留守の侍衆、ならびに社人・町人何も情を出し候由承り届け、これまた満足申し候」と述べており（『浅野考譜』所収十二月二十日浅野忠吉書状）、上記の想定を裏付けるものといえよう。

元和元年四月には日高郡にも大坂方に呼応した一揆が起こった。大将は高家村西村孫四郎、小池村寺井孫右衛門、志賀村中村三郎兵衛らが大将であったと伝えられる（『玉木文書』）。これら一連の一揆が鎮圧された後、浅野家によって「去年一揆起し申し候者ならびに当年一揆催し仕り候者共」の探索と処罰が行われている。

G『浅野家文書』一二一

（表紙）「熊野にて去年一揆起シ申候者、并当年一揆催シ仕候者共、只今成敗申付覚」

覚

一、高岡村　一揆大将作介、新衛門両人之者、去年一揆起申候刻、吉野四村之者、并当国北山より罷出候一揆之者共を迎ニ罷越、新宮へ案内者仕、取懸申候を承、当春より籠者申付、此度遂穿鑿、成敗申付候、

……

一、檜枝村　与左衛門と申者、本宮川筋之一揆共之案内者ニ仕候ニ付、隠在之を尋出し成敗申付候、

一、丸山村　中と申者、去年より一揆大将仕候、新宮より逃退申候刻より大坂へ罷越、今度堀内大学と申ものゝ触状を持参、下人一人召連、山籠仕在之を、甲斐守承届、とらへニ遣候へハ、働申候ニ付討捕、下人之頚共ニ、先度和歌山へ上ケ申候、然共中おや八郎衛門と申もの、山中に隠在之を、此度とらへ

成敗申付候、

一、敷屋村　清衛門同弟加兵衛兄弟之者、丸山中と申者同前ニ、堀内大学触状を持廻申候処、中事ハ最前甲斐守申付候、清衛門、加兵衛儀者、山中ニ隠在之ニ付、拙者罷下候て、尋出し、成敗申付候、

一、大里村　弥吉と申者、

一、高岡村　清七郎と申者、

右弐人ノ者、去年一揆之者共之迎ニ罷出、新宮へ案内者仕候由候間、弥吉儀者とらへ置、成敗仕候、清七郎と申者は、其刻より走申候付、妻子を成敗仕候、

一、高田村之庄屋大島并せかれの二郎作と申者父子、去年一揆之催を仕、在々へ触状を持廻候由承候間、わき百姓共召出し、穿鑿仕候へハ、紛無御座と申候ニ付、成敗申付候、

……

一、神上村　堀内大学と申者、去年より大坂へ罷越、北山組在々へ触状を廻し一揆起させ申才覚仕候、大学儀、此元へ可参と方々相尋申候へ共、行方無御座候付、其母并せかれをとらへ、弐人共ニ成敗申付候、

一、竹原村　新四郎と申者、去年鉄炮之ものに罷出、大坂御陣へ罷立候処、せんばより鉄炮を取、かけ落仕、竹原村へ罷越、尚も一揆を催、新宮へ取かけ申候時、敗軍仕、直ニ大坂へ罷越、今度山中へ落来、隠在之ニ付てとらへ、急度成敗申付候、但此新四郎と申者ハ、いにしへは竹原村之主にて御座候、

……

右之者共、今度成敗申付候、可然様ニ被仰上可被下候、

壬六月二日　浅野右近大夫（忠吉）（花押）

山香勘解由殿

ここから北山一揆や日高郡一揆などの際に、一揆に加担した村民がどのような動きをしたかを窺うことができる。第一に注目すべきは、この一揆関係者の注文が村ごとに記されていることである。彼らの身分については、名字をもつ侍分とみられる者や百姓身分ともみなし得る者などさまざまであるが、浅野氏からは、彼らは等しく村民とみなされていたことが窺えよう。言い換えれば北山一揆などは村民を主力とする一揆であった。

この点を典型的に示すのは高田村「庄屋」の大島父子である。一揆を動員し、近隣へも「触状」を廻したことが、「脇百姓」らの証言で明らかとなっている。大島父子は村という場を行動の基盤として、一揆蜂起を画策したことが窺える。「古は竹原村の主」であり、浅野氏の軍事動員から「欠落」して竹原村へ戻り、「一揆を催し」た新四郎も、やはり村を基盤として一揆を企てたことが知られる。

第二に大坂方との連繫が知られることである。大坂方の軍勢に加わり「北山組在々へ触状を廻し、一揆起させ申す才覚」を行った神上村の堀内大学が注目される。彼の触状は丸山村の「中」なる人物や、敷屋村の清衛門・加兵衛兄弟を通じて熊野に伝えられたことが知られる。堀内大学と「中」、清衛門、加兵衛との関係は不明なものの、彼らの間に地域的な知音関係のあったことは容易く想像される。それを利用して大坂方の軍勢は北山、熊野の村民の蜂起を画策したのであろう。ともかく豊臣秀頼を擁する大坂方が北山、熊野の村民の軍事力をあてにしたことは間違いないと思われる。

第三に村民の軍事力をあてにしていた点では、徳川方として大坂を攻めた浅野軍も同様であったと思われる。竹原村の新四郎は「鉄砲の者」として浅野軍に従軍していた。その途中で、軍の鉄砲を奪取して「欠落」し自分の村に戻って一揆を蜂起させたのである。浅野軍もまた村民から「鉄砲の者」を徴発していたことが窺える。

第四に村の蜂起に際しては、村同士の交流がなされることである。北山で蜂起した一揆が新宮へ出撃する際の「案内者」を買って出た者たちが散見できる。高岡村で「一揆の大将」であった作介、新衛門《ママ》、大里村の弥吉、高岡村の清七郎などである。また本宮川筋の一揆に「案内者」を勤めた檜枝村の与左衛門もそうである。熊野の村々に一揆に加担する者たちが少なくなかったことを想定することはできよう。

このようにみてくると村を基盤とした一揆の蜂起、大名による村の軍事力の重視、一揆に対する村民の加担など、十六世紀の一揆と共通する要素を指摘することができよう。徳川政権の初期にも大名を始めとする武士階層による村民の一揆の動員が行われたし、村民による政治情勢を睨んでの一揆蜂起も行われた。端的にいえば一揆が蜂起する事情も、一揆をめぐる社会情勢も、十六世紀の戦国期となんら変化をみいだすことはできない。

従って一見時代的に隔絶している島原の乱と土一揆とが、戦国にみられる「一揆」を媒介に近接しているとみることは、少なくとも不可能とはいえないだろう。寛永年間に土一揆と同質の「一揆」が存在する余地はあり得ると思われる。そこで以上の予備的検討をふまえた上で島原の乱そのものを考えることにしたい。

2　島原の乱にみる土一揆の特徴

(1)　島原の乱の概要

島原の乱については、既に多くの研究が蓄積されてきた[9]。ここではその性格を土一揆との比較で考えるための準備作業として、これら諸先学の研究によりながらその推移を簡単にまとめておきたい。

島原の乱は、寛永十四年（一六三七）十月に起こった立ち帰りキリシタンの一揆蜂起とされる。当時松倉勝家領の島原地域と寺沢堅高領の天草地域では、これに先立って行われた大名によるキリシタン迫害で、一旦棄教した元キリシタンたちの大規模な「立ち帰り」と信仰の隆盛がみられた。この情勢に対処して、キリシタンを取り締まるために有馬村に島原藩士が派遣され、キリシタンの集会を主催する信徒が捕えられたが、信徒の熱狂は鎮静せず、取り締まりのために派遣された代官が殺害されたことをきっかけに、藩の代官や異教徒を殺害せよとの廻文が村々に回覧され、大規模な一揆蜂起が起こる。一揆は島原の城下町に押寄せ、一時は島原城を包囲するに至った。一方少し遅れて十月末に天草地方のキリシタンたちが武装蜂起し、寺社に放火するなどの行動がみられた。

島原城を包囲した一揆勢はその後城下町を退去し、有家、有馬など在郷に陣取った。十一月には三会村で兵粮確保のために出向いた藩の軍勢が一揆と交戦して敗退するなど、予断を許さない状況であったが、一揆の報が江戸に達し、島原藩主の松倉勝家は帰国を命じられ、十一月下旬に島原に到着し、藩側は態勢を立て直した。天草のキリシタン一揆も十一月中旬、本渡で唐津藩軍と交戦し、富岡城代三宅重利が討死するなど藩側は敗退し、勝勢に乗じて一揆は富岡城に押寄せて城を攻撃する。しかし十一月下旬には一揆方が劣勢となり、一揆は四散し、一揆勢の一部は島原に退去した。

一方十一月九日に一揆蜂起の通報をうけた幕府は、ただちに上使として板倉重昌・石谷貞清を鎮圧のために派遣し、鍋島藩、唐津藩に援軍派遣を指示した。さらに十一月中旬、細川・黒田・鍋島・立花・有馬ら諸大名に一族を帰国させ、領内の仕置きを命じ、また一揆鎮定後の仕置のため十一月下旬には松平信綱・戸田氏鉄を派遣した。

板倉重昌・石谷貞清らは十一月下旬に小倉に到着し、熊本藩に天草への出陣を命じる。こうして武家諸法度のために島原・天草への援軍を派遣できなかった九州諸藩の軍勢が、一揆鎮圧のために動き出した。一揆側も、松倉勝家の帰国、鍋島藩の出陣など情勢の変化に対し十二月上旬、有馬晴信が建設した後放置されていた原城（はるのしろ）に籠城する。板倉・石谷らは原城への進撃を命じ、松倉・鍋島・有馬・立花らの諸大名軍が従軍した。

籠城する一揆側の抵抗は激しく、翌寛永十五年正月一日の城攻めの戦いで、板倉重昌が討死するなど幕府軍は大きな損害を蒙る。しかし松平信綱が、板倉戦死の後に幕府の出陣命令に応じた、細川忠利・鍋島勝茂・有馬豊氏・立花宗茂ら大名自らが率いた九州諸藩の軍勢と共に兵粮攻めを行い、二月二十八日、一揆勢の立て籠もる原城は陥落した。

以上がごく簡単な島原の乱の概要である。このキリシタンによる一揆をみてみると、その構成のされ方、社会的性格、行動の基軸となる論理などにおいて土一揆と共通する点がいくつかみられる。以下この共通点とみられるものを列挙してみたい。

(2) 土一揆としての特徴

牢人たちによる組織

まず乱の指導者は侍身分の牢人から構成されていたことがあげられる。これは冒頭に述べた、大名、国人などの侍身分、あるいは土豪などにより組織された土一揆の性格にも共通し、また徳政を求める土一揆でも細川政元など幕府有力者の被官が「一揆大将」となっていたこと（第二部第一章）なども共通している。

既に知られているように、乱の指導者の一人には旧有馬家臣の山田右衛門作がおり、彼は幕府方に寝返ったため助命され、一揆が鎮定された後、一揆勢の内情について詳しい供述を残している。この有力な証言を次の二つの史料からみてみよう。

まず『野村氏島原陣記録・付野村系図』のうちの「島原敵味方手負討死覚」には山田右衛門作の証言として「軍奉行」に「芦塚忠兵衛」（他の史料では芦塚忠右衛門とも表記される）「布津の大右衛門」「松島半之丞」「有家休意」「大矢

野玄察」の五名を挙げている。この内、芦塚忠右衛門（忠兵衛）は有馬直純家臣（『有馬五郎左衛門筆記』『原史料』一二三一、『長谷川源右衛門書留』二月二日山田右衛門作・芦塚忠右衛門矢文『原史料』一二三九）、松島半之丞は松倉勝家の家臣（『大河内家記録』二三「寛永十四〈丁丑〉年九州進発、翌年〈戊寅〉到江府帰陣中之書付」）であることが知られる。

また次の史料に引用された山田右衛門作の証言も同様である。

H①『肥前国島原切支丹一乱之始終』（長崎大学経済学部図書館武藤文庫）

一、大将大矢野四郎時貞后号大夫

一、八百之副将山田右衛門作六十才

一、軍奉行　赤松休意　有江監物入道　芦塚忠兵衛　松島半之丞　布津村代右衛門　大矢野玄札、

……

浪人

千場休意　中山玄札　安井宗卯　馬場休意　赤星主膳　会津右京　渡部伝左衛門　芦塚忠左衛門　松竹勘右衛門

横野又兵衛　赤尾藤兵衛　奥村藤太夫　山尾四兵衛　山田又兵衛　永井次兵衛　三宅次郎左衛門　三曳勘左衛門

内田杢之允　酒井三左衛門　小原次兵衛　羽田武兵衛　竹原忠太夫　香山三左衛門　村七左衛門　戸田忠左衛門

毛利平左衛門　久田七左衛門

合弐拾七人浪人、此外ニ拾三人、先ハ四十人浪人籠居仕候、歳頃者五十前後之者共ニ而、軍の手行《(ママ)》、敵之諸勢見分、差引仕候、右之浪人共何方より籠候共不知者多御座候、……

ここには先の五人の「軍奉行」と共に、四〇人の「歳頃は五十前後」（豊臣秀吉の、いわゆる「天下統一」の時期に生まれた世代といえよう）の牢人たちが「軍の手行《(行カ)》、敵の諸勢見分け、差引仕」るという重要な役割を果たしていたこと

が窺える。

次に熊本藩に逮捕された大矢野村の庄屋渡辺小左衛門の証言も、乱の指導者について有力なてがかりを提供するものである。

H②『新撰御家譜』寛永十五年一月二十五日渡辺小左衛門口書（『原史料』一一八九）

一、小左衛門申口之事、医者ノ玄察年廿八、加藤与左衛門家老、上山源太夫年三十七八、大膳年五十、是等ハ松倉長門守家中にて、出入仕候時退候、上津浦ニ有之事、助兵衛年四十計、右ノ大膳親類ニて同時ニ退候、大浦ニ有之事、

一、平兵衛歳五十七八、是ハ天草栖本譜代、加藤肥後守ニ数年奉公仕候時、幼少之間、下川又左衛門ト平兵衛ハ万端申付置候、成人仕候て近年退申、十年以前ヨリ柳ト申所ニ罷仕候、定て今度可致籠城候事、

一、一向坊主、是ハ広島牢人の子ニ而候、上津浦ニ罷在候事、

一、喜兵衛年五十計、七左衛門二十七八、七兵衛六十計、右三人上津浦庄屋ニ而候事、

一、弥兵衛年五十歳、小左衛門しうと庄屋にて候事、七左衛門年五十歳、是ハ大矢野庄屋ト親類故罷在候、監物、是ハ有江村ニ罷在候、此子先年宗門故ニ相果申候、右奉公人也、

一、善右衛門是ハ高来郡ノ者、す川ニ罷在候、甚兵衛、是ハ四郎太夫時貞父、小西摂津守奉公人也、
芦浦（芦塚カ）忠右衛門年五十、小川村太郎左衛門同年六十程、

このうち松倉家中とされる上山源太夫は、十一月十四日の戦いで唐津藩側に生け捕りにされている（『寺沢藩士による天草一揆書上[10]』寛永十七年二月二十日呼子平右衛門言上書）。また加藤与左衛門の家老とされる「医師の玄察」、「加藤肥後守」に奉公した経験をもつ平兵衛、広島牢人の子である「一向坊主」、「奉公人」の「監物」、「小西摂津守奉公人」

の「甚兵衛」（すなわち天草四郎父）など、これもまた一揆の指導者層が侍身分であったことを窺わせるものである。

「百姓」の一揆

島原・天草のキリシタン一揆の第二の特徴は、侍身分の牢人たちが指揮をとっていたにもかかわらず、「百姓」の一揆とみなされたことである。これは一揆は「百姓」身分のものとみる、先にみた一揆観と同質のものといえよう。最も典型的にみられるのは、島津家久の次の書状である。

Ⅰ『薩藩旧記雑録』（寛永十四年、『原史料』〇四一八）

一書申入候、……

……

一、当時之体を承候分ハ、一揆之者共大略百姓共之由候、若其内ニ自然牢人之者共茂少々可有之候哉、其列之者共或五千三千雖有之候、大将かましき者有之間敷候間、中〳〵臆意之行不可有之候間、少々人数被指遣候ハヽ、相済可申歟と存候、唐津衆定若者共、不図仕懸手合ニ崩立候而、惣崩ニ成たる物歟と存候、我等国之者共計に被仰付候共、無異儀可申付候事、

……

「寛永十四年」

十一月十七日　　家久（御判、御譜ニハ御判ナシ）

堀田加賀守殿

（以下四名略）

島津家久が、一揆の状況を検分するために派遣した者が、十一月十四日に唐津藩軍が一揆に敗れた状況を帰って報

告したものをもとに、幕府老中に言上した状況報告である。ここでは一揆の主体が「百姓」であり、その中に「牢人の者共」も少々いるはずであるが、そのようなものが「五千三千これあり候といへども、大将がましき者これあるまじく候」と考えられると述べている。前章でみた一揆観（B①・②）にそのまま妥当する一揆観が表明されているといえよう。侍身分の牢人たちに「百姓」が動員された、しかし然るべき大将のいない軍団との認識は、戦国期の「一揆」すなわち土一揆観そのものと考えて大過ないように思われる。

このほかにも島原藩の家老は「しからば爰許百姓共きりしたん、俄に立あがり、一揆の仕合せにて」（『新撰御家譜』十月二十七日島原藩家老連署書状、『原史料』〇〇一九）と述べ、また豊後目付は「切支丹一揆の百姓共、島原を引退き、四五里の処、在江《（有家）》・有馬と申す所へ引籠り、罷在り候由」と述べており（『新撰御家譜』十月晦日豊後目付連署書状、『原史料』〇〇八三）、幕府上使戸田氏鉄も「然らば今度松倉知行の百姓、むざと仕たる儀共を仕り出し候事、いかゞ思召し候哉」（『御書奉書写言上扣』十一月十一日戸田氏鉄書状、『原史料』〇二九七）と述べるなど、同様の一揆観を表明した史料は多い。

熊本藩士志方半兵衛は、板倉重昌が寛永十五年正月元日に原城を無理攻めにして自ら討死してしまった経緯について、板倉の縁者であった戸田氏鉄が「城を構へ居り申すとても百姓の義に御座候、もみ立て、責め候はゞ、将に落ち申すべき儀をゆる〳〵と日を送られ候儀、油断の様に存じ候」と書状で叱咤したためであるとの噂を記している（『志方半兵衛言上書』正月九日言上状、『原史料』一〇二六）。さらにそれを知った松平信綱が「百姓と申し候ても、身を捨たるものにて、城をも拵へ居り申候を見ずして、これよりの御指図御無用に候」と窘めたとの噂も記している（同上）。

この逸話においては戸田氏鉄・松平信綱両者とも、一揆をみくびっているか、重大視しているかの違いはあれ、

「百姓」のものとの認識においては共通している。恐らく鎮圧に向かった武士たちの、島原・天草一揆に対する見方の反映と考えられる。このようにみれば、鎮圧する幕府・藩側の、島原・天草一揆に対する見方は戦国期の一揆観そのものであったことが窺える。

武力による訴訟

島原・天草のキリシタン一揆は、弓矢や鉄砲による完全武装の蜂起であるものの、一方で幕府や藩への訴訟を意図したものであるとみられていた。

J『新撰御家譜』(『原史料』一〇四二)

態一翰申遣候、今度古城ニ楯籠、成敵条無謂、併天下ニ恨有之哉、又長門一分の恨有之哉、其恨一通ニて有之は、如何様共叶望、為遂和談下城仕、帰本所之家宅、時分催耕作、如前々堪忍、一廻成覚候条、当時為飯米二千石可遣候、当御年貢之儀は、一切納所仕間敷候、……不可有偽者也、

正月中旬　　　　松平伊豆守

原城中へ

幕府の上使として、幕府軍や九州諸藩よりなる鎮圧軍の総大将であった松平信綱が一揆との交渉を求めたものである。武装蜂起した一揆の行動を詰りながらも、「天下」すなわち将軍に対する恨みによる蜂起か「長門」すなわち島原藩主松倉勝家に対する恨みによる蜂起かを尋ねた上で「その恨み一通りにてこれあらば、如何様とも望みを叶へ、和談を遂げ」ることを承認し、さらに本宅に帰し、耕作を許し、飯米を与え、年貢を免除する条件を提示していることが注目される。正当な理由があれば武装蜂起をやむを得ない行動として承認する姿勢を提示しているのである。

一揆側も「今度、下々として籠城に及」んだことは「若しくは国家をも望み、国主をも背き申す様に思し召さるべ

く候か、聊かもその儀にあらず候」と応答した上で、「天下様より数箇度御法度仰せ付けられ、度々迷惑致」したことが蜂起の理由であると述べている（城内矢文『原史料』一〇五三、『綿考輯録』寛永十五年正月十三日城内矢文）。また「国郡など望み申す儀、少しも御座なく候、宗門に御構ひ御座なく候へば、存分これなく候、籠城の儀も、頻りに御取懸なされ候に付き、かくの如く御座候」（『新撰御家譜』城中文『原史料』一〇五四）と信仰の容認を要求し、自衛のための籠城であると主張したことも知られる。キリシタン信仰の承認こそが訴訟の理由であるというのが、一揆側の主張であったと考えることができよう。(11)

鎮圧軍側も一揆側も共に訴訟を意図した武装蜂起、との前提を共有しているとみることができよう。ちなみに鍋島藩の家老多久茂辰が聞いた情報では、このキリシタンの蜂起は、この二、三年の不作のため年貢未進がかさんだ上、取立ては依然厳しいため、「兎角継命なりがたく候間、一篇キリシタン宗に罷成り、公儀より御改めの御検者衆も御座候へば、その序をもつて、御詫言申上ぐべきつもり」でなされたもの（『勝茂公譜考補』十月晦日多久茂辰書状、『原史料』〇〇八五）であった。にわかには信じがたい噂ではあるが、これもまた一揆の武装蜂起が訴訟を意図した行動であるとの観念を窺わせるものであろう。

こうした認識と冒頭にみた「信達騒動記」の「此度の騒動、寛永、慶安の頃、天草四郎や由井正雪等の類一揆にはあらで、嗷訴のことに候へば、手道具を持たざるは勿論のこと」という一揆観とは、大きく異なるものといえよう。「嗷訴」であるから「一揆」とは異なって武器をもたない、という近世の認識と、武装蜂起した一揆だから訴訟を意図しているはずだという松平信綱の認識とは、明らかに異質のものである。島原の乱当時の「一揆」観は、百姓一揆時代の「一揆」観とは明確に異なっていたのであり、ここに島原の乱を単純に近世の枠組みで考えるわけにはいかない事情が窺われるように思われる。

ところで十五世紀の土一揆も自ら訴訟のために武装蜂起したと称していた。第二部第二章でみたように、嘉吉元年（一四四一）の著名な土一揆の際には、一揆が東寺に閉籠して「徳政の事、公方様へ訴訟仕る。この事叶はざれば伽藍の火を懸くべ」しと主張し（二三三頁）、「洛中洛外の堂舎・仏閣に楯籠り、徳政行はれざれば、焼き払ふべきの由これを訴訟」（『建内記』嘉吉元年九月六日条）したことが知られる。また寛正六年（一四六五）十一月十日に東寺を占拠した土一揆は、自分たちが「訴訟として」東寺を占領したこと、従って幕府軍に対して自ら交渉することの承認を要求し、それが容れられなければ「堂舎に火を懸くるべきなり」と警告して「かつて無理の儀を致すべからず」と主張し、自らの東寺占領を「急ぎ公方様に御注進ありて、早々御法の札を打たるゝべきなり」と催促し、「その御返事により退散すべし」と宣言していた（二三三頁）。幕府に対し徳政を求める訴訟のために武装蜂起した、というのが土一揆の、少なくとも言い分であった。訴訟のための武装蜂起という主張において、島原・天草の一揆と土一揆とは共通点をもっていたといえよう。

代替り

第四の点は、共に武装蜂起の根拠として代替りの観念がある点である。熊本藩から唐津藩領天草の富岡城代官三宅重利のもとへ派遣された飛脚二人は、須子村で「くるすを先に立て」武装した五〇人ほどの「百姓共」に銃口を差し当てられて行く手を阻まれた。飛脚が「三宅藤兵衛（重利）所へ八代より使に参候、通してくれ候様に」要求したところ、「百姓」たちは「藤兵衛と申すは昔の事、今はデイウスの御代にて候間、中々通すまじく候」と応答したという（『御家中文通之内抜書』十月三十日細川立允書状、『原史料』〇〇六九）。「デイウスの御代」へと支配者が替わった今、富岡城代の威光も無効になった、というわけである。一揆側が終末の到来を喧伝して蜂起を煽動したことはよく知られているが、「デイウスの御代」到来との観念が一揆蜂起を促したことは容易く窺うことができよう。

さらに一揆蜂起の際、キリシタンたちの間に徳川家光が病死したと死去の噂が広まっていたことを山田右衛門作が陳述していたと、松平信綱の子輝綱が記している。この噂を聞いたキリシタンたちは「我が最極の法に背き、釈氏の法門に入るはこれ彼我の心にあらず。只制禁の重きを荷する所以なり。当時一の人薨逝し、弐君未だ儲けず。一天の万機誰かこれを握るあらんや。天主の宗法、何人かこれを制さんや」として、「士卒」「百姓」に苛斂誅求を行う松倉勝家に対して蜂起するよう主張したという（『大河内家記録』二二三）。これもまた蜂起のきっかけが、代替り観念の流布であることを窺わせる。

一方、土一揆が代替りを理由に徳政を求めて蜂起したことは著名である。嘉吉の土一揆は「今土民等代始めにこの沙汰は先例と称」した（『建内記』嘉吉元年九月三日条）。将軍足利義教の就任の始めに徳政があったのと同様に、義教が暗殺されて代が替わった今も同様に徳政の沙汰があるべきだというわけである。代替りが一揆蜂起の一つの理由となっている点に、島原・天草一揆と土一揆との共通性を求めることができよう(12)。

武力による服従強制

第五に、武力により信仰と一揆への加担を強制したことがあげられる。

K『御書奉書言上扣』（『原史料』〇四〇六）

天草へ参、様子承届候覚、

一、……五料村（御領村、以下同）の百姓共ハ此中きりしたんニてハ無御座候ニ付て、一揆とも五料村を放火仕候故、五料村の百姓共ハ逃散り、舟に乗居申候処、一揆共申候は、きりしたんに成候ハヽ、組ニ入可申候、無左候ハヽ、討果し可申候と申ニ付て、無了簡昨日十六日ニ五料村の者共きたしたん（ママ）ニ成申候由申候、……

……

十一月十七日　　　　　　　　　　井口少左衛門

長岡佐渡守殿

（以下二名略）

熊本藩の井口少左衛門という武士による国家老への報告の一部である。一揆が御領村に対して放火を行い、改宗し味方しなければ「討果たす」べきことを警告したことが知られる。一方、十五世紀の土一揆も武力を背景に徳政に従うことを強制していた。よく知られた事例であるが、若狭国東寺領太良庄の荘園住民は、領主の東寺に対し「御奉加借米」が返済できない事情を次のように述べている。「取わけ当国の事は、何と様なる借物にても候へ、沙汰申すべからす候由、土一揆置定め候の間、引掛け一大事に候、沙汰申し始め候はゞ、この庄の難儀にて候」（一九六頁参照）と。土一揆が徳政に服さない者に制裁を加えていたことが窺える。

ただし島原の乱の際にキリシタン一揆が、味方につくこと以上に改宗を強制したことは土一揆一般と同様に考えるわけにはいかない。信仰の強制は、一向一揆にも、個々の一揆メンバーの行動としてはともかく、一揆全体の方針としてはみられず、従って土一揆にも通常はみられないものである。この点は島原の乱が宗教一揆であることの際だった特徴とみるべきものであろう(13)。

(3)　「百姓」の戦闘参加

以上、戦国期の土一揆ないし「一揆」と島原・天草一揆との共通点を列挙した。侍身分の牢人に指導された集団であり、「百姓」の集団とみなされたこと、武装蜂起による訴訟という行動様式、代替り観念に基づく蜂起、武力による加担の強制の五点は土一揆に共通するものといえよう。このような共通性のみられることの背景を考えるために、今度は一揆を鎮圧しようとする幕府軍や藩の軍勢を検討してみたい。まずは「百姓」身分の村住民らが重要な武力とみなされ、動員されていたことが知られる。

たとえば松倉家中の新甚左衛門は最初に島原地方で一揆が蜂起した時、小浜・千々石村のキリシタンたちに対抗して、三室・山田・守山・野井・相津の五ヶ村の住民を引き連れ、千々石村を攻撃し、焼き討ちを行い、さらに小浜村、千々石村に政治工作を行って村の一揆方のうち一四〇九人を松倉方に帰参させたと述べている。次の史料である。

L①『野村氏島原陣記録・付野村系図』「新座衆申上相済候留」

新甚左衛門事手前ニ此書付之扣有之由

……

一、島原一揆ノ時ハ山田村ニ有合被申候所ニ、おはま・ぢゞ（ママ）わのきりしたん共、ちゝわ之町ニ取籠居申候由ニ聞付、三室・山田・守山・野井・あいつ此五ヶ村ノ者共召連、ちゝわへ押かけ、やき打ニ被仕候所ニ……ちゝわ・おはま之者共不残きりしたんニ成申候内を、色々手遣をいたし、千四百九人を呼寄、味方ニ被仕候由、其刻手遣致被申候、……

以上

唐津藩軍も「百姓」を動員して一揆と交戦した。次の史料がこの点を物語っている。

L②『御家中文通之内抜書』（『原史料』〇三九八）

……中島与左衛門身ニあてたる者弓鉄砲廿人預ル人にて候か、百姓共四百人手ニ付、十四日ニ上津浦一里前ニ島子と申村に陣を取居申候処ニ、きりしたん三千計ニて押懸候処ニ、百姓の儀ニ候へハ、こと〳〵く逃ちり候間、無是非与左衛門も本戸と申所、三里御座候処ニ同せい居候ニ、一所ニつほミ候由申候、……

十一月十七日　　　　　　　　　　　　松崎助右衛門　判

三人当

熊本藩の松崎助左衛門の国家老への報告である。寺沢家中の中島与左衛門という武士は、自身が率いる鉄砲隊二〇人の他に「百姓共」四〇〇人を率いて島子に陣を取っていたところ、一揆方三〇〇〇人ばかりの襲撃をうけた。中島勢は「百姓の儀に候へば」悉く逃げ散ったという。この他にも唐津藩の天草新介という武士は、「我等普代の者在々にてこれあるにつき申し合はせ、自分の手に付き申す百姓鉄炮拾挺」を加えて「三拾余人召連れ」て出陣したことを上申している（『寺沢藩士による天草一揆書上』[14]寛永十七年二月二十一日天草新介言上書）。また横野弥三右衛門は「河内浦組百姓共に鉄炮持せ、中島与左衛門につき大島子に参」ったと言上している（同寛永十七年二月二十三日横野弥三右衛門言上書）。

熊本藩も十二月に行った天草出陣に際して「百姓」を動員していた。

L③『志方半兵衛言上書』正月九日言上状（『原史料』一〇二六）

……最前天草へ渡り申候御人数壱万五千の着到前と、上津浦ニて承申候、……侍壱人ニて、たとへハ百人召連候得ハ、六十人余ハ百姓のかり出しにて御座候、御鉄砲衆ハ地侍と申候て、在郷鉄砲人足迄を相添、壱万五千ニて御座候由申候、……

正月九日　　　　　　　　志方半兵衛

諏訪猪兵衛殿

天草へ派遣された一万五千の熊本藩軍は、侍一人に一〇〇人が従っているとすると、その内六〇人余りは「百姓の狩出し」であり、鉄砲衆も「在郷鉄砲人足」すなわち村住民から徴発した鉄砲衆が加わっていたという。熊本藩軍の軍事力として「百姓」が大きな比重を占めていたと想定することは容易であろう。藩主の細川忠利も島原への軍勢派遣の際「百姓も肝煎給人にも付き参るの由、奇特に候」と述べ、「また人もなき領知より百姓余多召連れ参り候者もこれあるべく候」として「帰陣の上、迷惑仕らざる様に承り分くべく候間、給人知は申すに及ばず、蔵納同前に申し聞かせ、庄屋申す分承り候て置くべく候」と命じている（『綿考輯録』〈寛永十五年〉二月五日細川忠利書状）。

島原の乱に際しては、大名や武士に率いられて「百姓」身分の村民が戦場に赴いたこと、言い換えれば「百姓」身分の者たちの動員が普通に行われたと考えられる。

動員される「百姓」身分の村住民らも全く受身で藩の動員を受けていたわけではない。自らの政治的判断によって藩側、一揆側のどちらかに加担しようとしていた。たとえば本渡から志岐にかけての天草地域の村民らは、一旦「キリシタン手に付」いたものの、一揆勢が「島原の上津浦《（ママ）》」へ退却したところ「裏返り、船をへたて《（ママ）》追討に仕り候、キリシタン大勢相果て申し候」と今度は藩側についてキリシタン一揆を攻撃したという（『島原日記』十一月二十二日芦北郡奉行注進状、『原史料』〇五三二）。また富岡城周辺の一旦一揆方についた者たちは、「今は御身《（味）》方に罷り成るべき由申し」たという（『諫早有馬記録』十一月二十六日嬉野五郎左衛門言上状、『原史料』〇五七三）。地域住民にとって何より重大な問題は、戦乱の中で生き残ることだったと思われる。そのために一揆方にも味方し、同様に一揆を鎮圧せんとする藩軍にも味方したものと考えられる。

熊本藩が島原城へ状況を聞き合わせるために派遣した使者に、籠城していた島原藩家老たちは、城から撃って出て一揆側を攻撃することができない事情を次のように語ったという。すなわち城内には藩の武士たちはわずか三〇〇しかいないので、その内二〇〇が出撃すると、島原城には「松倉領内より奉公人・郷人合せて千四、五百もこれあるべきや。その者共より城内に火を付けられ候儀眼前に候」と（『諫早有馬記録』十一月九日福地六郎右衛門承口上覚、『原史料』〇二四二)。

島原城からは周辺の村々に対して味方するかどうかを問い合わせ、たとえば安徳村に対するように味方する村からは人質を取っていた(『島原藩日帳』、『原史料』〇〇一一)。従って城内に避難した郷人らは藩側に味方すると宣言していた者たちである。その彼らにして情勢如何では一揆方に寝返りかねなかった。もちろん籠城者の中にキリシタンに共鳴する者が多かったという事情は当然想定されるべきであるが、むしろ信仰如何によらず、政治的な情勢判断によって藩側に味方するか、一揆側に味方するかを決定する住民の行動様式を重視すべきものと思われる。

だから藩側もこうした村民らの行動を十分に意識し、村民の支持をとりつけて組織し、戦況を好転させようとした。十一月下旬に一揆を撃退した富岡城では家老の原田伊与(ママ)が、藩側は富岡城を「堅固に持ち堅め候間、心安く存ずべく候由、庄屋・百姓共に申し聞かすべき」ことを呼子平右衛門と菅善右衛門とに命じている(『寺沢藩士による天草一揆書上』寛永十七年二月二十日呼子平右衛門言上書)。村民の動向が重要であったのは藩にとって、彼らが重要な軍事力だったことが大きいと思われる。

天草での十一月十四日の敗戦の後、指揮をとっていた中島与左衛門が富岡城まで後退するとの方針を示したのに対し、与左衛門の手に属する陰山仁右衛門は、与左衛門の方針に反対し、川内浦を維持すべく「村々へ状を廻し、爰元持ち候談合」を壱丁田村の庄屋半左衛門にもちかけた(『寺沢藩士による天草一揆書上』寛永十七年二月二十四日陰山仁右衛門言上書)。これに対して半左衛門は「爰元御預りの与左衛門殿さへ昨日御退き候。その上もはや所より地(自)焼仕る躰に御座候間、談合に入り申す者御座あるまじく候」(同上)と陰山仁右衛門の提案をはねつけた。庄屋もまた村民という武力を率いており、藩士と共に戦術を「談合」すべき存在だったことを物語る逸話といえよう。

「百姓は草の靡き」という戦国の諺があるが、村の住民が優勢な側につく、ということが「謀叛」とも「裏切り」

とも咎められず、当然のこととして大名や武士の軍勢から容認されていたのが戦国の作法であった。そして天草地方の村民たちはその作法通りに行動していたのである。これもまた土一揆の蜂起を可能にする土壌であったと考えられよう。戦国の気風はここかしこに残存していたと想像される。

特に寛永十四年は三年来の飢饉であった。熊本藩主細川忠利は「国々詰り、田畠の事も厳しく候故、悉く本国を離れ、日用等に参り候と見え申し候故、年毎に上田は下田になり、次第に物成衰へ申し候……右の如くに候間、去々年、去年作も違ひ候故、いよいよ下々飢ゑのみまでに候」と飢饉の状況を述べている（『綿考輯録』巻三七・正月二十六日細川忠利書状）。『相良家年代記』も「この年大飢饉にて、山野の草木の根葉を食す」と記している。こうした状況の中で一揆蜂起が起こることは容易く想定できよう。

一揆勢の中には乱取と呼ばれる人身拉致を行った者もいた。島原城下に攻め込み城を包囲した一揆勢は寺社や町に放火し、掠奪を行った上「城中へ入り後れたる女人などを少々奪ひ取り候もこれあり候……富岡弥左衛門女房・娘共は、弥左衛門昨日討死致し候を歎き居り申し候処、敵大手へ責来り候時、悉く一揆方へ奪ひ捕り申し候。原の城落城の前日、彼富岡か女房・娘共忍び出で、細川越中守殿陣所へ参り、かくと申して命助かり、松倉方へ戻り申し候」と『佐野弥七左衛門覚書』は記している（『原史料』〇〇一三）。

原城を攻撃する幕府や九州諸藩の軍勢の中で、島原藩の松倉勢は討死が多かった。その理由は「松倉殿侍の女子、人により在所へ置き候を、一揆共質に取り、原の城へ引取り、若き女は女房持たざる者共妻に仕り、年寄りは飯を炊かせ申し候由、落人共申す通り、沙汰御座候、それにつき松倉勢殊のほか働き申し候」というものであったという（『志方半兵衛言上書』正月八日言上状、『原史料』一〇一三）。キリシタン一揆が女性を乱取りしたことは恐らく事実と考えられる。戦国時代の雑兵を想起させるこの行動は、飢饉によって「食うために」戦場に向かうという戦国の雑兵の

行動様式が、一揆勢の中にもみられたことを推測させるものである。(15)

おわりに

以上十七世紀前半に起こった島原の乱が、戦国期に蜂起した土一揆と共通する性格をもっていることを論じてきた。要点は第一に、島原・天草一揆が侍身分の牢人たちに動員された「百姓」たちの一揆であり、武力蜂起による訴訟を意図しており、代替りの観念によって蜂起し、武力によって加担を強制する、という土一揆の特徴を備えていることである。また第二に島原・天草一揆と対峙する藩側でも「百姓」が有力な軍事力となっており、村民たちも自己利害に基づき、一揆方にも藩側にも武装して味方する、という戦国期と変わらない主体性をもって武力行動を行っていたという社会的背景が存在したことである。

この諸特徴と当時の社会状況からみれば、島原の乱当時、土一揆ないし戦国期の「一揆」と同様の性格を持つ民衆の武装蜂起が存在しえたとみることは十分可能であろう。戦国の「百姓」と同じく、島原の乱当時の「百姓」も軍事力として意味をもっていたのである。

ところで通常十七世紀の徳川家光政権の時代は兵農分離の進展によって、統一政権が確立した時代と考えられている。にもかかわらず、島原の乱に関係した地域では、兵農分離がほとんど進展していないようにみえるのはなぜであろうか。「辺境」である九州では未発展な要素が残存していたとみるべきかも知れない。しかし九州諸藩が武家諸法度を遵守したために、島原への援軍派遣が、幕府上使の島原下向までなされなかったという著名な逸話一点をとってみても、幕府の支配が九州では未だ弱体だったと想定するなど凡そ困難である。幕府の支配体制は完成していたにもかかわらず、兵農分離の進展はみられなかったと想定することも十分可能ではないだろうか。

かつて藤木久志氏は「兵農分離」を「万能の説明概念として魔法の杖のように使」うことに警鐘を鳴らされた(16)。そして島原の乱をみた場合、統一政権の成立に関する重要な要素に「兵農分離」をあげることにいささか疑問を感じざるを得ない。その一方で、二〇年程前に勝俣鎮夫氏が提起された「十五世紀から十七世紀なかばまでをひとつの時代」とみる見解(17)が、中近世移行期を考える上できわめて重要であるように思われるのである。一揆という観点からのみならず、さらに多くの観点から、「十五世紀から十七世紀なかばまで」の時代を再検討することが必要ではないだろうか。

註

(1) この観点の問題点については煎本増夫『島原の乱』(教育社歴史新書、一九八〇年)を参照されたい。
(2) 保坂智『百姓一揆とその作法』(吉川弘文館、二〇〇二年、四—六頁)。
(3) 久留島典子「中世一揆の諸相—宗教一揆と世俗の一揆—」(『加能史料研究』一五、二〇〇三年、五頁)。
(4) 勝俣鎮夫『一揆』(岩波新書、一九八二年、二頁)。
(5) 久留島典子「領主の一揆と中世後期社会」(『岩波講座日本通史』中世3、一九九四年)。拙稿「戦国期本願寺教団の構造」(同『一向一揆と戦国社会』吉川弘文館、一九九八年、初出一九九五年)。
(6) 山田邦明「上杉謙信の地下人動員令」(『戦国史研究』四〇、二〇〇〇年)。
(7) 藤木久志「戦場の村」(同『飢饉と戦争の戦国を行く』朝日新聞社、二〇〇一年、九六頁、初出一九九七年)で詳細に説明されている。
(8) この時命令をうけた藤左衛門、左介、茂兵衛の三人は、木本村の中藤左衛門、同村打越左介、同村浜茂兵衛であり(『山本文書』)、北山一揆蜂起の際の「忠節」により「屋敷年貢」を免除されており(同、〈元和元年〉四月四日野村平丞書状)、さらに在所の「鉄砲を打、慥なる者聞き立て、申し上ぐべき旨」を藩主から命じられており（同、十月朔日田原伝左衛門・湯川五兵衛書状）、指名されたこれらの「御鉄砲衆」に対する「役儀」免除を庄屋に通達するよう求められている（同、元和五年四月十八日田原伝左衛門・湯川五兵衛書状）ので、木本村の有力住民とみられる。

（9）　島原の乱に関する研究は膨大であり、ここでは代表的なものをあげるに留める。乱に関する史料を集大成したものの代表的なものとして、林銑吉『島原半島史』（長崎県南高来郡教育会、一九五四年）と近年の集大成である鶴田倉造編・松本寿三郎監修『原史料で綴る天草・島原の乱』（以下『原史料』と略記、本渡市、一九九四年）がある。また乱の性格を分析したものとして、岡田章雄『天草時貞』（吉川弘文館、一九六〇年）、中村質「島原の乱と鎖国」（『岩波講座日本歴史』九、一九七五年）、煎本増夫『島原の乱』（註（1）前掲）、鶴田倉造「天草島原の乱」（『本渡市史』本渡市、一九九一年、第三章第四節）、服部英雄「原城の戦いと島原・天草の乱を考え直す」（丸山雍成編『日本近世の地域社会論』文献出版、一九九八年）、南有馬町監修・石井進・服部英雄編『原城発掘』（新人物往来社、二〇〇〇年）をあげるに止め、それ以外のものについては、そのつど引用することにしたい。

（10）　寺沢光世・鶴田倉造校注『寺沢藩士による天草一揆書上』（苓北町教育委員会、二〇〇〇年）。

（11）　もっとも一揆全体が一枚岩の合意によって結束していたわけではない。「上使衆」すなわち松平信綱ら鎮圧軍首脳の「上様へ対しての義」か「地頭へ不足にて斯様に仕り候や」との問いに対して、一揆方の兵士の中には「誰に対しての義にても御座なく候、数年キリシタンを御果し候しに付き、その人数ほど人を殺し申すべきため」（『志方半兵衛言上書』正月十二日言上状）と回答した者もいたと伝える。一揆の構成が複雑であったことを窺わせるが、少なくとも一揆の指導部に限っていえば、武装蜂起を訴訟とみる松平信綱に対し、自らも訴訟を意図した武装蜂起であると回答していた、といえよう。

（12）　ただし、「デウスの御代」との認識については、徳川家光死去の噂や、土一揆の時代に通常考えられていた代替りとは全く異なる側面、すなわち中世ヨーロッパの異端運動、宗教改革などから、キリスト教の影響の強い非ヨーロッパ地域にみられる千年王国運動の要素もまた島原の乱に併存していたことを示すものと考えられる。この点については拙著『島原の乱』（中央公論新社、二〇〇五年）を参照のこと。

（13）　宗教一揆としての島原の乱の性格については、註（12）前掲書参照のこと。

（14）　註（10）前掲書、以下同。

（15）　藤木久志『雑兵たちの戦場』（朝日新聞社、一九九五年）。

(16) 藤木久志『豊臣平和令と戦国社会』(東京大学出版会、一九八五年、序章)。
(17) 勝俣鎮夫『戦国時代論』(岩波書店、一九九六年、はじめに)。

あとがき

筆者が歴史学の研究を始めたばかりの頃は、いわゆる「社会史ブーム」と呼ばれる時代であり、初学者の常として筆者も、学界のこのような動向に多大な影響を受けた。特に笠松宏至氏、勝俣鎮夫氏の研究、そしてこれらをてがかりに中世社会を貫く「無縁の原理」を抽出することを試みた網野善彦氏の研究から受けた影響は大きかった。

これら諸氏の研究に惹かれたのは、中世独特の言葉を取り上げ、その考察を通して中世社会の一断面を照射する手法の魅力によるところが大きい。歴史的事件よりむしろ風習、掟、言葉や伝説を重視し「言語のうちに再現された文明の歴史」を構想したという、社会史の先達とされる高名な歴史家の逸話に感銘をうけ、歴史学への興味をもち始めたという事情も相まって、これらの研究の魅力には抗しがたかった。自分の言語的資質ではとうてい無理とは承知しつつも、言葉や習慣や伝説に取り組むことへの憧れは捨てがたかった。

このような日々の中で書いた文章が本書の第一部第一章、第二章に収録したものである。今読むと、未熟かつ生意気な学生の文章の典型をみる思いで赤面の至りであるが、赤面といいつつも懐かしさが先立ってしまうのは「要するに年をとった」せいであろうか。石井進先生が、仲間内の雑誌に掲載した第一章の紹介の労をとって下さった（阿部謹也・網野善彦・石井進・樺山紘一『中世の風景』下、中央公論社、一九八一年）ことも、第二章の草稿をお目にかけたところ、そのままご自身で日本歴史学会へ持って行って下さったことも、筆者の研究者人生にあって貴重な思い出である。

それから三〇年余り、大した進歩はないが言葉や慣習、伝説にこだわって中世社会を理解しようとする試みは、ささやかながら今日まで続いている。この作業では現代のそれとの対比が不可欠となり、現代の一面と向き合わざるを得ず、限定された範囲であれ、現代を相対化することになる。著名な歴史家のように「過去と現在との尽きることのない対話」などとはおこがましくてとてもいえないが、自分なりに「対話」であると思ってきた。

そうした「対話」の中で大きくイメージが変わることもあった。中世後期の土一揆がそれであり、その「成果」を、貧しいものながら本書の第二部で提示した。十数年前に、たまたま応仁の乱を講義で扱い、土一揆が通説のいうように村落の主体的活動に由来するものなのか、との疑問をもったことが始まりである。ちょうどその頃、藤木久志氏が戦国史研究会で講演された。その内容は「応仁の乱の底流に生きる—飢餓難民・徳政一揆・足軽たち—」（同『飢餓と戦争の戦国を行く』朝日新聞社、二〇〇一年、初出二〇〇〇年）に結実するものであったが、強い共感とともに多大な啓発を受けた。

藤木氏の講演に触れ、大学院時代にご指導をうけた稲垣泰彦先生の言葉が蘇った。稲垣先生は、既に一九六〇年代に土一揆が農民の一揆とはいえないとの見解を公表しておられた。たまたま演習のあとの酒席で「先生は何故最近土一揆について発言されないのですか」と僭越にも「質問」した筆者に、「やはり農民の顔がみえて来ないとね」とぽつりともらされた。この言葉を改めて受けとめ、現代社会を肌で感じている自分なりの見方で、史料を読みなおそうと思った。九〇年代末、今にして思えば、現在声高に叫ばれている社会問題がそろそろ露わになってきた時節であった。

近年は歴女ブームなども取沙汰されるものの、若い世代の歴史への関心が衰えてきたことは、職業柄実感せざるを得ない。何より日本史・世界史の知識は年々乏しくなりつつある。また過去は詳しく知るよりも棄てていくべきものであり「過去にとらわれず未来を考える」ことのほうが大事である、との見解もよく耳にする。こうした見解には戸惑いを覚えざるを得ない。過去との対話なしに「現代」がわかるものなのだろうか。継承すべき遺産も自覚せずに構想された「未来」は、何やら胡散臭いもののようにも思われる。

二十世紀後半、一九五〇〜六〇年代にかけての時代は歴史ブームと呼ばれた。その頃の日本は現在とは比較にならないほど貧しく、しかし少なくとも将来の目標が意識され、希望も感じられていたように記憶している。未来への希望がある時代に過去への関心が高く、先のみえない現代に過去への関心が衰えるという奇妙な現象をどう考えるべきかはよくわからない。あるいは現代人は、過去との対話を避けているのだろうか。対話によって現代の絶望や貧しさが否応なしに露わになってしまうのを直視したくないのかも知れない。

しかし逆の可能性もあり、過去との対話により現代の希望のありかがみえる場合もある。その実現のために、社会的関心の高低にかかわらず歴史学の役割は依然重いと思われる。対話はまだまだ続けて行きたいと思う。とりあえずは、拙い対話から生まれた断章を中間報告として披歴することをご海容下されたい。

最後になったが、本書の制作にあたり、編集の労をとって下さった吉川弘文館の一寸木紀夫氏、制作にあたられ、大変お世話になった国峯久尚氏に心より感謝を申し述べたい。

二〇一三年八月

神田千里

初出一覧

はじめに（新稿）
第一部　自力の秩序観念
第一章　鐘と中世の人びと（『遥かなる中世』四、一九八〇年）
第二章　国質・郷質と領主間交渉（『日本歴史』三八二、一九八〇年）
第三章　中世の宗論（「中世の宗論に関する一考察」大隅和雄編『仏法の文化史』吉川弘文館、二〇〇三年）
第四章　『天文日記』と寺内の法（五味文彦編『日記に中世を読む』吉川弘文館、一九九八年）
補論一　寺内町の相続訴訟（『日本歴史』七五六、二〇一一年）
第五章　織田政権の支配の論理（「織田政権の支配の論理に関する一考察」『東洋大学文学部紀要』史学科篇二七、二〇〇二年）
補論二　中世末の「天下」について（新稿〈「中世末の『天下』について―戦国末期の政治秩序を考える―」『武田氏研究』四二、二〇一〇年を改稿〉）
補論三　戦国期の「国」観念（新稿）
第二部　土一揆の実像
第一章　土一揆像の再検討（『史学雑誌』一一〇―三、二〇〇一年）
第二章　訴訟としての土一揆（勝俣鎮夫編『寺院・検断・徳政』山川出版社、二〇〇四年）
第三章　一向一揆と土一揆（『戦国史研究』四八、二〇〇四年）

第四章　土一揆としての島原の乱（『東洋大学文学部紀要』史学科篇二九、二〇〇四年）

神田千里著

土一揆の時代

（歴史文化ライブラリー）

四六判・二三八頁

一七八五円

民衆が歴史の表舞台に登場した室町・戦国時代。飢饉や世上不安の中、掠奪の限りを尽くし、幕府に徳政を要求した土一揆は果たして村民の抵抗運動だったのか。その実態を検証し、民衆にとって土一揆とは何かを考える。

一向一揆と石山合戦

（戦争の日本史）

四六判・二八八頁・原色口絵四頁

二六二五円

戦国時代における民衆の力と信仰心の象徴とされる一向一揆と石山合戦。その真の姿とは。北陸地方での戦国大名との戦いから、織田信長との全面戦争へ繋がる歴史過程を描き、江戸時代に創られた「一向一揆」像の謎に迫る。

信長と石山合戦

中世の信仰と一揆

（歴史文化セレクション）

四六判・二六四頁・原色口絵二頁

二一〇〇円

一向一揆の最大の戦いとなった石山合戦。信長に惨憺たる敗北を喫した本願寺教団が、この合戦によりさらに発展する理由は何か。中世民衆の心をとらえた一向宗の謎と今まで解明されなかった石山合戦の本質に迫る。

著者略歴
一九四九年　東京都に生まれる
一九七六年　東京大学文学部国史学専修課程卒業
一九八三年　東京大学大学院博士課程単位取得退学
現在　東洋大学文学部教授
〔主要著書〕
『一向一揆と戦国社会』（吉川弘文館、一九九八年）
『島原の乱』（中央公論新社、二〇〇五年）
『宗教で読む戦国時代』（講談社、二〇一〇年）

戦国時代の自力と秩序

二〇一三年（平成二十五）九月十日　第一刷発行

著者　神田《かんだ》千里《ちさと》

発行者　前田求恭

発行所　株式会社 吉川弘文館
郵便番号一一三―〇〇三三
東京都文京区本郷七丁目二番八号
電話〇三―三八一三―九一五一〈代〉
振替口座〇〇一〇〇―五―二四四番
http://www.yoshikawa-k.co.jp/

印刷＝株式会社 精興社
製本＝株式会社 ブックアート
装幀＝山崎　登

ISBN978-4-642-02914-8

索　　引

Ⅰ 人　　名

あ 行

か　行

さ　行

た　行

な 行

は 行

ま 行

や　行

ら・わ行

II　地名・寺社名

あ　行

か　行

さ　行

た　行

な　行

は　行

ま 行

や 行

ら・わ行

Ⅲ　事　項　名

あ 行

か 行

さ 行

た 行

な・は行

ま　行

や・ら行

Ⅳ　研究者名

あ　行

か 行

さ 行

た 行

な 行

は 行

ま 行

や・ら・わ行